Paul Watzlawick
Wie wirklich ist die Wirklichkeit?

Zu diesem Buch

Zu Paul Watzlawicks Buch, inzwischen ein Klassiker der Konstruktivismusliteratur, schrieb »Die Presse«: »Ist es schon verdienstlich, die Kommunikationsforschung, die in Europa im wesentlichen als Beschäftigung mit Medien verstanden wird, auf ein höheres Niveau zu bringen, so hebt die Art, wie der Psychologe und Sprachforscher Watzlawick das tut, sein Buch in höhere Sphären des Sachbuchhimmels. Und wenn er von Dolmetschern, Spionen, Tieren und außerirdischen Lebewesen plaudert, so werden diese Anekdoten nicht marginale Illustrationen, sondern dem wahren Sinn des Wortes gerecht: sie behandeln kennzeichnende Begebenheiten.«

Paul Watzlawick, 1921 in Villach/Kärnten geboren, studierte Philosophie und Sprachen. Psychotherapeutische Ausbildung am C. G. Jung-Institut in Zürich. 1957 bis 1960 Professor für Psychotherapie in El Salvador; seit 1960 Forschungsbeauftragter am Mental Research Institute in Palo Alto/Kalifornien. Außerdem lehrte er an der Stanford University. Zahlreiche Veröffentlichungen.

Paul Watzlawick
Wie wirklich ist die Wirklichkeit?

Wahn, Täuschung, Verstehen

Mit 17 Abbildungen

Piper München Zürich

Von Paul Watzlawick liegen in der Serie Piper vor:
Wie wirklich ist die Wirklichkeit (174)
Die erfundene Wirklichkeit (Hrsg., 373)
Die Unsicherheit unserer Wirklichkeit (Mitautor, 742)
Einführung in den Konstruktivismus (Mitautor, 1165)
Interaktion (Mithrsg., 1222)
Münchhausens Zopf (1237)
Vom Schlechten des Guten (1304)
Vom Unsinn des Sinns oder vom Sinn des Unsinns (1824)
Anleitung zum Unglücklichsein (2100)

Taschenbuchsonderausgabe
September 2002
© 1976 Paul Watzlawick
© der deutschsprachigen Ausgabe:
1976 Piper Verlag GmbH, München
Umschlag / Bildredaktion: Büro Hamburg
Isabel Bünermann, Julia Martinez, Charlotte Wippermann
Foto Umschlagvorderseite: Tullio Pericoli (oben) und Karl Blossfeldt Archiv /
Ann und Jürgen Wilde, Zülpich / VG Bild-Kunst, Bonn 2002 (unten)
Foto Umschlagrückseite: Peter Peitsch
Gesamtherstellung: Clausen & Bosse, Leck
Printed in Germany   ISBN 3-492-23626-X

www.piper.de

Inhaltsverzeichnis

Vorwort 7

Teil I – Konfusion 11
Traduttore, traditore 14
Paradoxien 25
Die Vorteile der Konfusion 38
  Der Kluge Hans 41
  Das Kluge-Hans-Trauma 44
  Subtile Beeinflussungen 47
  »Außersinnliche Wahrnehmungen« 50

Teil II – Desinformation 55
Nichtkontingenz – oder: Die Entstehung von
  Wirklichkeitsauffassungen 58
  Das neurotische Pferd 59
  Die abergläubische Ratte 59
  Warum einfach, wenn's kompliziert auch geht? 61
  Der vielarmige Bandit 64
Von Zufall und Ordnung 67
  »Psychische Kräfte« 70
Interpunktion – oder: Die Ratte und der Versuchsleiter .. 72
Semantische Interpunktion 76
  Wo alles wahr ist, auch das Gegenteil 77
Der metaphysische Versuchsleiter 82
  Die zerkratzten Windschutzscheiben 84
  Das Gerücht von Orléans 85
Experimentell erzeugte Desinformation 91
  Die Macht der Gruppe 92
  Herrn Slossenn Boschens Lied 97
  Candid Camera 98
Die Ausbildung von Regeln 99
Interdependenz 103
  Das Gefangenendilemma 103

Was ich denke, daß er denkt, daß ich denke	108
Drohungen	111
Die Glaubhaftigkeit einer Drohung	113
Die Drohung, die ihr Ziel nicht erreichen kann	115
Die unbefolgbare Drohung	119
Geheimdienstliche Desinformation	123
Unternehmen Mincemeat	131
Unternehmen Neptun	139
Die zwei Wirklichkeiten	142
Teil III – Kommunikation	145
Der Schimpanse	149
Zeichensprache	152
Projekt Sarah	157
Der Delphin	160
Außerirdische Kommunikation	173
Wie kann außerirdische Kommunikation hergestellt werden?	176
Antikryptographie – oder: Das »Was« von Weltraumkommunikation	179
Projekt Ozma	184
Vorschläge für einen kosmischen Code	185
Radioglyphen und Lincos	192
Eine Nachricht aus dem Jahre 11 000 v. Chr.?	193
Pionier 10	199
Unvorstellbare Wirklichkeiten	201
Imaginäre Kommunikation	205
Newcombs Paradoxie	206
Flachland	214
Reisen in die Zeit	219
Die ewige Gegenwart	235
Bibliographie	239
Personen- und Sachregister	247

Vorwort

Dieses Buch handelt davon, daß die sogenannte Wirklichkeit das Ergebnis von Kommunikation ist. Diese These scheint den Wagen vor das Pferd zu spannen, denn die Wirklichkeit ist doch offensichtlich das, was wirklich der Fall ist, und Kommunikation nur die Art und Weise, sie zu beschreiben und mitzuteilen.
Es soll gezeigt werden, daß dies nicht so ist; daß das wacklige Gerüst unserer Alltagsauffassungen der Wirklichkeit im eigentlichen Sinne wahnhaft ist, und daß wir fortwährend mit seinem Flicken und Abstützen beschäftigt sind – selbst auf die erhebliche Gefahr hin, Tatsachen verdrehen zu müssen, damit sie unserer Wirklichkeitsauffassung nicht widersprechen, statt umgekehrt unsere Weltschau den unleugbaren Gegebenheiten anzupassen. Es soll ferner gezeigt werden, daß der Glaube, es gäbe nur eine Wirklichkeit, die gefährlichste all dieser Selbsttäuschungen ist; daß es vielmehr zahllose Wirklichkeitsauffassungen gibt, die sehr widersprüchlich sein können, die alle das Ergebnis von Kommunikation und nicht der Widerschein ewiger, objektiver Wahrheiten sind.
Die enge Beziehung zwischen Wirklichkeit und Kommunikation ist erst in letzter Zeit Gegenstand eingehenderer Untersuchungen geworden. Aus diesem Grunde hätte dieses Buch noch vor dreißig Jahren nicht geschrieben werden können. Und doch enthält es nichts, das sich nicht seit längster Zeit hätte denken, erforschen und anwenden lassen. Oder anders ausgedrückt: Die hier beschriebenen Sachverhalte waren unserem Denken nicht nur schon vor Jahrzehnten, sondern in ihren Ansätzen bereits der Antike zugänglich; was aber fehlte, war die Bereitschaft oder auch nur der Anlaß, sich mit dem Wesen und den Wirkungen der Kommunikation als eigenständigem Phänomen

auseinanderzusetzen. Freilich hatten Physiker und Fernmeldetechniker die Probleme der Nachrichtenübermittlung bereits weitgehend gelöst, wohl hatte die Linguistik unser Wissen vom Ursprung und Aufbau der Sprachen auf wissenschaftliche Grundlagen gestellt, und hatte die Semantik schon längst die Bedeutung von Zeichen und Symbolen zu untersuchen begonnen. Aber das Studium der sogenannten Pragmatik der menschlichen Kommunikation, das heißt der Art und Weise, in der sich Menschen durch Kommunikation gegenseitig beeinflussen, *wie dabei ganz verschiedene »Wirklichkeiten«, Weltanschauungen und Wahnvorstellungen entstehen können*, dieses Studium ist ein verhältnismäßig neuer Zweig der Forschung.

Die Frage, die dieses Buch zu beantworten versucht, ist: Wie wirklich ist, was wir naiv und unbesehen die Wirklichkeit zu nennen pflegen?

Es ist die unverblümte Absicht dieses Buchs, unterhaltend zu sein und dem Leser in anekdotischer Form gewisse willkürlich ausgewählte Gebiete der Kommunikationsforschung vorzulegen, die ungewöhnlich, merkwürdig und vielleicht sogar unglaublich sind, trotzdem (oder vielleicht gerade deshalb) aber unmittelbar an der Entstehung und Ausbildung von Wirklichkeitsauffassungen beteiligt sind. Dem Pedanten mag diese Form der Darstellung oberflächlich und unwissenschaftlich erscheinen, doch sollte er sich vor Augen halten, daß es zwei grundsätzlich verschiedene Formen wissenschaftlicher Erklärung gibt. Die eine beginnt mit der Formulierung einer Theorie und führt dann den Nachweis ihrer Gültigkeit für das Verständnis von Erfahrungstatsachen.* Die andere Methode besteht im Vorlegen einer großen Zahl von Beispielen aus verschiedensten Gebieten und versucht, auf diese praktische Weise aufzuzeigen, welche Struktur diesen scheinbar ganz verschiedenen Beispielen gemeinsam ist und welche Schlußfolgerungen sich daraus ziehen lassen. Bei den beiden Methoden fällt dem Gebrauch von Beispielen also sehr verschiedene Bedeutung zu. In der ersten müssen die Beispiele Beweiskraft haben. In der zweiten ist ihre Rolle die von Analogien, Metaphern und Veranschaulichungen – sie sollen beschreiben, in leichter verständliche Sprache über-

---

* Ein ausgezeichnetes Beispiel für diese Form der Darstellung derselben Thematik ist Peter L. Bergers und Thomas Luckmanns Buch »*Die gesellschaftliche Konstruktion der Wirklichkeit*« (S. Fischer Verlag, 1970); mit den Worten der Autoren »eine systematische, theoretische Abhandlung zur Wissenssoziologie«.

setzen, doch nicht notwendigerweise auch *beweisen*. Dieses Vorgehen erlaubt daher den Gebrauch von Exemplifikationen, die nicht im strengen Sinne des Wortes wissenschaftlich zu sein brauchen; wie etwa die Verwendung von Zitaten aus Dichtung und Romanen, von Anekdoten und Witzen und schließlich sogar den Gebrauch rein imaginärer Denkmodelle – ein Vorgehen, das Maxwell mit der Postulierung seines Dämons schon vor vielen Jahren respektabel gemacht hat.

Dieses Buch beruht auf der zweiten Methode, und ich hoffe, es dem Leser dadurch zu ermöglichen, an die komplexen Probleme der Wirklichkeitsauffassung und -anpassung sozusagen durch die Hintertür heranzukommen.

Die hier folgenden Ausführungen setzen weder ein Verständnis von Formeln noch von abstrakter Theorie voraus. Im Gegenteil, das Buch will *erzählen* und erzählend Wissen vermitteln. Der Leser soll es irgendwo aufschlagen und, je nach Lust und Laune, dort zu lesen beginnen oder weiterblättern können. Wo aber sein Interesse geweckt wird und er sich über das betreffende Thema näher zu informieren wünscht, sollen ihm die Literaturhinweise den Zugang zu den Quellen erleichtern. In ähnlicher Weise dürfte der Student der Sozial- oder der Verhaltenswissenschaften in diesen Seiten Anregungen für eigene Forschungsprojekte oder für Dissertationsthemen finden.

Es ist ferner meine Hoffnung, dieses Buch möge auch einen anderen Zweck erfüllen. Wie bereits angedeutet, ist der Glaube, daß die eigene Sicht der Wirklichkeit die Wirklichkeit schlechthin bedeute, eine gefährliche Wahnidee. Sie wird dann aber noch gefährlicher, wenn sie sich mit der messianischen Berufung verbindet, die Welt dementsprechend aufklären und ordnen zu müssen – gleichgültig, ob die Welt diese Ordnung wünscht oder nicht. Die Weigerung, sich einer bestimmten Definition der Wirklichkeit (zum Beispiel einer Ideologie) zu verschreiben, die «Anmaßung», die Welt in eigener Sicht zu sehen und auf eigene Façon selig zu werden, wird immer häufiger zum »think-crime« in Orwells Sinne abgestempelt, je mehr wir uns dem Jahre 1984 nähern. Vielleicht kann dieses Buch einen bescheidenen Beitrag dazu leisten, den Blick für bestimmte Formen psychologischer Violenz zu schärfen und so den modernen Gehirnwäschern und selbsternannten Weltbeglückern die Ausübung ihres üblen Handwerks zu erschweren.

Das hier zusammengetragene Material beruht teils auf meiner ursprünglichen Ausbildung in Sprachen und Philosophie und teils auf den fünfundzwanzig Jahren meiner Arbeit als Psychotherapeut, von denen ich die letzten fünfzehn Jahre als Forschungsbeauftragter am Mental Research Institute in Palo Alto hauptsächlich mit dem Studium klinischer Aspekte der menschlichen Kommunikation verbracht habe. Andere Teile dieses Buchs leiten sich aus meiner Tätigkeit als Assistenzprofessor für Psychiatrie an der Stanford-Universität und als Konsulent und Gastvorlesender an anderen Universitäten und psychiatrischen Forschungs- und Ausbildungsinstituten in Nordamerika, Europa und Lateinamerika ab. Mit einigen der hier erwähnten Themen und Untersuchungen habe ich nur oberflächliche Berührung gehabt, während schließlich mein Wissen von anderen rein theoretisch und indirekt ist. Es versteht sich aber von selbst, daß ich mich für die Form meiner Ausführungen und alle Irrtümer und Fehler ausschließlich selbst verantwortlich betrachte.

Wie der Untertitel nahelegt, umfaßt das Buch drei Teile. Teil I handelt von *Konfusion*, das heißt von Kommunikationsstörungen und den daraus folgenden Verzerrungen des Wirklichkeitserlebnisses. Teil II untersucht den etwas exotischen Begriff der *Desinformation*, womit jene Komplikationen und Störungen der zwischenmenschlichen Wirklichkeit gemeint sind, die sich bei der aktiven Suche nach Information oder der absichtlichen Verschleierung oder Verweigerung von Informationen ergeben können. Teil III ist den faszinierenden Problemen der Anbahnung von *Kommunikation* dort gewidmet, wo noch keine besteht – also den Fragen, die sich auf das Zustandebringen einer allen Partnern zugänglichen Wirklichkeit beziehen, ob diese Partner nun Tiere, die Bewohner anderer Planeten oder rein imaginäre Wesen sind.

Teil I

Konfusion

Konfusion

> Wohlan, lasset uns herniederfahren und ihre Sprache daselbst verwirren, daß keiner des anderen Sprache verstehe.
> *Genesis 11,7*

Man kann einen Zustand der Konfusion als das Spiegelbild der Kommunikation auffassen. Mit dieser sehr allgemeinen Definition sei einfach dies gemeint: Wenn ein sogenannter erfolgreicher Kommunikationsvorgang in der korrekten Übermittlung von Information besteht und damit die beabsichtigte Wirkung auf den Empfänger hat, so ist Konfusion die Folge gescheiterter Kommunikation und hinterläßt den Empfänger in einem Zustand der Ungewißheit oder eines Mißverständnisses. Diese Störung der Wirklichkeitsanpassung kann von Zuständen leichter Verwirrung bis zu akuter Angst reichen, da wir Menschen, wie alle anderen Lebewesen, auf Gedeih und Verderb von unserer Umwelt abhängen und sich diese Abhängigkeit nicht nur auf die Erfordernisse des Stoffwechsels, sondern auch auf hinlänglichen Informationsaustausch bezieht. Dies trifft vor allem auf unsere zwischenmenschlichen Beziehungen zu, wo ein Höchstmaß an Verstehen und ein Mindestmaß an Konfusion für erträgliches Zusammenleben besonders wichtig ist. Um hier Horas oft zitierten Aphorismus zu wiederholen: «Um sich selbst zu verstehen, muß man von einem anderen verstanden werden. Um vom andern verstanden zu werden, muß man den andern verstehen.» [73]*

Obgleich (oder vielleicht gerade weil) Konfusion ein recht alltägliches Ereignis ist, war sie bisher kaum je der Gegenstand ernsthafter Untersuchung, vor allem nicht auf dem Gebiet der Kommunikationsforschung. Sie ist unerwünscht und daher zu vermeiden. Aber gerade

---

* Die in eckigen Klammern angeführten Zahlen verweisen auf die Bibliographie S. 239–246.

weil sie das Spiegelbild «guter» Kommunikation ist, kann sie uns einiges über dieses Thema lehren. In den folgenden Seiten wollen wir daher ihre wichtigsten Eigenschaften prüfen und werden dabei feststellen können, daß sie auch gewisse wünschenswerte Wirkungen hat.

Traduttore, traditore

Die Gefahr der Konfusion besteht überall dort, wo Sinn und Bedeutung von einer Sprache (im weitesten Sinne) in eine andere übertragen werden muß. Reine Übersetzungsfehler und ganz einfach minderwertige Übersetzungen sollen uns hier nicht interessieren. Etwas bedeutsamer sind die Formen sprachlicher Konfusion, die sich aus der unterschiedlichen Bedeutung gleicher oder ähnlicher Worte ergeben. *Burro* ist das italienische Wort für Butter, auf spanisch aber bedeutet es Esel – und diese scheinbare Identität liefert die Pointe für mehrere hispano-italienische Witze. *Chiavari* (mit der Betonung auf dem ersten a) ist ein Kurort an der italienischen Riviera di Levante; *chiavare* (mit der Betonung auf dem zweiten a) ist ein nicht sehr gesellschaftsfähiges italienisches Zeitwort, das sich auf die Ausübung von Geschlechtsverkehr bezieht. Die Konfusion dieser beiden Worte liefert die Pointe anspruchsloser Witze über beschränkte Ausländer, deren italienische Aussprache zu wünschen übrig läßt. Etwas weniger harmlos ist die erstaunlich häufige Fehlübersetzung des englischen Eigenschaftsworts *actual* mit *aktuell* im Deutschen (beziehungsweise dem spanischen *actual*, dem italienischen *attuale* oder dem französischen *actuel*). Das englische *actual* bedeutet »wirklich, tatsächlich, eigentlich«, während *aktuell* bekanntlich »im gegenwärtigen Zeitpunkt wichtig oder gültig, neuzeitlich« bedeutet. Ähnlich geht es mit der Übersetzung von *eventually*, das eben nicht *eventuell* (bzw. *eventualmente* oder *eventuellement*) bedeutet, sondern »schließlich, endlich«. Wesentlich ernster sind aber die Irrtümer, die selbst erfahrenen Übersetzern mit dem Zahlwort *billion* unterlaufen, das in den USA und in Frankreich tausend Millionen (10^9) bezeichnet, in Großbritannien und den meisten anderen europäischen Ländern aber eine Million Millionen (10^{12}). In diesen Ländern ist die richtige Übersetzung der amerikanischen beziehungsweise französischen *billion* daher Milliarde (beziehungsweise *miliardo* etc.). Es erübrigt sich, darauf zu verweisen, daß die Folgen einer Konfusion zwischen Butter und Esel kaum schwerwiegend sein dürften, wohl aber die Verwechslung von 10^9 und 10^{12}, wenn sich dieser Fehler zum Beispiel in ein Lehrbuch der Kernphysik einschleicht.

Diese kurzen Hinweise sollen lediglich zur Einführung der weniger bekannten Tatsache dienen, daß – im Widerspruch zum Buch Genesis – babylonische Sprachverwirrungen sich nicht auf menschliche Kommunikation beschränken. Die bahnbrechenden Untersuchungen des Nobelpreisträgers Karl von Frisch zeigen, daß Bienen eine sehr komplexe Körpersprache verwenden, um ihren Artgenossen nicht nur die Entdeckung, sondern auch die Lage und die Qualität neuer Futterplätze mitzuteilen. Im allgemeinen verwenden sie dafür drei verschiedene »Tänze«:

1. Wenn der gefundene Nektar in unmittelbarer Nähe des Stocks ist, führt die Biene einen sogenannten Rundtanz aus, der in abwechselnden Vollkreisen rechts- und linksherum besteht.

2. Futter in mittlerer Entfernung vom Stock wird durch den sogenannten Sicheltanz angezeigt, der, von oben gesehen, einer flachen, sichelartig verbogenen Acht gleicht. Die Öffnung der Sichel zeigt in die Richtung der Nahrungsquelle, und wie auch in anderen Bienentänzen bezieht sich die Geschwindigkeit des Tanzes auf die Qualität des Nektars.

3. Ist das Futter noch weiter vom Stock entfernt, so führt die Biene einen sogenannten Schwänzeltanz aus, der darin besteht, daß sie sich einige Zentimeter in Richtung auf die Fundstelle hin bewegt, im Halbkreis nach rechts oder links zum Ausgangspunkt zurückkehrt und von dort aus die Bewegung wiederholt. Während des geraden Vorrückens bewegt sie ihren Unterleib auffällig hin und her. (Siehe Abb. 1 auf Seite 16)

Vor einigen Jahren machte von Frisch die zusätzliche Entdeckung, daß zwei Bienenarten, nämlich die österreichische und die italienische Biene (*Apis mellifera carnica* und *Apis mellifera ligustica*) zwar sich kreuzen und friedlich zusammenleben und -arbeiten können, daß sie aber verschiedene »Dialekte« sprechen, das heißt, daß die eben erwähnten Entfernungsangaben für sie verschiedene Bedeutungen haben [46]. Die italienische Biene verwendet den Schwänzeltanz zur Angabe von Entfernungen über 40 Meter, während für die österrei-

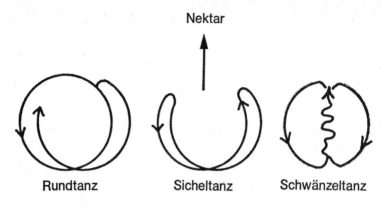

Abbildung 1

chische dasselbe Signal eine Entfernung von mindestens 90 Metern bedeutet. Eine österreichische Biene, die sich mit der von einer italienischen Kollegin gegebenen Information auf den Flug zum Nektar macht, wird ihn also vergeblich, da viel zu weit vom Stock entfernt, suchen. Umgekehrt wird eine italienische Biene nicht weit genug fliegen, wenn sie sich auf österreichische Information verläßt.

Die Sprache der Bienen ist angeboren. Von Frisch konnte österreichisch-italienische Kreuzungen züchten, deren Kommunikationsverhalten zu babylonischen Verwirrungen Anlaß gab: Er fand, daß 16 seiner Kreuzungen zwar die typische Körperzeichnung ihres italienischen Elternteils hatten, 65- von 66mal aber den Sicheltanz zur Kommunikation mittlerer Entfernungen vom Stock verwendeten. 15 dieser Kreuzungen dagegen sahen wie ihr österreichischer Elternteil aus, verwendeten aber 47- von 49mal den Rundtanz, wenn sie dieselbe Entfernung meinten. Mit anderen Worten, sie »sprachen italienisch«.

Die offensichtliche Lehre, die wir aus diesem Beispiel ziehen können, ist, daß die Zuschreibung einer bestimmten Bedeutung an ein bestimmtes Zeichen dann zur Konfusion führen muß, wenn diese Zuschreibung nicht von allen Zeichenbenutzern anerkannt wird – es sei denn, daß die verschiedenen Bedeutungen richtig von der einen in die andere Sprache (im weitesten Sinne dieses Ausdrucks) übersetzt werden.

Weniger offensichtlich ist die Tatsache, daß auch wir Menschen dadurch, daß wir für unsere Kommunikation nicht nur Laut-, sondern auch Körpersprache verwenden, für dieselben Probleme anfällig sind wie die eben erwähnten Bienen. Die averbalen Ausdrucksformen der Körpersprache, die wir von unseren tierischen Vorfahren ererbt und in typisch menschlicher Weise weiterentwickelt haben, sind viel archaischer und daher viel bewußtseinsferner als unsere menschlichen Lautsprachen. Es gibt unzählige Verhaltensformen, die allen Mitgliedern einer bestimmten Kultur zur Vermittlung averbaler Kommunikation dienen. Diese Verhaltensweisen sind das Resultat des Aufwachsens und der Sozialisierung in einer bestimmten Kulturform, Familientradition usw. und werden dadurch sozusagen in uns hineinprogrammiert. Die Ethnologen verweisen bekanntlich darauf, daß es in verschiedenen Kulturen buchstäblich Hunderte von Formen der Begrüßung, des Ausdrucks von Freude oder Trauer, des Sitzens, Stehens, Gehens, Lachens usw. gibt. Wenn wir uns vor Augen halten, daß alles Verhalten in Gegenwart eines anderen Mitteilungscharakter hat, so sehen wir leicht ein, wieviel Raum für Konfusion und Konflikt allein schon im Bereich der Körpersprachen, geschweige denn in dem der Lautsprachen besteht. Hierzu zwei Beispiele:

In jeder Kultur gibt es eine Regel über den »richtigen« Abstand, den man einem Fremden gegenüber *en face* einzunehmen hat. In Westeuropa und in Nordamerika ist dieser Abstand die sprichwörtliche Armeslänge. Im Mittelmeerraum und in Lateinamerika ist dieser Abstand wesentlich anders: zwei aufeinander zugehende Personen bleiben auf viel kürzerer Distanz voneinander stehen. Wie Hunderte anderer, ähnlicher Regeln für »richtiges« Verhalten in einem bestimmten Wirklichkeitsrahmen sind auch diese Abstände rein außerbewußt, und solange sie von allen Kommunikationsteilnehmern befolgt werden, kann zwischen diesen kein Konflikt entstehen. Wenn sich nun aber ein Nordamerikaner und ein Südamerikaner in dieser Situation befinden, wird sich unweigerlich ein typischer Verhaltensablauf ergeben: Der Südamerikaner wird den für ihn als richtig empfundenen Abstand einnehmen, der Nordamerikaner dagegen wird die Situation undeutlich als unangenehm empfinden und durch Zurücktreten die für ihn »richtige« Distanz herstellen. Nun ist die Reihe am Südamerikaner, das vage Gefühl zu haben, daß etwas nicht stimmt, und er wird aufrücken usw. – bis der Nordamerikaner schließlich mit dem

Rücken gegen eine Wand stoßen (und eventuell in eine homosexuelle Panik geraten) wird. Auf jeden Fall werden beide das undeutliche Gefühl haben, daß sich der *andere* falsch benimmt, und beide werden versuchen, die Situation zu korrigieren. Damit aber erzeugen sie einen typisch menschlichen Konflikt, der darin besteht, daß das Korrekturverhalten des einen Partners vom anderen als *das* Verhalten gesehen wird, das der Korrektur bedarf [183]. Und da ihnen aller Wahrscheinlichkeit nach kein Ethnologe zu Hilfe kommen und die Verschiedenheit ihrer Körpersprachen und der durch sie ausgedrückten kulturellen Normen erklären wird, sind sie in einer mißlicheren Lage als die erfolglos suchenden Bienen, da sie sich gegenseitig die Schuld an ihrem Konflikt zuschieben werden.

Das zweite Beispiel ist dem Buch »*Interpersonelle Wahrnehmung*« [81] von Laing und seinen Mitarbeitern entnommen. Ein in Ehetherapie stehendes, seit acht Jahren verheiratetes Paar berichtet, daß es bereits am zweiten Tage seiner Flitterwochen den ersten Ehezwist hatte. Die beiden saßen in einer Hotelbar, und die Frau knüpfte ein Gespräch mit einem anderen, ihnen unbekannten Ehepaar am nächsten Tisch an. Zu ihrer Enttäuschung und ihrem Ärger weigerte sich ihr Mann, an dieser Konversation teilzunehmen, und legte ein auffällig feindseliges und abweisendes Benehmen an den Tag. Sie fühlte sich dadurch in eine peinliche gesellschaftliche Lage versetzt, und nach Rückkehr auf ihr Zimmer kam es zu einer bitteren Auseinandersetzung, in der sie sich gegenseitig der Rücksichtslosigkeit beschuldigten.

Nun, acht Jahre später, stellt es sich heraus, daß die beiden ganz verschiedene Interpretationen vom Zweck und der Bedeutung der Flitterwochen (eines Brauchs, der zum Wohle der Menschheit ohnehin behördlich verboten werden sollte) hatten. Für die Frau waren die Flitterwochen die erste Gelegenheit, ihre neue gesellschaftliche Rolle auszuüben; bis dahin, so sagte sie, hatte sie nie ein Gespräch als Ehefrau mit einer anderen Ehefrau gehabt – sie war bisher nur Tochter, Schwester, Freundin und Verlobte gewesen.

Seiner Auffassung nach waren die Flitterwochen aber eine Zeit ausschließlichen Zusammenseins, eine einmalige Gelegenheit, der übrigen Welt den Rücken zu kehren und sich gegenseitig näherzukommen. Ihr Gespräch mit dem anderen Ehepaar bedeutete für ihn daher, daß ihr seine Gesellschaft nicht genügte und er ihre Bedürfnisse nicht befriedigen konnte. Und auch hier fehlte natürlich der »Übersetzer«, der den »Übersetzungsfehler« der beiden hätte entdecken und ihnen klarmachen können.*

Um aber von fast gänzlich außerbewußten Sachverhalten zur weitgehend bewußten Verwendung von Lautsprachen zurückzukehren, sei festgestellt, daß auch ein Übersetzer im eigentlichen Sinne des Wortes weit mehr als nur Sprachen kennen muß. Übersetzen ist eine Kunst, und dies bringt es einerseits mit sich, daß auch ein schlechter Übersetzer immer noch Besseres leistet als eine Übersetzungsmaschine. Andererseits aber bedingt auch die beste Übersetzung einen Verlust – vielleicht nicht so sehr einen Verlust an objektiver Information, aber zweifellos an jenen schwer zu erfassenden Merkmalen einer Sprache, die ihr Wesen ausmachen: ihre Schönheit und Bilderwelt, ihre Tradition, ihren Rhythmus und die vielen anderen Eigenarten, für die es keine unmittelbare Übersetzung gibt.**

Die Italiener haben ein Sprichwort: *Traduttore, traditore*. Was diesen Ausdruck so interessant macht, ist, daß er sowohl die Schwierigkeit ausdrückt, originalgetreu zu übersetzen, als auch, daß er selbst ein Beispiel dieser Schwierigkeit ist. Wie der Sprachwissenschaftler Roman Jacobson einmal bemerkte, würde die (sprachlich richtige) Übersetzung »der Übersetzer ist ein Verräter« diesen Ausdruck seines paronomastischen*** Wertes entkleiden. Das heißt, die Übersetzung wäre

---

* Konflikte der durch die letzten beiden Beispiele skizzierten Art sind von weittragender psychiatrischer Bedeutung, und zwar besonders dann, wenn die Psychiatrie selbst den traditionellen Fehler begeht, die Ursache des Konflikts der »Pathologie« des einen oder des anderen Partners zuschreiben zu wollen. Statt zu »übersetzen« und damit die überpersönliche und nicht individuell reduzierbare Natur des Konflikts zu deuten, kann diese fragwürdige Form der Therapie den Mythus der Verrücktheit oder Heimtücke eines der Partner verewigen.

** Dies bedeutet natürlich nicht, daß eine Übersetzung nicht selbst ein Kunstwerk sein kann. Wo dies der Fall ist, spielt aber unvermeidlich das künstlerische Können des Übersetzers selbst herein. Ein besonderes Beispiel sind die ersten vier Zeilen von Leopardis Gedicht »La sera del dì di festa« (Der Abend nach dem Fest), deren Schönheit auch in der deutschen Übersetzung fortlebt:
Die Nacht ist mild und klar, es weht kein Wind,
und auf den Dächern und im Grün der Gärten
ruht still der Mond, und in der Ferne zeigen
sich unverhüllt die Berge. Oh, Geliebte!

*** *Paronomasie:* eine Redewendung, die auf Gleichklang oder Ähnlichkeit von Worten beruht.

zwar korrekt, aber trotzdem nicht im entferntesten das, was das Original ausdrückt.

Von zusätzlicher Wichtigkeit für unsere Überlegungen ist die Tatsache, daß eine Sprache nicht nur Information übermittelt, sondern auch Ausdruck einer ganz bestimmten Wirklichkeitsauffassung ist. Wie schon Wilhelm von Humboldt feststellte, sind verschiedene Sprachen nicht ebenso viele Bezeichnungen einer Sache; es sind verschiedene Ansichten derselben. Diese Eigenschaft aller Sprachen fällt besonders in internationalen Konferenzen ins Gewicht, wo es zum Zusammenprall von Ideologien kommt und der Übersetzer oder Dolmetscher, der nur eigentliche Sprachen, nicht aber auch die Sprachen von Ideologien kennt, hoffnungslos verloren ist. Eine Volksdemokratie ist bekanntlich nicht ganz dasselbe wie eine Demokratie; *detente* hat im sowjetischen Wörterbuch eine andere Bedeutung als in dem der NATO; umgekehrt aber kann ein und dasselbe Ereignis von einer Seite Befreiung und von der anderen Unterdrückung genannt werden.

Die Schlüsselstellung des Übersetzers (und noch mehr die des Dolmetschers*) kann es mit sich bringen, daß scheinbar unbedeutende Fehler rasch zu weitreichender Verwirrung führen. Diese Konfusion kann überaus ernste Folgen besonders dann haben, wenn sie ihr Unwesen in internationalen Konferenzen treibt, deren Beschlüsse unter Umständen das Schicksal von Millionen von Menschen beeinflussen. Dazu kommt noch, daß derartige Konfusionen manchmal nicht durch krasse Übersetzungsfehler oder Fahrlässigkeiten der Dolmetscher entste-

---

* Seine Arbeit ist noch anspruchsvoller als die des Übersetzers, da sie von ihm oft Entscheidungen in Bruchteilen von Sekunden fordert und für ihn die Möglichkeit des Nachschlagens in Wörterbüchern und dergleichen nicht besteht. Die Sprachgewandtheit und der Umfang des Vokabulars eines guten Dolmetschers sind denn auch phänomenal: Er mag heute bei einer Konferenz über Binnenschiffahrt und nächste Woche bei einem Symposium über Krebsforschung arbeiten und dabei Hunderte von Ausdrücken verwenden, die der durchschnittlich Gebildete nicht einmal in einer einzigen Sprache kennt. Besonders die sogenannte Simultanübersetzung ist eine für den Laien fast unglaubliche Leistung. Der Simultandolmetscher hört die Originalsprache im Kopfhörer, übersetzt sie in die Zielsprache und spricht die Übersetzung ins Mikrofon. So unwahrscheinlich es klingen mag, kann diese Tätigkeit so mechanisch werden, daß es Spezialisten auf diesem Gebiete gibt, die behaupten, daß sie gleichzeitig aus reiner Langweile eine Zeitung lesen.

hen, sondern in der wohlgemeinten Absicht, im Interesse größerer Klarheit von sich aus eine Erklärung oder einen Zusatz beizusteuern. Prof. Ekvall, ein Fachmann für orientalische Sprachen, der viele Jahre lang als Dolmetscher an den wichtigsten Konferenzen im Fernen Osten teilnahm, berichtet über einen besonders eklatanten Zwischenfall dieser Art:

In der Schlußsitzung der Genfer Korea-Konferenz im Sommer 1954 nahm Paul Henri Spaak als Sprecher der Vereinten Nationen Stellung gegen die Unversöhnlichkeit Nordkoreas, der durch Tschou En-lai vertretenen Volksrepublik China und der Sowjetunion. Spaak war der Ansicht, daß es

die Vollständigkeit und die Offenheit des Vorschlags der Vereinten Nationen überflüssig machte, irgendwelche anderen Vorschläge in Betracht zu ziehen, und er schloß mit dem Satze: »Cette déclaration est contenue dans notre texte.« Die englische Simultanversion, der ich mit meinem anderen Ohr zuhörte, lautete: »Diese Erklärung ist im Text des Waffenstillstandsabkommens enthalten.« Wie sich später herausstellte, hatte der Dolmetscher »dans l'autre texte« statt »dans notre texte« verstanden und hatte, in der Meinung, daß »l'autre« vage war und eines genaueren Bezugs bedurfte, den Zusatz »des Waffenstillstandsabkommens« eingeschoben.

Von diesem Augenblick an begannen sich die Dinge zu überstürzen. Tschou ließ sich die gute Gelegenheit nicht entgehen und beschuldigte Spaak, eine unzutreffende Feststellung gemacht zu haben. Er betonte, daß im Widerspruch dazu, was Spaak eben behauptet hatte, der Vorschlag der Volksrepublik China eben nicht in das Waffenstillstandsabkommen aufgenommen worden war.

Paul Henri Spaak beguckte sich Tschou En-lai mit einer Mischung von wohlwollendem, aber nicht übertriebenem Interesse und offensichtlicher Verwunderung über dessen Aufregung. Vielleicht in der Annahme, daß diese schrillen chinesischen Silben eine merkwürdige Antwort auf die nuancierte Eleganz dessen waren, was er so treffend auf französisch ausgedrückt hatte, und jedenfalls willens, zu ergründen, was diese unbekannten Laute bedeuteten, rückte er gutmütig seine Kopfhörer zurecht. Als ihr Sinn ihm aber schließlich auf dem Umwege vom Chinesischen über Englisch und Französisch klarwurde, war die Reihe an ihm, zornig durch Handzeichen und Rufe das Wort zu fordern.

Da viele Konferenzteilnehmer Spaaks Erklärung auf französisch angehört hatten, fanden auch sie Tschous Reaktion befremdend, während diejenigen, die nur über die »angereicherte« Übersetzung verfügten (Tschou, seine Delegation und die Nordkoreaner), ihrerseits Spaaks Entrüstung für unangebracht hielten.

Das nächste Glied in dieser Kette der Verwirrungen war ein weiterer Übersetzungsfehler. Es war Spaak schließlich gelungen, glaubhaft zu machen, daß er den fatalen Zusatz »des Waffenstillstandsabkommens« nie gemacht hatte. Und wie es sich so häufig nach peinlichen Mißverständnissen ergibt, überboten sich nun sowohl er wie auch sein noch vor einer Minute feindseliger Partner in Beteuerungen gegenseitigen Verständnisses und versicherten sich des aufrichtigen Wunsches, das Malheur ein für allemal aus der Welt zu schaffen. Tschou stellte dann folgende Frage:

Wenn die Erklärung der 16 UNO-Staaten und der letzte Vorschlag der Delegation der Volksrepublik China trotz einiger gewisser Unterschiede auf einem gemeinsamen Wunsch beruht und nicht nur auf der einseitigen Stellungnahme der Sechzehn, warum soll es dann den in dieser Genfer Konferenz versammelten 19 Staaten nicht möglich sein, diesen gemeinsamen Wunsch in einem gemeinsamen Abkommen auszudrücken?

Der springende Punkt waren natürlich die Worte, »trotz einiger gewisser Unterschiede«, die die scheinbare Konzilianz Tschous, wenn auch in bagatellisierender Weise, einschränkten. In der Nervosität über das eben erst mühsam bereinigte Mißgeschick seines Kollegen unterlief Tschous Dolmetscher der Fehler, diese Worte auszulassen. Was darauf geschah, beschreibt Ekvall wie folgt:

Was Spaak schließlich auf französisch hörte, war ein weitgehender Appell für ein auf dem gemeinsamen Wunsch nach Verständigung beruhendes Übereinkommen. Möglicherweise klang es in seinen Ohren sogar wie ein verspätetes chinesisches Einlenken auf den Standpunkt, den er so eloquent vertreten hatte. Vielleicht glaubte er, Tschou endlich zur Vernunft gebracht zu haben. In der Hitze ihres Mißverständnisses hatte ihn sein kühles, klares Denken im Stich gelassen, und um nun zu zeigen, daß auch er einlenken konnte, erklärte er ohne Vorbehalt: »En ce que me concerne et pour éviter toute doute, je suis prêt à affirmer que j'accepte la proposition du délégué de la république chinoise.«*

Die Folgen waren sensationell. Ein Sturm der Entrüstung brach im Konferenzsaal aus und tobte eine Dreiviertelstunde lang. Spaak, der allseits geachtete Führer der westlichen Mächte, hatte scheinbar seine eigene Seite betrogen, hatte – um Ekvall nochmals zu zitieren –

die vor Beginn der Schlußsitzung so sorgfältig hergestellte Einstimmigkeit und Einheit gebrochen und war zum Feinde übergegangen. Premierminister Casey von

---

* »Was mich betrifft, und zur Vermeidung jedes Zweifels, möchte ich feststellen, daß ich den Vorschlag des Vertreters der chinesischen Republik annehme.«

Australien, der philippinische Vizepräsident Garcia und die Führer anderer Delegationen überboten einander, das Wort erteilt zu bekommen. General Bedell Smith, der Leiter der USA-Delegation, versuchte zweierlei: zu Wort zu kommen und gleichzeitig die südkoreanische Delegation, die plötzlich Verrat witterte und sich anschickte, den Saal zu verlassen, physisch am Aufstehen zu hindern. Sir Anthony Eden wußte in der Konfusion der sich überstürzenden Ereignisse offensichtlich nicht, ob Spaak plötzlich nachgegeben oder den Chinesen eine unerwartete Konzession abgerungen hatte. Auch war es ihm nicht klar, wem von den vielen, die sich zu Worte meldeten, er es erteilen sollte, und auch er schien so der allgemeinen Verwirrung zum Opfer zu fallen. [38]

Was Ekvall hier nur andeutet, hat besonderes Gewicht für unser Thema: Da er alle Konferenzsprachen kannte, war er vermutlich der einzige Teilnehmer an dieser hochwichtigen Generalversammlung der Genfer Korea-Konferenz, der volle Kenntnis vom Ursprung dieser Konfusion und von ihrer lawinenartigen Entwicklung hatte. Alle anderen Anwesenden hatten nur einen Teil der Gesamtinformation, die Ekvall besaß, und dieses Teilwissen führte sie typischerweise dazu, Verrat und Unaufrichtigkeit zu wittern. Die Rolle des Dolmetschers beschränkt sich aber notwendigerweise auf die eines getreuen Echos (wie Ekvall sie bescheiden definiert); er darf nur vermitteln, nicht aber aktiv in den Lauf der Ereignisse eingreifen. Was den Inhalt der Verhandlungen *als solche* betrifft, ist diese Beschränkung natürlich absolut notwendig. Der Fluß der Kommunikationen sollte idealerweise so fehlerfrei und wahrheitsgetreu sein, als sprächen die Verhandlungspartner dieselbe Sprache. Gerade aber dies versetzt den Dolmetscher in eine Machtstellung, die sogar die des Konferenzvorsitzenden übertrifft, denn wie jeder Vermittler hat er ein großes Maß an geheimer Macht.*
Beide Seiten sind auf ihn angewiesen, denn er ist ihre einzige Verständigungsmöglichkeit, und weder die eine noch die andere Partei hat daher Macht über ihn. Es versteht sich von selbst, daß die Versuchung

---

* Ein historisches Beispiel dieser besonderen Machtform liefern die Parsen, die seit ihrer Vertreibung durch den Islam aus ihrem iranischen Heimatland als isolierte Minderheit hauptsächlich im Gebiete des heutigen Groß-Bombay zwischen der maharati- und gujaratisprechenden Bevölkerung leben. Mit der Ankunft der East India Company und unter der britischen Verwaltung, die diese später ablöste, erfaßten sie instinktiv ihre Chancen als Vermittler zwischen den britischen Kolonialherren und der Bevölkerung, besonders als Makler und Zwischenhändler, und erwarben auf diese Weise sagenhafte Vermögen und großen indirekten Einfluß, ohne jemals den Status einer scheinbar unbedeutenden Minderheit aufzugeben.

gelegentlich groß ist, sich dieser Macht zu bedienen und ein nicht ganz wahrheitsgetreues Echo zu sein. Hiervon berichtet eine Geschichte, die in die Zeiten der österreichisch-ungarischen Monarchie zurückgeht (und wahrscheinlich von Roda Roda, einem der bekanntesten Chronisten dieser Epoche, berichtet wurde):

Der Kommandant einer österreichischen Abteilung hat Befehl, Repressalien gegen ein albanisches Dorf durchzuführen, falls sich die Dorfbewohner nicht verpflichten, gewissen österreichischen Forderungen voll nachzukommen. Glücklicherweise spricht keiner der Soldaten Albanisch, noch verstehen die Bewohner des Dorfes auch nur eine der vielen Sprachen, die im ethnischen Mischmasch der k. und k. Armee gesprochen werden. Endlich findet sich ein Dolmetscher – ein Mann, reich an jenem praktischen Verständnis der menschlichen Natur, das die Bewohner jener fernen, fabelhaften Länder östlich und südlich von Wien (dem *Maghrebinien* Gregor von Rezzoris) so besonders auszeichnet. Und da ist kaum ein einziger Satz in dem ganzen langen Palaver, den er wahrheitsgetreu übersetzt. Vielmehr erzählt er jeder der beiden Seiten nur das, was sie von der anderen hören will oder anzunehmen bereit ist, schiebt hier eine kleine Drohung, dort die Andeutung eines Versprechens ein, bis schließlich beide Seiten die andere so vernünftig und fair finden, daß der österreichische Offizier keinen Grund für Repressalien mehr sieht, während die Dorfbewohner ihn nicht gehen lassen, bis er gewisse Abschiedsgeschenke annimmt, von denen er wiederum glaubt, es handle sich um freiwillige Wiedergutmachungen.

Zur Zeit, in der diese Geschichte angeblich spielt, war die Psychotherapie ein noch unbekannter Begriff, doch kann die Intervention des Dolmetschers durchaus therapeutisch genannt werden. Dies mag freilich nicht dem entsprechen, was der Leser unter diesem Begriff versteht. Denn was hat all das mit der Erforschung des Unbewußten zu tun, mit Einsicht und menschlicher Reife? Die Geschichte handelt vielmehr von einem Netz von Lügen, von Manipulation und absichtlich erzeugter Konfusion. Die entscheidende Frage ist aber: Welche Situation war konfuser und daher pathologischer – die vor oder nach der Intervention des Dolmetschers? Die Antwort hängt davon ab, welchen Preis wir für Ehrlichkeit verantworten können, wenn diese Ehrlichkeit im Dienste der Unmenschlichkeit steht.

Doch wäre es verfrüht, eine Antwort auch nur zu versuchen. Wir werden uns dieser Frage und ihren fragwürdigen Beantwortungen wieder zuwenden müssen, wenn wir uns mit jenen merkwürdigen Kommunikationskontexten befassen werden, »in denen alles wahr ist, auch das Gegenteil« (S. 77 ff.). Vorläufig sei nur festgehalten: Da das vertiefte Verständnis von Kommunikation uns menschliche Probleme in neuem Licht zeigt, zwingt es uns auch, die bisherigen Lösungsversuche kritisch zu überprüfen.

Paradoxien

Wenn ich denke,
daß ich nicht mehr an dich denke,
denke ich immer noch an dich.
So will ich denn versuchen,
nicht zu denken,
daß ich nicht mehr an dich denke.
Zen-Ausspruch.

Mit dem bisher Gesagten ist das weite Feld der Konfusion auch nicht annähernd umrissen. Wir haben gesehen, daß sie überall dort auftreten kann, wo von einer Sprache (im weitesten Sinne) in eine andere übersetzt werden muß, und es sich dabei aus verschiedenen Gründen ergeben kann, daß eine Mitteilung (wiederum im weitesten Sinne) für Sender und Empfänger sehr verschiedenen Sinn und Bedeutung hat. Als nächstes wollen wir einige typische Situationen näher prüfen, in denen die Konfusion nicht als Folge einer Störung des Übertragungsvorgangs auftritt, sondern in der Struktur der Mitteilung selbst enthalten ist. Was damit gemeint ist, läßt sich wiederum am besten anhand von Beispielen erläutern:

1. Einer alten Geschichte zufolge, deren Schlußfolgerung Theologen wie Philosophen gleichermaßen aus dem Konzept brachte, stellte der Teufel die Allmacht des lieben Gottes eines Tages dadurch in Frage, daß er Ihn aufforderte, einen Felsen zu schaffen, der so riesengroß war, daß nicht einmal Gott selbst ihn aufheben konnte. Wie vereinbart sich das mit Gottes Allmächtigkeit? Solange Er den Felsen aufheben kann, hat Er es nicht fertiggebracht, ihn groß genug zu schaffen; kann Er ihn aber nicht heben, so ist Er aus *diesem* Grunde nicht allmächtig.

2. Auf die Frage, warum Mona Lisa wohl lächelt, erklärte ein Achtjähriger: »Eines Abends kam Herr Lisa von der Arbeit nach Haus und fragte sie: ›Nun, was hast du heute getan?‹ Und Mona Lisa lächelte und sagte: ›Stell dir vor, Leonardo ist gekommen und hat mich gemalt.‹«

3. Wie läßt sich die (von Witzbolden angebrachte) Aufschrift in Abbildung 2 (S. 27) befolgen?*

4. »Wie froh bin ich, daß ich Spinat nicht leiden kann; denn schmeckte er mir, dann würde ich ihn essen, und ich hasse das Zeug!« (Anonymus)

5. Der Philosoph Karl Popper will einem Kollegen einmal folgende Postkarte geschickt haben [134]:

Lieber M. G.,
Bitte senden Sie mir diese Karte wieder zurück, tragen Sie aber vorher »ja« oder irgendein beliebiges anderes Zeichen in das leere Rechteck links von meiner Unterschrift ein, wenn Sie Grund zur Annahme haben, daß ich bei Erhalt der Karte dieses Rechteck noch leer vorfinden werde.

Ihr ergebener
K. R. Popper

Falls diese Beispiele im Kopf des Lesers ein gewisses Gefühl der Lähmung erzeugt haben, so hat er damit bereits die erste praktische Erfahrung mit einer weiteren Gattung der Konfusion gemacht. Im bekannten Kinderbuch »Mary Poppins« von Pamela Travers kommt sie noch besser zum Ausdruck. Mary Poppins, ein englisches Kindermädchen, besucht mit ihren beiden Schützlingen, Jane und Michael, Frau Corrys Lebkuchenladen. Frau Corry, eine kleine, verhutzelte, hexenhafte Alte, hat zwei riesenhafte, freudlose Töchter namens Fannie und Annie, die als Ladenmädchen arbeiten, während sie selbst sich meist in einem Stübchen hinter dem Ladenraum aufhält. Als sie Mary Poppins und die Kinder hört, kommt sie heraus:

»Ich nehme an, meine Liebe –« sie wandte sich an Mary Poppins, die eine alte Bekannte zu sein schien –, »ihr seid wegen Pfefferkuchen gekommen?«
»Erraten, Missis Corry«, antwortete Mary Poppins sehr höflich.

---

* »Ignore this sign« bedeutet: Dieses Zeichen nicht beachten! Um diese Aufforderung zu befolgen, muß man das Schild aber zuerst lesen. Damit aber verletzt man die Anweisung der Nichtbeachtung.

Photo: Baron Wolman

»Dieses Zeichen nicht beachten«

Abbildung 2

»Sehr gut! Haben euch Fannie und Annie noch keine gegeben?« Bei dieser Frage sah sie Jane und Michael an.
Jane schüttelte den Kopf. Zwei schüchterne Stimmen kamen hinter dem Ladentisch hervor.
»Nein, Mutter«, sagte Miß Fannie betreten.
»Wir waren dabei, Mutter –« flüsterte Miß Annie verschüchtert.
Missis Corry richtete sich auf, so hoch sie konnte, und betrachtete ihre riesigen Töchter voll Zorn. Sie sagte leise, aber verärgert und höhnisch:
»Eben dabei? Wirklich? Das ist ja höchst interessant. Und wer, darf ich fragen, Annie, gab dir die Erlaubnis, meine Pfefferkuchen fortzugeben –?«
»Niemand, Mutter. Und ich hab' sie auch nicht fortgegeben. Ich dachte nur –«
»Du dachtest nur. Das ist sehr gütig von dir. Aber ich wäre dir dankbar, wenn du es bleiben ließest. Was es hier zu denken gibt, besorge ich!« erklärte Missis Corry mit ihrer leisen, schrecklichen Stimme. Dann brach sie in ein grelles, gakkerndes Gelächter aus.
»Schaut sie an! Schaut sie nur an! Angsthase! Heulsuse!« kreischte sie und zeigte mit ihrem knotigen Finger auf die Tochter.
Jane und Michael drehten sich um und sahen, wie eine große Träne über Miss Annies trauriges Gesicht kollerte; aber sie wagten nichts zu sagen, denn so winzig Missis Corry war, sie fühlten sich vor ihr verlegen und eingeschüchtert. [172].

In weniger als einer halben Minute gelingt es Frau Corry also, die arme Annie in allen drei Bereichen menschlichen Lebens und Erlebens zu blockieren, nämlich in ihrem Handeln, Denken und Fühlen. Durch die Form ihrer ersten Frage deutet sie an, daß sie es von ihren Töchtern als selbstverständlich erwartet, den Kindern Lebkuchen zu geben. Sobald sich ihre Töchter aber dafür entschuldigen, dies noch nicht getan zu haben, spricht sie ihnen plötzlich das Recht zum selbständigen *Handeln* ab. Annie versucht daraufhin, sich damit zu verteidigen, daß sie es ja nicht wirklich getan, sondern nur zu tun beabsichtigt habe – offensichtlich in der immerhin vernünftigen Annahme, daß ihre Mutter bei ihr zumindest selbständiges *Denken* voraussetzt. Doch auch dies trägt ihr kein mütterliches Lob ein, denn Frau Corry läßt sie prompt wissen, daß sie kein Recht hat, derlei oder überhaupt zu denken. Und die Art und Weise, in der die Mutter ihr Mißfallen zum Ausdruck bringt, läßt schließlich keinen Zweifel darüber, daß die Angelegenheit keine Kleinigkeit ist, sondern daß sie sich von ihren Töchtern Reue erwartet. Kaum hat sie Annie damit in Tränen versetzt, verhöhnt sie als nächstes die *Gefühle* ihrer Tochter.

Wir wissen nicht, warum Frau Corry so mit ihren Töchtern umgeht, aber wir können es uns nicht leisten, die Geschichte einfach als fiktiv abzutun. Das eben beschriebene Kommunikationsmuster findet sich nämlich in klinisch gestörten Familien nur zu häufig, und es existiert darüber eine ausgedehnte Literatur [zum Beispiel 13, 80, 82, 166, 167, 168, 174, 180, 185]. Man spricht von ihm als einer Doppelbindung. Was dieser Begriff und die oben angeführten Beispiele gemeinsam haben, ist ihre Struktur, die der der Paradoxien (der Antinomien) in der Formallogik entspricht. Während die Paradoxien der Logik für den Nichtfachmann aber höchstens amüsante Erinnerungen an seine Schulzeit sind, ist ihr Auftreten im Gebiet der menschlichen Kommunikation von überragender Bedeutung. Und ganz ähnlich wie bei Frau Corrys Tochter lassen sich dabei drei Variationen des Grundthemas unterscheiden:

1. Wer für seine Wirklichkeitswahrnehmungen oder für die Art und Weise, wie er sich *selbst* sieht, von für ihn lebenswichtigen anderen Menschen getadelt wird (zum Beispiel ein Kind von seinen Eltern), wird schließlich dazu neigen, seinen Sinnen zu mißtrauen. Die damit verbundene Unsicherheit wird die anderen zur Aufforderung veranlassen, sich doch mehr anzustrengen und die Dinge »richtig« zu sehen. Früher oder später wird damit auch unterstellt, daß er verrückt sein muß, wenn er solche merkwürdigen Ansichten hat. Da ihm auf diese Weise immer wieder nahegelegt wird, er habe unrecht, wird es ihm noch schwerer fallen, sich in der Welt und besonders in zwischenmenschlichen Situationen zurechtzufinden, und er wird in seiner Konfusion dazu neigen, auf immer abwegigere und verschrobenere Weise nach jenen Sinnzusammenhängen und jener Ordnung der Wirklichkeit zu suchen, die den anderen anscheinend so klar sind, ihm aber nicht. Unter Außerachtlassung der eben beschriebenen Interaktion mit den Personen seiner Umwelt wird sein so in künstlicher Isolierung gesehenes Verhalten dem klinischen Bild der Schizophrenie entsprechen.

2. Wer von anderen, die für ihn lebenswichtig sind, dafür verantwortlich gemacht wird, anders zu fühlen, als er fühlen *sollte*, wird sich schließlich dafür schuldig fühlen, nicht die »richtigen« Gefühle in sich erwecken zu können. Dieses Schuldgefühl kann dann selbst der Liste jener hinzugefügt werden, die er nicht haben sollte. Am häufigsten ergibt sich dieses Dilemma dann, wenn Eltern sich so fest der landläufigen Annahme verschrieben haben, ein richtig erzogenes Kind müsse ein fröhliches Kind sein, daß sie selbst in der unbedeutendsten Verstimmung ihres Kindes eine stumme Anklage elterlichen Versagens

sehen. Meist verteidigen sie sich darauf mit einer Gegenklage, die das Recht des Kindes auf sogenannte negative Gefühle bestreitet, etwa: »Nach allem, was wir für dich getan haben, solltest du froh und zufrieden sein.« Auf diese Weise kann auch die kleinste vorübergehende Traurigkeit oder Verzagtheit des Kindes zu Undankbarkeit und Böswilligkeit abgestempelt werden und in ihm endlose Gewissensqualen erzeugen. In künstlicher Isolierung, das heißt wiederum ohne Berücksichtigung des zwischenmenschlichen Kontextes, entspricht das sich daraus ergebende Verhalten des Kindes dem klinischen Bild der Depression.

3. Wer von Personen, die für ihn lebenswichtig sind, Verhaltensanweisungen erhält, die bestimmte Handlungen sowohl erfordern als auch verbieten, wird dadurch in eine paradoxe Situation versetzt, in der er nur durch Ungehorsam gehorchen kann. Die Grundformel dieser Paradoxie ist: »Tu, was ich sage, und nicht, was ich möchte.« Sie liegt zum Beispiel dort vor, wo Eltern von ihrem Jungen erwarten, daß er sowohl Respekt für Gesetz und Ordnung habe als auch ein rechter Draufgänger sei. Andere Eltern legen so großen Wert auf Gewinnen, daß für sie einerseits jedes Mittel diesen Zweck zu heiligen scheint, sie aber andererseits bei ihrem Kind auf Fairneß und Ehrlichkeit in allen Lebenslagen pochen. In ähnlicher Weise mag eine Mutter ihre Tochter bereits in sehr frühem Alter vor der Häßlichkeit und den Gefahren alles Sexuellen zu warnen beginnen, ihr gleichzeitig aber keinen Zweifel darüber lassen, daß man als Frau sich von Männern umschwärmen und begehren lassen soll. Das sich aus diesem Widerspruch ergebende Verhalten entspricht häufig der sozialen Definition der Haltlosigkeit. [180]

Nun gibt es aber noch eine vierte Variante dieses Grundthemas, die allein schon deswegen die häufigste sein dürfte, weil sich ihr Auftreten nicht auf klinisch gestörte Kommunikationssituationen beschränkt. Es handelt sich dabei um die merkwürdige, sehr irritierende Zwangslage, die immer dann entsteht, wenn ein Partner vom anderen ein ganz bestimmtes spontanes Verhalten fordert, das sich aber deswegen eben nicht spontan ergeben kann, weil es gefordert wurde. Je nach der Stärke des ihnen zugrunde liegenden Bedürfnisses können sich diese sogenannten »Sei spontan!«-Paradoxien von harmlosen Reibungen bis zu tragischen Verwicklungen erstrecken. Es ist eine der vielen Merkwürdigkeiten menschlicher Kommunikation, daß es unmöglich ist, einen anderen Menschen zur spontanen Erfüllung eines Wunsches oder eines Bedürfnisses zu veranlassen. Geforderte Spontaneität führt vielmehr unweigerlich in die paradoxe Situation, in der die Forderung ihre eigene Erfüllung unmöglich macht. Dieses Kommunikationsmuster liegt zum Beispiel dann vor, wenn eine Ehefrau es ihrem Mann nahelegt, ihr doch gelegentlich Blumen mitzubringen. Da sie sich vermutlich seit langem nach diesem kleinen Liebesbeweis gesehnt hat, ist ihr Wunsch menschlich durchaus verständlich. Weniger offensichtlich dagegen ist die Tatsache, daß sie sich damit nun die Erfüllung ihrer Sehnsucht endgültig verbaut hat: Wenn er nämlich ihren Wunsch ignoriert, wird sie sich noch weniger geliebt fühlen; kommt er ihm aber nach, so wird sie dennoch unzufrieden sein, denn er bringt ihr die Blumen ja nicht spontan, von sich aus, sondern nur, weil sie sie verlangte. Ganz ähnlich kann es Eltern ergehen, die ihren Sohn für zu weich und nachgiebig halten und ihm daher irgendeine Variation des Themas »Sei nicht so nachgiebig!« einzubläuen versuchen. Doch auch hier sind nur zwei Ergebnisse möglich, und beide sind unannehmbar. Entweder der Junge bleibt passiv (in welchem Falle die Eltern unzufrieden sein werden, da er ihrem Wunsch nach festerem Auftreten nicht gehorcht), oder sein Verhalten ändert sich in der gewünschten Weise, doch werden sie in diesem Falle trotzdem unzufrieden sein, weil er sich aus dem falschen Grunde (nämlich eben doch wieder aus Nachgiebigkeit ihnen gegenüber) richtig verhält. In solchen zwischenmenschlichen Zwickmühlen sind alle Partner gleichermaßen gefangen, wenn auch die Schuld daran erfahrungsgemäß jeweils dem oder den anderen zugeschrieben wird.

Abbildung 3 (S. 32) stellt eine besondere Variante einer »Sei spontan!«-Paradoxie oder, genauer genommen, ihr Spiegelbild dar. Der von der Kellnerin getragene Blechknopf mit der kitschigen, aber schwer übersetzbaren Aufschrift »We're glad you're here« (etwa: Wir freuen uns, daß Sie unser Gast sind) widerspricht dem Sinn dieser Aufschrift durch die Art und Weise, in der dieser Sinn kommuniziert wird. Ein herzlich gemeintes Willkommen dieser Art hat nur dann wirkliche Bedeutung, wenn es individuell und spontan geboten wird. Dem widerspricht aber nicht nur der Gesichtsausdruck der kaffeeservierenden Kellnerin, sondern vor allem die Tatsache, daß dieser als Massenartikel hergestellte Blechknopf, den vermutlich jeder Angestellte des Hotels als Teil seiner Uniform trägt, im Gast schwerlich

"We're glad you're here"

(Wir freuen uns, daß Sie unser Gast sind)

Abbildung 3

den Eindruck aufkommen läßt, *persönlich* willkommen zu sein. Bei diesem Beispiel liegt die Paradoxie also nicht in einer Forderung nach spontanem Verhalten, sondern umgekehrt im unterschiedslosen Blanko-Angebot pseudo-spontaner Gastfreundschaft.

Paradoxien sind universal, und sie können ihr Unwesen in allen möglichen Gebieten menschlicher Beziehungen treiben, und es besteht guter Grund zur Annahme, daß sie unsere Wirklichkeitsauffassung nachhaltig beeinflussen können. Begriffe wie Spontaneität, Vertrauen, Folgerichtigkeit, Beweisbarkeit, Gerechtigkeit, Normalität, Macht und viele andere haben die fatale Neigung, bei allzu genauem Durchdenken in Paradoxien zu münden. Besehen wir uns den letzteren, die Macht. Macht erzeugt ihre eigenen Paradoxien und Doppelbindungen, wie ein Zitat aus Peter Schmids Studie über die Beziehungen zwischen den USA und Japan in der Mitte der sechziger Jahre veranschaulicht. Für Schmid war das damals im Schatten Amerikas dahinlebende Japan ein Hamlet, der zwischen den sich gegenseitig ausschließenden Idealen von Sicherheit und Verzicht auf Macht schwankte:

Macht, so lautet das Argument, ist böse; darum verzichte ich auf sie, nicht ganz, aber so weit wie möglich. Ein Freund schützt mich. Er ist mächtig ... und darum böse ... ich verachte, hasse ihn deswegen ... und doch muß ich ihm die Hand geben. Ich bin ohnmächtig, weil ich gut sein möchte ... darum hat mein böser Freund Macht über mich. Ich verurteile, was er als Mächtiger tut, und zittere doch, er könnte straucheln. Denn wenn mein Beschützer strauchelt, wie es Bösen geziemt, falle auch ich, der Gute ... [159]

Macht neigt dazu, den Mächtigen zu verderben, beginnt Lord Actons berühmter Aphorismus*, und es fällt kaum schwer, diese Wahrheit einzusehen. Weniger offensichtlich aber sind die merkwürdigen, paradoxen Folgen der sich aus dieser Einsicht scheinbar zwanglos anbietenden Schlußfolgerung: nämlich daß Macht, da übel, vermieden werden muß. Gerade heutzutage feiert die utopische Idee einer völlig macht- und zwangsfreien Gesellschaftsform fröhliche Urstände, und die sich daraus ergebenden Pathologien der Macht sind von besonders eindrucksvoller und subtiler Unmenschlichkeit. Rousseaus These vom guten, natürlichen Menschen und der ihn verderbenden Gesellschaft wird wieder einmal aus der philosophischen Mottenkiste gezogen und als jungfräuliche, noch nie gedachte Weisheit herumgeboten. Wie schon zu Rousseaus Zeiten bleibt es dabei ungeklärt, wieso die Gesamtheit aller natürlichen, guten Menschen zu dieser finsteren, üblen Macht ausartet, die für Unterdrückung, für Geisteskrankheiten und Selbstmord, Scheidungen, Alkoholismus und Kriminalität verantwortlich ist. Dagegen machte Karl Popper in seinem Werk »*Die offene Gesellschaft und ihre Feinde*« schon 1945 die heute fast pro-

---

* Power tends to corrupt, and absolute power corrupts absolutely.

phetisch erscheinende Bemerkung, daß das Paradies der glücklichen, primitiven Gesellschaft (das, nebenbei bemerkt, niemals existierte) für alle jene verloren ist, die vom Baum der Erkenntnis gegessen haben. »Je mehr wir zum heroischen Zeitalter der Stammesgenossenschaft zurückzukehren versuchen, desto sicherer landen wir bei Inquisition, Geheimpolizei und einem romantisierten Gangstertum.« [135]
Besehen wir uns dieselbe Paradoxie in einem konkreteren Rahmen. In der modernen psychiatrischen Anstaltspraxis werden große Bemühungen unternommen, in den Beziehungen zwischen Ärzten, Pflegepersonal und Patienten jeden Anschein von Macht möglichst zu vermeiden. So wünschenswert und menschlich dies ist, kann dabei Übereifer zu merkwürdigen Resultaten führen. Ziel der Anstaltsbehandlung ist die bestmögliche Wiederherstellung der Normalität des Patienten – ein Ziel, das er offensichtlich aus eigener Kraft nicht erreichen kann, denn sonst wäre er ja nicht in einer Anstalt. Wie immer man den Begriff der psychischen Normalität medizinisch, psychologisch oder philosophisch untermauern will, bezieht er sich rein praktisch auf den Grad der Wirklichkeitsanpassung des Patienten. Unter diesem scheinbar so klaren Begriff (jedermann weiß doch, was wirklich ist...) versteht man meist Verhalten, das im Einklang mit ganz bestimmten und grundsätzlichen Normen steht. Die wichtigste dieser vielen Normen ist, daß sie alle spontan befolgt werden sollen und nicht etwa nur deshalb, weil dem Patienten keine andere Wahl gelassen wird. Das bedeutet aber nicht mehr und nicht weniger, als daß er sich *spontan* richtig verhalten *muß* – solange er das nicht tut, ist er eben ein Patient und braucht weitere Hilfe. Da ihm aber diese Hilfe nicht aufgezwungen werden darf, bleiben nur paradoxe Beeinflussungen offen. So ist es zum Beispiel grundsätzlich richtig, niemanden zur Teilnahme an Gruppentherapiesitzungen zu zwingen. Nichtteilnahme an den Sitzungen »beweist« aber, daß der Patient noch nicht imstande ist, von sich aus zu begreifen, was für ihn gut ist, und die dementsprechende Entscheidung (Teilnahme an den Sitzungen) zu treffen. Sie muß also irgendwie für ihn getroffen werden, was in der Praxis meist so gehandhabt wird, daß man ihn freundlich beiseite nimmt, ihm erneut versichert, daß kein Zwang zur Teilnahme an der Gruppe besteht, und ihn dann eingehend darüber befragt, warum er nicht aus eigenem Antrieb zu den Sitzungen kommt. – Die Devise

von der Gleichheit aller (Ärzte, Pfleger und Patienten), die schon allein deswegen absurd ist, da alle Hilfe eine Machtstruktur zwischen Helfer und Geholfenem bedingt, führte unlängst zu folgender amüsanter Konsequenz: Anläßlich eines Anstaltspicknicks war ein Patient dabei, Steaks auf dem Holzkohlenrost zu braten. Einer der Ärzte gesellte sich zu ihm und begann eine leutselige Unterhaltung, während unter den Augen beider die Steaks langsam verbrannten. Im psychologischen post mortem des Vorfalls stellte sich heraus, daß der Patient der Ansicht gewesen war, der Arzt könne sich genauso gut wie er um das Fleisch kümmern, wenn schon wirklich alle gleichen Status hatten. Der Arzt dagegen nahm an, die Steaks deswegen nicht retten zu dürfen, weil dies bewiesen hätte, daß er den Patienten noch für unfähig hielt, sie zu braten – eine moderne Variante des Mottos «Fiat justitia, pereat mundus».

Der weitreichendste Versuch zur Herstellung eines völlig zwangsfreien und unstrukturierten Behandlungsmilieus wird in den sogenannten Blow-out Centers unternommen, worunter kleine Wohnheime zu verstehen sind, in denen es schwer gestörten Geisteskranken ermöglicht wird, in einer theoretisch völlig permissiven Umwelt und im Zusammenleben mit idealistischen, aufopfernden Helfern die Nachtmeerfahrt ihrer Psychose zu absolvieren. Damit kommen diese Heime, wenigstens theoretisch, dem Schlaraffenland der völlig guten, zwangsfreien Gesellschaft scheinbar recht nahe. In der Praxis können aber auch sie nicht ohne zum Teil sogar sehr starre Regeln auskommen, wie etwa dem Verbot körperlicher Tätlichkeiten, offener sexueller Betätigung, Drogenmißbrauch und natürlich der Verhinderung von Selbstmordversuchen. Gegen all dies wäre nicht das geringste einzuwenden, wenn es sich nicht im Kontext angeblich völliger Freiheit von Macht und Nötigung abspielte. Aber eben diese These der Machtfreiheit, die unter allen Umständen aufrechterhalten werden muß, erfordert die merkwürdigsten, fast schizophrenen Leugnungen gewisser Wirklichkeitsaspekte, und die Therapie kann damit zu ihrer eigenen Pathologie werden. Dazu kommt noch, daß zum Beispiel der Heiminsasse, der in kalten Winternächten, einem spontanen Drange folgend, alle Fenster einzuschlagen pflegt, schließlich zum Verlassen des Heims gezwungen und damit wiederum der Gesellschaft überantwortet wird, deren übler Einfluß angeblich allein an seinem Zustand schuld ist. – Remy de Gourmont dürfte eine ähnliche Para-

doxie im Sinne gehabt haben, als er einmal bemerkte: »Quand la morale triomphe, il se passe des choses très vilaines.«
Leider ist auch im Falle der Paradoxien der Macht die Diagnose leichter als die Therapie, besonders wenn von der Therapie erwartet wird, daß sie vernünftig und logisch sein muß. Die wissenschaftliche Erforschung der verhaltensmäßigen Wirkungen von Paradoxien, ein relativ junger Zweig der menschlichen Verhaltensforschung, legt es jedoch nahe, daß der Teufel der Paradoxie am besten mit dem Beelzebub der Gegenparadoxie ausgetrieben werden kann. Geschichtliche Beweise dafür ließen sich in Fülle zusammentragen, doch haftet ihnen immer das Odium des »Unvernünftigen«, »Zufälligen« oder »Unwissenschaftlichen« an, und sie spielen daher in Lehrbüchern der Geschichte, der Diplomatie oder (neuerdings) der Konfliktforschung bestenfalls die Rolle von Kuriosa. Und doch sind es oft diese scheinbaren Absurditäten, die eine theoretisch vernünftige, praktisch aber unhaltbare Lage nicht nur retten, sondern sogar zum bestmöglichen Erfolg führen können. Eine solche Situation bestand zum Beispiel unter Karl V., dessen Macht sich über ein Reich ausgedehnt hatte, in dem die Sonne nicht unterging. Die Beamten der Krone in den überseeischen Besitzungen waren dank der rudimentären Nachrichtenverbindungen in einem scheinbar unlösbaren Dilemma gefangen: Einerseits mußten sie die Befehle Madrids befolgen, andererseits konnten sie sie nicht befolgen, weil diese Weisungen meist in krasser Unkenntnis der örtlichen Gegebenheiten erteilt wurden und in jedem Falle die Befehlsempfänger erst Wochen oder sogar Monate nach ihrem Erlaß erreichten und bis dahin längst durch die Weiterentwicklung der Lage überholt waren. In Zentralamerika führte dieses Dilemma zu einer heute noch praktizierten Lösung, nämlich der paradoxen Maxime: »Se obedece, pero no se cumple« (man gehorcht, aber man führt [die Weisung] nicht aus), und es dürfte kein Zweifel bestehen, daß dank dieser Lösung die mittelamerikanischen Besitzungen nicht wegen, sondern trotz der kaiserlichen Machtsprüche blühten. Zwei Jahrhunderte später wurde dieser Behelfslösung von Kaiserin Maria Theresia durch die Einführung des nach ihr benannten Ordens offizielle Anerkennung verliehen. Der Maria-Theresien-Orden blieb bis zum Ende des Ersten Weltkriegs (und in Ungarn sogar bis in den Zweiten Weltkrieg hinein) die höchste militärische Tapferkeitsauszeichnung. Mit erfrischender Absurdität war er jenen Offizieren vorbehalten,

die aus eigener Entscheidung und unter Mißachtung erhaltener Befehle den Verlauf einer Schlacht zum Sieg lenkten. Ging ihre Eigenmächtigkeit aber schief, so blühte ihnen selbstverständlich ein Kriegsgerichtsverfahren wegen Ungehorsams. Der Orden war damit das bewundernswerte Beispiel einer offiziellen Gegenparadoxie, würdig einer Nation, deren Einstellung zur Übermacht der anderen (oder des Schicksals) immer schon vom Motto geprägt war: Die Lage ist hoffnungslos, aber nicht ernst.

Eine ihrer Struktur nach ähnliche, aber noch viel unhaltbarere Paradoxie besteht in einer anderen, allerdings fiktiven militärischen Situation, nämlich in Joseph Hellers Roman »*Catch-22*«. Yossarian, der als Pilot bei einem amerikanischen Bombergeschwader im Mittelmeerraum dient, hält die seelische Belastung der täglichen Frontflüge nicht mehr aus und sucht verzweifelt nach einem Ausweg. Außer dem Heldentod steht ihm aber nur die Möglichkeit offen, sich aus psychiatrischen Gründen für dienstunfähig erklären zu lassen. Er fühlt in dieser Angelegenheit beim Chefarzt, Dr. Daneeka, vor, macht aber vorsichtshalber nicht sich selbst, sondern einen anderen Piloten namens Orr zum Gegenstand seiner Erkundigung:

»Ist Orr verrückt?«
»Klar ist er verrückt«, sagte Doc Daneeka.
»Kannst du ihn flugunmtauglich schreiben?«
»Klar kann ich das. Er muß aber erst darum bitten. So verlangt es die Vorschrift.«
»Warum bittet er dich denn nicht darum?«
»Weil er verrückt ist«, sagte Doc Daneeka. »Er muß einfach verrückt sein, sonst würde er nicht immer wieder Einsätze fliegen, obgleich er oft genug knapp mit dem Leben davongekommen ist. Selbstverständlich kann ich Orr flugunmtauglich schreiben. Er muß mich aber erst darum bitten.«
»Mehr braucht er nicht zu tun, um flugunmtauglich geschrieben zu werden?«
»Nein, mehr nicht. Er braucht mich nur zu bitten.«
»Und dann kannst du ihn flugunmtauglich schreiben?« fragte Yossarian.
»Nein. Dann kann ich es nicht mehr.«
»Heißt das, daß die Sache einen Haken hat?«
»Klar hat sie einen Haken«, erwiderte Doc Daneeka. »Den IKS-Haken. Wer den Wunsch hat, sich vom Fronteinsatz zu drücken, kann nicht verrückt sein.«

Da war also ein Haken, eben der besagte Catch-22, dessen Bedeutung in Hellers eigenen Worten darin bestand,

daß die Sorge um die eigene Sicherheit angesichts realer, unmittelbarer Gefahr als Beweis für fehlerloses Funktionieren des Gehirns zu werten sei. Orr war verrückt und konnte flugunmtauglich geschrieben werden. Er brauchte nichts weiter zu tun,

als ein entsprechendes Gesuch zu machen; tat er dies aber, so galt er nicht länger mehr als verrückt und würde weitere Einsätze fliegen müssen. Orr wäre verrückt, wenn er noch weitere Einsätze flöge, und bei Verstand, wenn er das ablehnte, doch wenn er bei Verstand war, mußte er eben fliegen. Flog er diese Einsätze, so war er verrückt und brauchte nicht zu fliegen; weigerte er sich aber zu fliegen, so mußte er für geistig gesund gelten und war daher verpflichtet zu fliegen. Die unübertreffliche Schlichtheit dieser Klausel der IKS beeindruckte Yossarian zutiefst, und er stieß einen bewundernden Pfiff aus.
»Das ist schon so ein Haken, dieser IKS-Haken«, bemerkte er.
»Einen besseren findest du nicht«, stimmte Doc Daneeka zu. [66]

Zugegeben, das Beispiel ist fiktiv, und es gibt den Catch-22 in der amerikanischen Luftwaffe nicht. Es handelt sich um eine Art Karikatur militärischer Logik, doch wie bei jeder guten Karikatur wird der Kern der Sache getroffen: Die Wirklichkeit des Kriegs oder jede andere, auf totalitärer Gewalt beruhende Wirklichkeit ist von einem Wahnwitz, dem sich niemand entziehen kann, und in dieser Wirklichkeit wird Normalität zum Ausdruck von Wahn oder Heimtücke umgedeutet. Dabei ist es gleichgültig, ob die Wirklichkeit die der Kanzel eines Bombenflugzeugs oder eines »Volksgerichtshofs« ist, der die reaktionärste oder revolutionärste Justiz übt – menschliche Werte und die Gesetze der Kommunikation werden auf den Kopf gestellt, und die Umnachtung der Konfusion befällt Opfer wie Henker.

Die Vorteile der Konfusion

Das bisher Gesagte scheint wenig Gutes am Phänomen der Konfusion zu lassen. Dem ist aber nicht ganz so. Vergegenwärtigen wir uns folgende Situation: Ich betrete ein Zimmer, und die dort Anwesenden brechen in lautes Lachen aus. Für mich ist das sehr verwirrend, denn entweder sehen sie die Situation völlig anders, oder sie sind im Besitze von mir unbekannten Informationen. Meine sofortige Reaktion wird darin bestehen, nach Anhaltspunkten für ihr Lachen zu suchen – entweder indem ich mich umdrehe, um zu sehen, ob hinter mir jemand Faxen macht, oder im Spiegel prüfe, ob ich Rußflekken im Gesicht habe, oder indem ich eine Erklärung für ihr Verhalten verlange.
Nach einer ursprünglichen Lähmung löst also jeder Zustand der Konfusion eine sofortige Suche nach Anhaltspunkten aus, die zur Klä-

rung der Ungewißheit und dem damit verbundenen Unbehagen dienen können. Daraus folgt zweierlei. Erstens wird diese Suche, wenn erfolglos, auf alle möglichen und unmöglichen Bezüge ausgedehnt und wird unter Umständen die unbedeutendsten und abwegigsten Zusammenhänge einbeziehen. Zweitens neigt man in einem Zustand von Konfusion ganz besonders dazu, sich an die erste konkrete Erklärung zu klammern, die man durch den Nebel der Konfusion zu erkennen glaubt.* Untersuchen wir zuerst die zweite Folge. Der berühmte Hypnotherapeut Dr. Milton Erickson hat sie zu einer überaus wirkungsvollen therapeutischen Intervention, der Konfusionstechnik, entwickelt, auf die er eines Tages fast rein zufällig kam:

An einem stürmischen Tag, [...] als ich an einer Straßenecke gegen den Wind ankämpfte, kam ein Mann rasch um die Ecke gebogen und stieß in seiner Eile hart mit mir zusammen. Bevor er sich von seinem Schreck erholt hatte und etwas sagen konnte, sah ich umständlich auf meine Uhr, als hätte er sich nach der Zeit erkundigt, und sagte höflich: «Es ist genau zehn Minuten vor zwei», obwohl es fast vier Uhr war, und ging weiter. Mehrere Häuser weiter drehte ich mich um und sah, daß er mir immer noch nachblickte, offenbar noch immer verwirrt und befremdet über meine Bemerkung.[39]

In einer derart verwirrenden Situation neigt jedermann dazu, nach dem nächsten, scheinbar rettenden Strohhalm, das heißt dem erstbe-

---

* Möglicherweise hat dies etwas mit der in der klassischen Sexliteratur häufig angeführten Beobachtung zu tun, daß der gänzlich unvertraute und daher überaus verwirrende Zustand der ersten sexuellen Erregung sich fast untrennbar mit irgendeinem anderen gleichzeitigen, aber nicht unmittelbar damit zusammenhängenden Ereignis verknüpfen kann und daß dies dann zu merkwürdigen sexuellen Fixierungen und Ritualen führt. So soll zum Beispiel ein Mann unfähig gewesen sein, eine Erektion zu haben, wenn ihn seine Partnerin nicht beim Ohr zog. Dieser ungewöhnliche Zusammenhang kam angeblich dadurch zustande, daß ihn sein Lehrer beim ersten Masturbationsakt unter seinem Pult ertappte und am Ohr hochzog. Se non è vero, è ben trovato – wenn's nicht wahr ist, ist es immerhin gut erfunden, wie die Italiener in einem solchen Falle zu sagen pflegen. Apropos, im Film »Casanova 70« karikiert Marcello Mastroianni eben diesen Mechanismus. Er spielt die Rolle eines Schürzenjägers, der aber nur dann leistungsfähig ist, wenn die Situation entweder sehr gefährlich ist oder ihm nur ganz wenig Zeit läßt. Unglücklicherweise aber führt ihn sein Schicksal immer wieder in todsichere Situationen mit den schönsten Frauen, die noch dazu unbeschränkt Zeit für ihn haben, und der arme Held ist daher entweder impotent oder muß die komischsten Verwicklungen erzeugen, um das tête-à-tête mit Gefahren anzureichern oder unter Zeitdruck zu bringen. Eine ganz ähnliche Szene findet sich in Woody Allens Film »Was Sie schon immer über Sex wissen wollten«.

sten konkreten Anhaltspunkt, zu greifen und diesem daher ein Übermaß an Wichtigkeit und Gültigkeit zuzuschreiben – selbst wenn der betreffende Anhaltspunkt entweder völlig unzutreffend oder zumindest bedeutungslos ist. Kein Wunder, daß man unter diesen Umständen besonders leicht irgendwelchen, in diesem kritischen Augenblick gegebenen Suggestionen zum Opfer fallen kann. Es ist offensichtlich, daß solche Suggestionen aber nicht nur negative* (wahnbildende oder kritiklose), sondern auch positive (zum Beispiel therapeutische) Folgen für die Wirklichkeitsanpassung des Betreffenden haben können.

Die andere, obenerwähnte Folge von Konfusionen, nämlich die Tatsache, daß sie unsere Wahrnehmung für unter Umständen kleinste Einzelheiten schärft, ist von wesentlich größerem Interesse für unser Thema. In ungewöhnlichen Lagen, zum Beispiel in großer Gefahr, sind wir unvermutet gewisser Reaktionen fähig, die vollkommen aus dem Rahmen unseres Alltagsverhaltens fallen können. Im Bruchteil einer Sekunde und ohne auch nur zu überlegen, können wir komplizierte, lebensrettende Entscheidungen treffen und durchführen. Ähnliches kann aber auch unter weniger außergewöhnlichen Umständen eintreten, und dies ist meist dann der Fall, wenn wir an eine alltägliche, routinehafte Situation eher unaufmerksam und zerstreut herangehen. Wem ist es nicht schon zugestoßen, ein Wörterbuch genau an der gewünschten Stelle aufzuschlagen oder von einem Stapel von Formularen genau die benötigten 25 Exemplare abzuheben – als wäre es das einfachste Ding der Welt. Wenn wir in unserem Erstaunen das kleine Kunststück dann zu wiederholen versuchen, mißlingt es natürlich, und wir haben den undeutlichen Eindruck, daß unsere *Absicht*, es zu wiederholen, den Erfolg unmöglich macht. Über dieses Thema gibt es vor allem in den fernöstlichen Philosophien eine weite Literatur. Der taoistische Begriff des *wu-wei*, der absichtlichen Absichtslosigkeit, gehört hierher, oder die Regel, daß man vergessen muß, was man erreichen will – wie Herrigel das in seinem kleinen Buch über Zen und das Bogenschießen [67] so schön beschreibt.

---

* Wie die Massenpsychologie lehrt, kann die dumpfe Unentschlossenheit einer erregten Menschenmasse von einem bestimmten, kritischen Punkt an durch eine dann ausgegebene Losung oder auch nur durch einen Zuruf auf praktisch jede, auch die unsinnigste Handlung hin elektrisiert werden – ein Umstand, der den Drahtziehern von Tumulten nur zu gut bekannt ist.

Die Frage, ob an all dem »höhere« seelische Fähigkeiten beteiligt sind, muß der Antwort des Lesers überlassen bleiben. Es dürfte aber kein Zweifel bestehen, daß ein gewisses Maß an absichtlicher Unaufmerksamkeit unsere Sensibilität gerade für die besonders kleinen, averbalen Kommunikationen erhöht, die in zwischenmenschlichen Situationen* oder solchen zwischen Mensch und Tier von besonders ausschlaggebender Bedeutung sein können. Aus diesem Grunde sind diese Phänomene von großem Interesse für die Kommunikationsforschung und in weiterem Sinne für unsere Untersuchungen der merkwürdigen Natur dessen, was wir die Wirklichkeit nennen. Wenden wir uns also einigen dieser Situationen zu.

Der Kluge Hans

Im Jahre 1904 erfaßte eine Welle der Begeisterung die wissenschaftlichen Kreise Europas: Einer der ältesten Wunschträume der Menschheit war in Erfüllung gegangen, nämlich die Verständigung zwischen Mensch und Tier. Jenes Tier war Hans, der achtjährige Hengst des pensionierten Schullehrers von Osten. Raummangel und der eigentliche Zweck dieses Buches verbieten es mir, dem Leser auch nur ein ungefähres Bild jener Euphorie zu vermitteln, die, zeitgenössischen Autoren [zum Beispiel 32, 169] zufolge, das allgemeine Publikum genauso wie die geachtetsten und nüchternsten Wissenschaftler jener Zeit ergriffen hatte. Zoologen, Psychologen, Ärzte, Physiologen, Neuropsychiater, Veterinärmediziner, ganze Expertenkommissionen und eigens aus diesem Anlaß geschaffene akademische Komitees unternahmen wahre Wallfahrten nach jenem prosaischen, gepflasterten Hinterhof zwischen schäbigen Zinshäusern im Norden Berlins, wo der Kluge Hans seinen Stall hatte und seine erstaunlichen Fähigkeiten unter Beweis stellte. Viele dieser Besucher begaben sich dorthin mit all der Skepsis, die die phantastischen Berichte über die Leistungen des Pferdes nahelegten, doch verließen anscheinend alle jenen kleinen Hof geradezu ehrfürchtig und ohne jeden Zweifel darüber, was sie

---

* Die Psychoanalyse verwendet dafür bekanntlich Begriffe wie den der freiflottierenden Aufmerksamkeit oder des Zuhörens mit dem »dritten Ohr«.

dort beobachtet und den strengsten wissenschaftlichen Prüfungen unterworfen hatten.

In offensichtlich grenzenlosem Glauben an seinen Lehrerberuf hatte der pensionierte von Osten* seine pädagogischen Talente von kleinen Lausbuben auf sein schönes Pferd umgelenkt und ihm nicht nur Arithmetik beigebracht, sondern auch die Fähigkeit, die Uhr zu lesen, Fotos von Leuten zu erkennen, die ihm vorgestellt worden waren, und so viele andere unglaubliche Leistungen mehr, daß ihre Aufzählung hier unmöglich ist und der interessierte Leser sich Pfungsts klassische Abhandlung [124] vornehmen muß.

Der Kluge Hans klopfte das Ergebnis mathematischer Aufgaben mit seinem Huf. Die Ergebnisse nichtnumerischer Aufgaben buchstabierte er, und zu diesem Zwecke hatte er das Alphabet auswendig gelernt und klopfte (nach Art der spiritistischen Medien) für *a* einmal, für *b* zweimal usw. Wie bereits erwähnt, wurden seine Fähigkeiten äußerst sorgfältigen, wissenschaftlichen Prüfungen unterzogen, deren Zweck es war, auch nur die entfernteste Möglichkeit einer Täuschung durch geheimes Signalisieren seitens seines Herrn auszuschalten. Der Kluge Hans aber bestand alle diese Prüfungen sozusagen mit fliegenden Fahnen, besonders da seine Leistungen in von Ostens Abwesenheit fast ebenso gut waren wie in dessen Gegenwart. Am 12. September 1904 veröffentlichte eine Sachverständigenkommission, die sich aus dreizehn hervorragenden Wissenschaftlern und Fachleuten (darunter Mitglieder der Preußischen Akademie der Wissenschaften und Professoren der Universität Berlin) zusammensetzte, ein Gutachten, das sowohl jegliche absichtliche Täuschung wie auch unwillkürliche Zeichengebung ausschloß und dem Falle dieses ungewöhnlichen Pferdes die höchste wissenschaftliche Bedeutung zusprach.

Aber kaum drei Monate später, am 9. Dezember 1904, gelangte ein

---

* In seiner Einleitung zu Pfungsts Buch über den Klugen Hans [124] beschreibt Stumpf von Osten wie folgt: »Ehemaliger Mathematiklehrer am Gymnasium und dabei zugleich passionierter Jäger und Reiter, höchst geduldig und höchst jähzornig, liberal in der Überlassung des Pferdes während tagelanger Abwesenheit und wieder tyrannisch in der Aufdrängung törichter Bedingungen, scharfsinnig in der Unterrichtsmethode und doch wieder ohne Verständnis für die elementarsten Formen wissenschaftlicher Untersuchung – das alles und noch viel mehr geht in seiner Seele zusammen. Er ist ein Fanatiker seiner Überzeugung, ein Sonderling, vollgestopft mit Theorien, von der Gallschen Phrenologie angefangen bis zu der Behauptung, das Pferd könne innerlich sprechen.« [126]

zweites Gutachten an die Öffentlichkeit. Sein Autor war Prof. Dr. Carl Stumpf, eines der Mitglieder der Septemberkommission. Stumpf hatte in der Zwischenzeit seine Arbeiten mit dem merkwürdigen Pferd weitergeführt und in ihrem Verlaufe hatte einer seiner Mitarbeiter, Oskar Pfungst, der spätere Autor des bereits erwähnten Buchs, eine entscheidende Entdeckung gemacht. Doch Pfungst war nur ein cand. phil. et med., und in guter akademischer Tradition fiel die Autorschaft Stumpf zu. Wie das Gutachten feststellte, hatte Pfungst entdeckt, daß

das Pferd versagt, wenn die Lösung der gestellten Aufgabe keinem der Anwesenden bekannt ist, beispielsweise wenn ihm geschriebene Ziffern oder zu zählende Gegenstände so dargeboten werden, daß sie den Anwesenden, vornehmlich dem Fragesteller, unsichtbar bleiben. Es kann also nicht zählen, lesen und rechnen.
Es versagt ferner, wenn es durch genügend große Scheuklappen verhindert wird, die Personen, denen die Lösung der Aufgabe bekannt ist, vornehmlich den Fragesteller, zu sehen. Es bedarf also optischer Hilfen.
Diese Hilfen brauchen aber – und hierin besteht das Eigentümliche und Interessante des Falles – nicht absichtlich gegeben zu werden. [127]

Das Gutachten führt dann weiter aus:

Diesen Tatsachen entspricht, soviel ich sehe, nur folgende Vorstellung von der Sache. Das Pferd muß im Laufe des langen Rechenunterrichts gelernt haben, während seines Tretens immer genauer die kleinen Veränderungen der Körperhaltung, mit denen der Lehrer unbewußt die Ergebnisse seines eigenen Denkens begleitet, zu beachten und als Schlußzeichen zu benutzen. Die Triebfeder für diese Richtung und Anstrengung seiner Aufmerksamkeit war der regelmäßige Lohn in Gestalt von Mohrrüben und Brot. Diese unerwartete Art von selbständiger Bestätigung und die so erlangte Sicherheit in der Wahrnehmung kleinster Bewegungen blieben erstaunlich.
Die Bewegungen, die das Tier zu seinen Reaktionen veranlassen, sind bei Herrn von Osten so minimal, daß es sich begreift, wie sie selbst routinierten Beobachtern entgehen konnten. Herrn Pfungst, dessen Beobachtungsfähigkeit durch Laboratoriumsversuche über kürzeste Gesichtseindrücke geschärft ist, ist es aber gelungen, an Herrn von Osten direkt die verschiedenen Bewegungsarten zu erkennen, die den einzelnen Leistungen des Pferdes zugrunde liegen, darauf sein eigenes, bis dahin unbewußtes Verhalten zu dem Pferde zu kontrollieren, und endlich diese eine unabsichtlichen in absichtliche Bewegungen zu verwandeln. Er kann nun die sämtlichen Äußerungsformen des Pferdes auch willkürlich durch entsprechende Bewegungen zur Erscheinung bringen, ohne überhaupt die bezügliche Frage oder den Befehl auszusprechen. Derselbe Erfolg tritt aber auch ein, wenn Herr Pfungst sich nicht vornimmt, die Bewegungen zu machen, sondern nur die gewollte Zahl so intensiv wie möglich sich vorstellt, weil eben die erforderliche Bewegung bei ihm dann von selbst auftritt. [128]

Es läßt sich leicht denken, daß von Osten (dessen Ehrlichkeit niemals in Frage stand) über dieses Gutachten höchst aufgebracht war. Wie Pfungst beschreibt, richteten sich sein Zorn und seine Enttäuschung in geradezu tragikomischer Weise zunächst gegen den Klugen Hans; doch bald gewann er das Vertrauen in sein Pferd zurück und gestattete keine weiteren Untersuchungen. In typischer Weise zog er damit jene Wirklichkeitsauffassung vor, die im Einklang mit seiner Überzeugung stand, statt umgekehrt sein Weltbild den unleugbaren Tatsachen anzupassen – ein Thema, das uns im 2. Teil dieses Buches eingehender beschäftigen wird.

Das Kluge-Hans-Trauma

Ungefähr zur selben Zeit, da Stumpfs Gutachten veröffentlicht wurde, hatte man auch in Elberfeld Pferde entdeckt, die ebenso klug oder sogar noch begabter waren als ihr Berliner Kollege. Ferner gab es sprechende (bellende) Hunde in Mannheim und verschiedene andere Tiere, darunter auch Schweine, die phantastisch komplizierte Rechenaufgaben zu lösen gelernt hatten und in ihrer Freizeit außerdem noch ihre menschlichen Interviewer mit witzigen und philosophischen Bemerkungen verblüfften.

Auf diese Blüten fiel der Reif der Pfungstschen Forschungsergebnisse. Statt diese aber als eigenständige, hochinteressante Entdeckungen zu würdigen und weiterzuverfolgen, sah man in ihnen nur eine wissenschaftliche Blamage*, und sie wurden damit zu einem Trauma, über das die Ethologie (die moderne Bezeichnung für die Tierpsychologie) bis heute nicht ganz hinweggekommen ist. In einem ausgezeichneten Referat beschreibt Prof. Hediger, der frühere Direktor des Züricher Zoos, dieses Trauma mit folgenden Worten:

Es ist evident, daß aus dieser ganzen Bewegung um die klopfsprechenden Tiere, die immerhin ein gutes Vierteljahrhundert gedauert, eine weltweite Kontroverse und

---

* Dies ist um so begreiflicher, wenn wir uns – wie schon im Vorwort erwähnt – vor Augen halten, daß es zu jener Zeit nicht nur die Kommunikationsforschung als Fachrichtung überhaupt nicht gab, sondern selbst der Anlaß und Zweck solcher Untersuchungen dem damaligen wissenschaftlichen Denken fernlag. In dieser Perspektive konnte die ganze Angelegenheit nur als peinliche Entgleisung gesehen werden.

eine riesige Literatur erzeugt hat, daß aus diesem gigantischen Lapsus bis auf den heutigen Tag immer nur die negative Konsequenz gezogen worden ist: Vermeidung des Klugen-Hans-Fehlers durch absolute Ausschaltung unwillkürlicher Zeichengebung – und das heißt praktisch: durch strikte Elimination jeglichen Tier-Mensch-Kontaktes im tierpsychologischen Experiment. [64]

Mit diesem peinlichen, ängstlichen Vermeiden jedes persönlichen Kontakts mit dem Tier, so führt Hediger weiter aus, wird aber das Kind mit dem Bade ausgeschüttet. Nicht nur wird so die phantastische Fähigkeit der Tiere ignoriert, kleinste Muskelbewegungen, vor allem der Mimik, wahrzunehmen und richtig zu deuten, sondern auch die Tatsache, daß wir Menschen fortwährend Signale aussenden, deren wir uns unbewußt sind und über die wir daher keinen Einfluß haben. »Wir sind«, schreibt Hediger, »für das Tier oft in einer für uns unangenehmen Weise durchsichtig. Diese in gewissem Sinne peinliche Erkenntnis ist in der Tierpsychologie bisher merkwürdigerweise immer nur ein Gegenstand der Verdrängung und nie ein Ausgangspunkt positiver Untersuchungen im Sinne intensiverer Verstehens- und Verständigungsmöglichkeiten gewesen.« [65]

Obwohl also offiziell ignoriert, bestehen diese Kommunikationsmöglichkeiten und sind der Gegenstand vieler reizender und erstaunlicher Berichte über Interaktionen zwischen Tieren beziehungsweise zwischen Tier und Mensch. Daß Tiere auf Gedeih und Verderb auf die richtige Wahrnehmung und Auslegung kleinster Anhaltspunkte angewiesen sind, dürfte kaum überraschen. In ihrem täglichen Leben, vor allem auf freier Wildbahn, sind sie dauernd Situationen ausgesetzt, die für ihr Überleben die richtige Einschätzung der Situation und die richtige Entscheidung in Bruchteilen von Sekunden erfordern. Der Primatologe Ray Carpenter erklärte dem Anthropologen Robert Ardrey diese Notwendigkeit einmal wie folgt:

»Stell dir vor«, sagte er, »du bist ein Affe und läufst einen Pfad entlang, um einen Felsen herum und stehst plötzlich vor einem anderen Tier. Bevor du weißt, ob du es angreifen, ignorieren oder ob du fliehen sollst, mußt du eine Vielzahl von Entscheidungen treffen. Ist es ein Affe oder ein Nicht-Affe? Wenn es ein Nicht-Affe ist: ist es ein Pro-Affe oder ein Anti-Affe? Wenn es ein Affe ist, ist er weiblich oder männlich? Wenn es ein Weibchen ist, ist es in Hitze? Wenn es ein Männchen ist, ist es erwachsen oder jung? Wenn es erwachsen ist, gehört es zu meiner oder zu einer anderen Gruppe? Gehört es zu meiner Gruppe, ist es ranghöher oder rangtiefer? Es bleibt dir ungefähr ein Fünftel Sekunde, um alle diese Entscheidungen zu treffen, andernfalls kannst du angegriffen werden.« [8]

45

Jedermann, der eine enge Beziehung zu einem Tier (besonders Katze, Hund oder Pferd) unterhält, weiß, wie erstaunlich genau die Wahrnehmungen und das Verständnis seines Freundes besonders dann zu sein scheinen, wenn es sich um affektgeladene Situationen handelt. In solchen Situationen geben wir Menschen vorübergehend einige unserer intellektuellen Haltungen auf und werden damit dem Tier viel verständlicher. Hediger erwähnt als Beispiel einen von Gillespie beschriebenen Vorfall: Im letzten Krieg hob der Maskottbär eines Artillerieregiments, ohne dazu abgerichtet worden zu sein, in einer Gefechtssituation ein 15-cm-Geschoß auf und reihte sich in die Kette der Munitionsträger ein [57].

Eine andere reizende, wahre Geschichte ist Leslies Bericht vom Bären, der zum Abendessen kam [87]. Leslie, der sich allein in der Wildnis Nordwest-Kanadas befand, war damit beschäftigt, Fische für sein Nachtmahl zu angeln, als er einen riesigen Schwarzbären bemerkte, der langsam immer näher kam. Da Leslie unbewaffnet war, hatte er guten Grund, den Bären möglichst unmißverständlich von seinen guten Absichten zu überzeugen, in der Hoffnung, daß der Bär darauf seinerseits ein lebensrettendes Maß von Sympathie an den Tag legen würde. Wie aber knüpft man freundliche Beziehungen zu einem wilden Bären an? Es handelte sich hier ganz offensichtlich um eine Zwangslage, zu deren Lösung weder Vernunft noch Erfahrung irgendetwas beisteuern können. In diesem geradezu klassischen Beispiel einer schöpferischen Konfusion, in der der Intellekt sozusagen Bankrott erklärt, begann Leslie, dem Bären eine Forelle nach der anderen zu füttern. Der Bär schien dies sehr begrüßenswert zu finden und kam immer näher, bis er schließlich halb an Leslie gelehnt dem Angeln aufmerksamst zusah. Er folgte Leslie dann am Abend zu dessen Lager, und im Laufe der nächsten Tage entwickelte sich auf diese Weise eine enge symbiotische Beziehung, die darin bestand, daß Leslie in zunehmender Weise Bedürfnisse (zum Beispiel die Entfernung von Zecken) und Launen (zum Beispiel den Spieltrieb) des Bären befriedigte, während dieser immer mehr Vertrauen in die freundlichen Absichten des Menschen bewies. Hediger, der mit Leslie einen ausführlichen Briefwechsel über alle Einzelheiten dieses ungewöhnlichen Erlebnisses hatte, ist überzeugt, daß es sich um eine wahre Geschichte handelt; dies um so mehr, als es eine ganze Reihe verbürgter Berichte über ähnliche Spontankontakte wilder Bären mit Menschen gibt.

Subtile Beeinflussungen

Einer der wenigen Forscher, die dem Klugen-Hans-Trauma nicht nur nicht zum Opfer fielen, sondern seine überragende Bedeutung für das Studium der Kommunikation erkannten, ist Robert Rosenthal, der Herausgeber des *Klugen-Hans*-Buchs auf englisch [125]. Sein Name ist aber vor allem mit jenen psychologischen Experimenten an der Harvard-Universität verknüpft, die bewiesen, in welcher fast unglaublichen Weise die Annahmen und Vorurteile eines Versuchsleiters das Verhalten und die Leistungen von Laborratten selbst dann beeinflussen, wenn er überzeugt ist, sich völlig von ihnen freizuhalten [145].

Rosenthal untersuchte auch die Wirkungen *absichtlicher*, aber indirekter Beeinflussung von Versuchspersonen. Er zeigte ihnen zum Beispiel eine Serie von Fotos Unbekannter und ließ sie, rein auf Grund des allgemeinen Eindrucks, den ihnen diese Bilder gaben, den beruflichen und gesellschaftlichen Erfolg dieser Menschen auf einer Skala von minus 10 (»sehr erfolglos«) bis plus 10 (»sehr erfolgreich«) angeben. Die Aufnahmen stammten aus Illustrierten und hatten in einer großen Anzahl von Voruntersuchungen (sogenannten Kalibriertests) einen neutralen Durchschnittswert von Null (also weder besonders erfolglos noch besonders erfolgreich) ergeben. Die eigentlichen Tests wurden von mehreren Versuchsleitern vorgenommen, von denen jeder einen ganz bestimmten Wert auf der Skala von minus 10 bis plus 10 zugewiesen erhielt. Aufgabe jedes Versuchsleiters war es nun, seine Versuchspersonen indirekt zur Wahl des ihm zugewiesenen Wertes zu beeinflussen. Diese Experimente wurden gleichzeitig gefilmt, und die Filme wurden dann einer größeren Zahl von Beobachtern gezeigt, die zwar den Zweck des Experimentes wußten, nicht aber den bestimmten Erfolgsgrad, auf dessen Wahl hin jeder Versuchsleiter seine Versuchspersonen zu beeinflussen trachtete. Es handelte sich also um einen Test über den ersten (gefilmten) Test, und es war die Aufgabe der Beobachter, auf Grund ihrer Eindrücke aus den Filmen den jeweiligen Wert zu erraten, zu dem die Versuchsleiter ihre Versuchspersonen zu beeinflussen trachteten. Rosenthal fand, daß die Schätzungen der Filmbeobachter sehr genau waren.

Selbst auf Grund dieser sehr gekürzten Beschreibung des Experiments und der ihm zugrunde liegenden Wirkungen indirekter und averbaler

Kommunikation läßt sich ermessen, daß diese Wirkungen von großer Bedeutung sind. Nicht nur Tiere, sondern auch wir Menschen unterliegen also Beeinflussungen, die uns nicht bewußt sind und zu denen wir daher auch keine bewußte Stellung ergreifen können. Noch bedenklicher aber ist, daß wir selbst natürlich nicht nur Empfänger, sondern auch Sender solcher außerbewußter Beinflussungen sind, wie sehr wir uns auch bemühen mögen, sie zu vermeiden; daß wir fortwährend unsere Mitmenschen in verschiedenster Weise beeinflussen, ohne uns dessen gewahr zu sein. Diese Sparte der Kommunikationsforschung stellt uns also vor philosophische und ethische Probleme der Verantwortlichkeit, die unseren Vorfahren praktisch noch unbekannt waren. Sie zeigt uns nämlich, daß wir die Urheber von Einflüssen sein können, von denen wir nichts wissen, und die, wenn wir von ihnen wüßten, uns unter Umständen völlig unannehmbar wären.

Klinische Erfahrung lehrt, daß dieser Mechanismus besonders häufig in Familien auftritt, was im Hinblick auf die besonders engen Beziehungen von Familienmitgliedern nicht erstaunlich ist. In den auf Seite 28 ff. erwähnten typischen Formen von Doppelbindungen in Familien ist eine Hälfte der paradoxen Mitteilung oft rein averbal und indirekt. Wie erwähnt, legt zum Beispiel die Mutter des Jugendkriminellen oft zwei sehr widersprüchliche Haltungen an den Tag: eine »offizielle«, kritische, das heißt rügende und verwerfende, die wortreich gutes Benehmen und Respekt für gesellschaftliche Normen verlangt; und eine ganz andere, nämlich averbale, indirekte und provozierende, deren sie sich selbst in Tat und Wahrheit unbewußt ist. Dem Außenstehenden, und noch viel mehr ihrem Sohn, ist jedoch das Leuchten ihrer Augen und ihr kaum verhüllter Stolz bei der kritischen Aufzählung des Sündenregisters ihres Sprößlings unverkennbar. In ganz ähnlicher Weise kann ein Psychotherapeut unwissentlich zu den Problemen seines Patienten beitragen, wenn diese ihn hoffnungslos stimmen oder abstoßen. Typischerweise wird er sich dann positiv und optimistisch auszudrücken versuchen, unbewußt und indirekt aber seinen Patienten und damit den Verlauf der Behandlung negativ beeinflussen. In diesem Zusammenhang ist auch eine der Grundregeln der Hypnotherapie zu erwähnen, nämlich daß die Verwendung von Hypnose dann gefährliche Folgen haben kann, wenn der Therapeut glaubt, daß die Verwendung von Hypnose gefährliche Folgen haben kann.

Die Arbeiten Rosenthals und anderer Forscher auf diesem Gebiet führten bald zu Meinungsverschiedenheiten darüber, wie diese subtilen und gleichzeitig sehr nachhaltigen Beeinflussungen praktisch übermittelt werden. Es handelt sich hier ja um viel mehr als die uns allen bekannten, recht allgemeinen Einflüsse auf Meinungen oder Haltungen anderer. Jemanden mittelbar und ohne sein Wissen zu einer so konkreten Entscheidung wie einer ganz bestimmten Schätzung auf einer 20-Punkte-Skala zu bringen, geht weit über die uns geläufigen, alltäglichen Beeinflussungen hinaus.

In diese Kontroverse über die Kommunikationsmodalitäten solcher averbaler, mittelbarer Einflüsse brachten die Ergebnisse der interessanten und bahnbrechenden Forschung von Eckhard H. Hess an der Universität Chicago wenigstens einige Teilantworten. Ausgangspunkt der Hess'schen Arbeiten war ein rein zufälliges Ereignis:

Vor etwa fünf Jahren blätterte ich eines Abends im Bett in einem Buch mit auffallend schönen Tieraufnahmen. Meine Frau sah zufällig herüber und erwähnte, daß das Licht zu schwach sein müsse – meine Pupillen seien ungewöhnlich groß. Mir schien, daß die Nachttischlampe durchaus hell genug war, und ich sagte ihr das auch, sie aber bestand darauf, daß meine Pupillen erweitert waren. [68]

Aufgrund dieses Zwischenfalls begann Hess sich experimentell mit diesem Problem zu beschäftigen und fand, daß die Pupillengröße keineswegs nur von der Stärke des einfallenden Lichtes abhängt (wie man als Laie annehmen würde), sondern weitgehend auch von gefühlsmäßigen Faktoren. Den Dichtern freilich war dies schon längst bekannt: Umschreibungen wie »kalte, haßerfüllte Blicke« oder »ihre Augen flossen über vor Liebe« beziehen sich ganz offensichtlich auf die Tatsache, daß wir alle, ohne uns dessen bewußt zu sein, solche minimalen Zeichen aussenden beziehungsweise von ihnen beeinflußt werden. Es blieb aber Hess vorbehalten, wissenschaftlich nachzuweisen, daß es sich hier um mehr als nur poetische Bildersprache handelt. So konnte er im Laufe seiner Untersuchungen unter anderem feststellen, daß Zauberkünstler und Taschenspieler plötzliche Veränderungen der Pupillengröße genau beachten und daraus ihre Schlußfolgerungen ziehen. Wird zum Beispiel jene Karte aufgeschlagen, die sich die Versuchsperson merkte, so vergrößern sich meist ihre Pupillen. Chinesische Jadehändler stellen angeblich auf ähnliche Weise, das heißt durch Beobachtung etwaiger Pupillenerweiterungen, fest, an welchem Schmuckstück ein Kunde besonders interessiert und daher einen hohen Preis zu zahlen bereit ist. (Und damit sind wir um einen weiteren

Teil unseres Glaubens an die Unerforschlichkeit der orientalischen Seele ärmer...)

In einem anderen Experiment zeigte Hess seinen Versuchspersonen zwei Porträtaufnahmen einer attraktiven jungen Dame. Die Bilder stammten vom selben Negativ und waren daher identisch, außer daß in einer der beiden die Pupillen durch Retuschieren vergrößert worden waren. Die durchschnittliche Reaktion auf dieses Bild, schreibt Hess,

> war mehr als doppelt so stark wie die auf die Aufnahme mit den kleineren Pupillen; in der dem Experiment folgenden Besprechung gaben die meisten Versuchspersonen aber an, daß die beiden Bilder identisch waren. Einige bemerkten allerdings, daß die eine Aufnahme »fraulicher«, »hübscher« oder »weicher« war. Keine der Versuchspersonen entdeckte, daß das eine Bild größere Pupillen hatte als das andere; der Unterschied mußte ihnen gezeigt werden. Schon im Mittelalter erweiterten Frauen sich ihre Pupillen mit Belladonna (was auf italienisch »schöne Frau« bedeutet). Große Pupillen wirken offenbar anziehend auf Männer, doch scheint die Reaktion darauf – zumindest bei unseren Versuchspersonen – auf averbaler Stufe stattzufinden. Man darf wohl vermuten, daß große Pupillen bei einer Frau deshalb reizvoll sind, weil sie ein ungewöhnliches Interesse an dem Mann ausdrücken, in dessen Gegenwart sie sich befindet! [69]

Die Erforschung dieser überaus subtilen Formen menschlicher Kommunikation hat bisher nur die Oberfläche eines zweifellos sehr fruchtbaren Gebiets berührt, doch wissen wir heute bereits, daß Pupillenreaktionen nur eine von vielen averbalen und außerbewußten Verhaltensweisen sind, die die zwischenmenschliche Wirklichkeit alltäglich und nachhaltig beeinflussen.

»Außersinnliche Wahrnehmungen«

Das bisher Gesagte läßt wenig Zweifel darüber, daß wir alle viel mehr wahrnehmen und von unseren Wahrnehmungen viel mehr beeinflußt werden, als wir wissen – in anderen Worten, daß wir in einem dauernden Austausch von Kommunikationen begriffen sind, über die wir uns nicht bewußt Rechenschaft geben, die unser Verhalten aber weitgehend bestimmen. Die über das Thema dieser außerbewußten Wahrnehmungen bis 1957 vorliegenden Arbeiten wurden zum größten Teil von Adams [5] resumiert; inzwischen ist die Literatur über dieses Gebiet enorm angewachsen. Der an diesen Sachverhalten interessierte

Leser kann aber unschwer ein einfaches Experiment selbst durchführen, in dessen Verlauf praktisch jede Versuchsperson zu einem Fachmann in scheinbar außersinnlicher Wahrnehmung gemacht werden kann. Der Versuch beruht auf dem von Rhine an der Duke-Universität verwendeten Satz von 25 Karten, von denen je fünf dasselbe Symbol (Kreuz, Kreis, Quadrat, Fünfeck oder Wellenlinie) haben, oder auf irgendeiner anderen, ähnlichen Serie von Symbolen. Aufgabe der Versuchsperson ist es, das Symbol der Karte zu erraten, die der Versuchsleiter außer Sicht der Versuchsperson jeweils abhebt und ansieht. Die Versuchsperson rät einmal pro Karte, und der Versuchsleiter teilt ihr sofort mit, ob sie richtig oder falsch geraten hat. Es handelt sich hier also wiederum um eine jener Situationen, in denen die scheinbare Unmöglichkeit der Aufgabe jene schöpferische Konfusion erzeugt, in der wir – vermutlich aus reiner Verzweiflung oder faute de mieux – zu unseren subtilsten Wahrnehmungen Zuflucht nehmen. Wenn der Versuchsleiter nun beim Besehen eines bestimmten Symbols jeweils dasselbe minimale Anzeichen gibt (zum Beispiel eine bestimmte winzige Kopfbewegung oder einen etwas hörbareren Atemzug) oder wenn im betreffenden Augenblick jeweils dasselbe leichte Geräusch im Nebenzimmer zu hören ist, so steigt die Erfolgskurve der Versuchsperson rasch an und nähert sich hundert Prozent – vorausgesetzt natürlich, daß immer dasselbe Minimalzeichen für dasselbe Symbol gegeben wird. Das Interessante daran ist, daß die Versuchsperson den wahren Grund ihres Erfolgs nicht kennt und fest annimmt, tatsächlich »außersinnliche« Fähigkeiten in sich entdeckt zu haben. Wie sich der Leser leicht vorstellen kann, läßt sich auf diese Weise sehr viel Hokuspokus erzeugen. Aller Wahrscheinlichkeit nach beruht ein Großteil angeblichen Gedankenlesens und Hellsehens in Face-en-face-Situationen auf eben dieser menschlichen Wahrnehmungs- und Deutungsfähigkeit minimaler Anzeichen.

Lange bevor sich Verhaltenswissenschaftler mit diesen Kommunikationsweisen zu befassen begannen, hatte sie das Genie Edgar Allan Poes bereits zum Kernstück seiner Erzählung »*Die Morde in der Rue Morgue*« gemacht. Der Erzähler dieser Kriminalgeschichte und sein Freund Dupin, der uns als ungewöhnlich scharfer Beobachter selbst der unbedeutendsten Tatsachen und Ereignisse vorgestellt wird, schlendern schweigend durch Paris. Auf einmal bemerkt Dupin leichthin: »Er ist sehr klein, das ist richtig, und würde sich besser für das Théâtre des Variétés eignen.« Der andere ist sprachlos. »Dupin«, sagt er schließlich,

»dies übersteigt mein Begriffsvermögen. Ich zögere nicht zu sagen, daß ich bestürzt bin und meinen Sinnen kaum trauen kann. Wie konnten Sie wissen, ich dachte gerade an...« Hier hielt ich inne, um auch meinen letzten Zweifel zu zerstreuen, ob er wirklich wußte, an wen ich dachte. »... an Chantilly«, sagte er. »Warum zögern Sie? Sie dachten gerade daran, daß sein kleiner Wuchs ihn für Tragödien untauglich machte.«
Eben dies war der Inhalt meiner Überlegungen gewesen. Chantilly, ein ehemaliger Schuster aus der Rue St. Denis, hatte, von Theaterleidenschaft ergriffen, die Rolle des Xerxes in Crébillons gleichnamiger Tragödie zu spielen versucht und war dafür weidlich pasquiniert worden.
»Erklären Sie mir, um Himmels willen«, rief ich aus, »die Methode – wenn von einer Methode hier die Rede sein kann – die es Ihnen ermöglicht hat, meine Seele in diesem Zusammenhang zu erforschen.«

Und durch den Mund seines Helden Dupin gibt Poe nun eine wissenschaftlich durchaus überzeugende Analyse all jener Ereignisse und der minimalen Reaktionen seines Freundes in den letzten 15 Minuten, die ihm, Dupin, diese erstaunliche Rekonstruktion der Gedankengänge des anderen ermöglichten. Poe verwendet dazu eine Reihe von zu seiner Zeit praktisch unbekannten Begriffen, wie freie Assoziationen, averbale Kommunikation und andere Verhaltensanalysen, so daß sich dieser Teil seiner phantasievollen Erzählung wie eine moderne verhaltenswissenschaftliche Abhandlung liest.

Zum Abschluß des 1. Teils dieses Buchs noch ein kurzer Hinweis auf den einzig lustigen Aspekt einer sonst so tierisch ernsten Angelegenheit wie der Psychoanalyse: Bekanntlich liegt der Analysand auf einer Couch und muß sich einer besonderen Form geistiger Konfusion, dem freien Assoziieren, hingeben – das heißt all das wahllos ausdrücken, was immer ihm durch den Kopf geht. Der Analytiker sitzt hinter ihm, so daß ihn der Patient nicht sehen kann. Der wohlgemeinte Zweck dieses etwas ungewöhnlichen Kommunikationsarrangements ist es, dem Patienten den freien Fluß seiner Assoziationen, besonders aber die Erwähnung peinlicherer Themen, dadurch zu erleichtern, daß er sich der Anwesenheit des Analytikers so weniger bewußt ist. In Wirklichkeit aber tritt genau das Umgekehrte ein. Um eine psychoanalytische Analogie zu verwenden: Was durch die Vordertür hinausgeworfen wird, schleicht sich durch die Hintertür wieder ein. Statt die Gegenwart des Analytikers zu vergessen, entwickelt der Patient ein besonders scharfes Ohr für die minimalsten Geräusche; das Kratzen der Feder des Doktors, das Quietschen seines Sessels, das fast unhörbare Streichen seines Barts, all dies und vieles andere wird zu Signalen dafür, welche freien Assoziationen die »richtigen« sind und welche keine Billigung finden – bis das Eintreten eines ganz bestimmten, rhythmischen Atmens den Patienten überzeugt, daß sein Analytiker eingeschlafen ist...

Teil II

Desinformation

Desinformation

> Ordnung ist des Himmels oberstes Gesetz.
> *Alexander Pope*

> Die Theorie bestimmt, was wir beobachten können.
> *Albert Einstein*

Wir haben uns bisher mit Situationen befaßt, in denen eine Mitteilung ihren Empfänger in der vom Sender beabsichtigten Form entweder deswegen nicht erreichte, weil ein Hindernis in der Übermittlung oder Übersetzung dies unmöglich machte oder weil die Mitteilung selbst so geartet war, daß sie ihrer eigenen Bedeutung widersprach (also sich selbst entwertete) und damit eine Paradoxie schuf. In beiden Fällen führte dies zu Konfusion. Wir sahen ferner, daß die durch Konfusion erzeugte Unwirklichkeit eine sofortige Suche nach Ordnung auslöst.

In diesem zweiten Teil des Buches soll nun untersucht werden, wie diese Form von Unwirklichkeit nicht durch Versagen oder durch unbeabsichtigte Paradoxien, sondern durch bestimmte Experimente herbeigeführt werden kann, deren Zweck es ist, das Verhalten von Organismen in ihrer Suche nach Ordnung zu untersuchen. Dabei wird sich zeigen, daß sehr merkwürdige Störungen der Wirklichkeitsauffassung dann auftreten können, wenn diese Ordnung schwer zu erfassen ist oder überhaupt nicht besteht.

Von diesen Experimenten werden wir uns dann tatsächlichen Lebenssituationen zuwenden, in denen der »Versuchsleiter« nicht mehr eine Person ist, sondern als vager Begriff einer übergeordneten Macht empfunden wird, die der Leser, je nach seiner metaphysischen Orientierung, Wirklichkeit, Natur, Schicksal oder Gott nennen könnte. Die eingangs angeführten Zitate Popes und Einsteins haben den Zweck, einen ersten Hinweis darauf zu geben, wie grundverschieden die Ergebnisse dieser Suche je nach der Weltanschauung des Suchenden sein können.

Diese Betrachtungen werden dann zu ganz bestimmten Kontexten überleiten, in denen Kommunikation einerseits praktisch unmöglich ist, andererseits aber eine gemeinsame Entscheidung getroffen werden *muß*. Wie verhalten sich Menschen in einer solchen Zwangslage? Teil dieser Untersuchung wird ein Exkurs in das Wesen der Drohung sein.

Schließlich werden einige Probleme zur Sprache kommen, die mit der bewußten und absichtlichen Geheimhaltung von Information oder der vorsätzlichen Zuspielung falscher Information zusammenhängen, wie dies vor allem in der Gegenspionage und beim Gebrauch von Doppelagenten der Fall ist.

Alle die eben erwähnten Kommunikationsmuster werden hier unter dem sicherheitsdienstlichen Ausdruck der *Desinformation* zusammengefaßt. Seine nähere Bedeutung wird sich im Folgenden klarer abzeichnen.

Nichtkontingenz – oder: Die Entstehung von Wirklichkeitsauffassungen

Es gibt eine Unzahl von Lebenslagen, für deren Bewältigung man auf seine eigene Umsicht und Findigkeit angewiesen ist, da diese Situationen neuartig sind und zu ihrer Lösung keine (oder nur unzureichende) frühere Erfahrungen zur Verfügung stehen. Dieser Mangel an direkt anwendbarer Erfahrung und die sich daraus ergebende Unfähigkeit, das Wesen der Situation auf Anhieb zu erfassen (also dieser Zustand von Desinformation), führt bei allen Lebewesen zu jener sofortigen Suche nach Ordnung und Erklärung, mit der wir uns bereits im ersten Teil des Buchs auseinandersetzten. Wenn nun eine solche Situation so geartet ist, daß sie keinerlei innere Ordnung hat, dieser Umstand dem Betreffenden aber unbekannt ist, so wird sein Suchen nach Sinnbezügen zu Wirklichkeitsauffassungen und Verhaltensformen führen, die von großem philosophischem und psychiatrischem Interesse sind. Solche Lagen können experimentell herbeigeführt werden, und der gemeinsame Nenner all dieser Experimente ist, daß in ihnen keine ursächliche Beziehung zwischen dem Verhalten des Versuchstiers (oder der Versuchsperson) und der Belohnung (oder Bestrafung) für dieses Verhalten besteht. In anderen Worten, der betreffende Organismus glaubt, es bestehe eine unmittelbare und erfaßbare Beziehung (eine sogenannte Kontingenz) zwischen seinem Verhalten und den sich daraus ergebenden Folgen, während diese nicht besteht; daher die Bezeichnung *nichtkontingente Experimente*. Einige Beispiele von zunehmender Komplexität sollen veranschaulichen, worum es sich hier handelt:

Das neurotische Pferd

Wenn man einem Pferd über eine Metallplatte im Boden seiner Box einen leichten elektrischen Schock in einen seiner Hufe erteilt und wenige Sekunden vorher jeweils eine Glocke läutet, wird das Pferd sehr rasch eine Kausalbeziehung zwischen dem Glockensignal und dem Schock »vermuten« und daher beim Glockenzeichen den betreffenden Huf vom Boden abheben. Wenn dieser sogenannte konditionierte Reflex einmal hergestellt ist, kann man den Schockapparat abmontieren, da das Pferd unweigerlich jeweils seinen Huf vom Boden abheben wird, sobald die Glocke ertönt, um auf diese nun bewährte und verläßliche Weise den Schock zu vermeiden. Dies führt zu dem interessanten Resultat, daß das Tier jedesmal, wenn es den Huf hebt und »daher« keinen Schock erhält, in der Annahme bestärkt wird, das Heben des Hufs sei das »richtige« Verhalten, das vor einem unangenehmen Erlebnis schützt. Damit aber wird dieses Fehlverhalten selbstbestärkend oder, in anderen Worten: es ist gerade dieses vermeintlich richtige Verhalten, das es dem Pferd nun unmöglich macht, die für sein Leben wichtige Entdeckung zu machen, daß die Bedrohung durch den Schock nicht mehr besteht. *Seine Lösung ist also zu einem Problem geworden.* Diese Form der Problementstehung beschränkt sich keineswegs auf Tiere, sondern hat universelle Gültigkeit auch für den Menschen, nur daß man bei ihm dann von einem neurotischen oder psychotischen *Symptom* spricht. [181]

Die abergläubische Ratte

Aberglauben gilt allgemein als eine typisch menschliche Schwäche oder als magischer Versuch, Einfluß über die kapriziöse Unberechenbarkeit der Welt und des Lebens zu gewinnen. Merkwürdigerweise aber kann Aberglauben auch in einem so unphilosophischen Lebewesen wie der Laborratte (und vielen anderen Tieren, zum Beispiel Tauben [115, 165]) experimentell herbeigeführt werden. Die Versuchsanordnung ist sehr einfach. Die Ratte wird von ihrem Käfig in einen etwa drei Meter langen und einen halben Meter breiten Raum gelassen, an dessen anderem Ende ein Futternapf steht. Zehn Sekunden nach Öffnen des Käfigs fällt Futter in den Napf, vorausgesetzt, daß die Ratte erst zehn Sekunden nach Öffnen des Käfigs zum Napf kommt. Kommt sie in weniger als zehn Sekunden dort an, so bleibt der Napf leer. Nach einigem blinden Ausprobieren (dem sogenannten Versuchs- und Irrtumsverfahren) erfaßt die für praktische Sinnzusammenhänge sehr aufgeschlossene Ratte die offensichtliche Beziehung zwischen dem Erscheinen (beziehungsweise Nichterscheinen) von Futter und dem damit verbundenen Zeitelement. Und da sie normalerweise nur etwa zwei Sekunden für das Zurücklegen der Entfernung zwischen ihrer Käfigtür und dem Futternapf brauchen würde, muß sie die restlichen acht Sekunden in einer Weise vergehen lassen, die ihrem natürlichen Impuls, direkt zum Futter zu laufen, widerspricht. Unter diesen Umständen gewinnen diese Sekunden für sie eine pseudokausale Bedeutung. Und was pseudokausal in diesem Zusammenhang bedeutet, ist, daß jedes – auch das zufälligste – Verhalten der Ratte in diesen Extrasekunden selbstbestätigend und selbstbestärkend und damit zu jener Handlung werden kann, von der sie »annimmt«, sie sei notwendig, um dafür durch das Auftauchen von Futter von weiß Gott woher belohnt zu werden – und dies ist das Wesen dessen, was wir im menschlichen Bereich einen Aberglauben nennen. Es versteht sich von selbst, daß dieses Zufallsverhalten für jedes Tier verschiedene und höchst kapriziöse Formen annehmen kann; zum Beispiel eine Art Echternacher Sprungprozession auf den Napf zu oder eine bestimmte Zahl von Pirouetten nach rechts oder links oder irgendwelche andere Bewegungen, die die Ratte zuerst eben rein zufällig ausführte, nun aber sorgfältig wiederholt, da für sie ihr Erfolg mit dem Futter ausschließlich davon abhängt. Denn jedesmal, wenn sie beim Ankommen am Napf Fressen vorfindet, bestärkt dies die »Annahme«, es sei durch ihr »richtiges« Verhalten erzeugt worden. Es ließe sich natürlich einwenden, daß mit dieser Erklärung der Ratte eine Art menschlicher Weltanschauung zugeschrieben wird und daß dies reine Phantasie ist. Es läßt sich aber die frappierende Ähnlichkeit mit gewissen menschlichen Zwangshandlungen nicht übersehen, die auf dem Aberglauben beruhen, sie seien zur Beschwichtigung oder Günstigstimmung einer höheren Macht notwendig.

Warum einfach, wenn's kompliziert auch geht?

Die eben beschriebenen Wirkungen der Nichtkontingenz sind im menschlichen Bereich natürlich viel ausgeprägter und können unsere Wirklichkeitsauffassung nachhaltig beeinflussen, wie mehrere, unter Leitung von Professor Bavelas an der Stanford-Universität ausgeführte Versuche beweisen.

In einem dieser Experimente sitzen zwei Versuchspersonen, A und B, vor einem Projektionsschirm. Zwischen ihnen ist eine Trennwand, so daß sie sich gegenseitig nicht sehen können, und es wird ihnen außerdem zur Auflage gemacht, nicht miteinander zu sprechen. Beide haben vor sich je zwei Drucktasten mit der Bezeichnung »gesund« und »krank« sowie zwei Signallämpchen mit der Aufschrift »richtig« beziehungsweise »falsch«. Der Versuchsleiter projiziert nun eine Reihe von Mikrodiapositiven von Gewebezellen, und es ist die Aufgabe der Versuchspersonen, durch Versuch und Irrtum die gesunden von den kranken Zellen unterscheiden zu lernen. Sie werden aufgefordert, zu jedem Bild durch Drücken des betreffenden Knopfs ihre (individuelle) Diagnose bekanntzugeben, worauf sofort das Lämpchen »richtig« oder »falsch« aufleuchtet.

Diese scheinbar sehr einfache Versuchsanordnung hat aber ihre geheimen Tücken: A erhält jedesmal die zutreffende Antwort auf seine Diagnose, das heißt, das Aufleuchten des betreffenden Signals teilt ihm mit, ob er das betreffende Diapositiv richtig oder falsch diagnostizierte. Für ihn besteht das Experiment also im verhältnismäßig einfachen Erlernen einer ihm bisher unbekannten Unterscheidung durch Versuch und Irrtum; und im Verlauf des Versuchs erlernen die meisten A-Personen bald, gesunde von kranken Zellen mit einer Verläßlichkeit von etwa 80 % zu unterscheiden.

B's Situation dagegen ist eine ganz andere. Die Antworten, die er erhält, beruhen nicht auf seinen *eigenen* Diagnosen, sondern auf denen A's. Es ist daher völlig gleichgültig, wie er ein bestimmtes Diapositiv einschätzt. Er erhält die Antwort »richtig«, wenn A den Gesundheitszustand der betreffenden Zelle richtig erriet; wenn *A* dagegen sich irrte, erhält auch *B* die Antwort »falsch«, ungeachtet der Diagnose, die er selbst stellte. *B* weiß das aber nicht; er lebt daher in einer »Welt«, von der er annimmt, daß sie eine bestimmte Ordnung hat und daß er diese Ordnung entdecken muß, indem er Vermutungen anstellt und dann jeweils erfährt, ob diese richtig oder falsch waren. Was er aber nicht weiß, ist, daß die Antworten, die ihm die »Sphinx« auf seine Vermutungen gibt, nichts mit diesen zu tun haben, weil die »Sphinx« ja nicht zu ihm, sondern nur zu *A* spricht. In anderen Worten, es besteht für ihn keinerlei Möglichkeit, herauszufinden, daß die Antworten, die er erhält, nichtkontingent sind (das heißt, nichts mit seinen Mutmaßungen zu tun haben), und ihm daher nichts über die Richtigkeit seiner Diagnosen vermitteln. Er sucht also nach einer Ordnung, die zwar besteht, ihm aber nicht zugänglich ist.

A und *B* werden nun ersucht, gemeinsam zu besprechen, welche Grundsätze für die Unterscheidung zwischen gesunden und kranken Zellen sie entdeckt haben. *A's* Erklärungen sind meist einfach und konkret. *B's* Annahmen dagegen sind subtil und komplex – schließlich gelangte er zu ihnen ja auf Grund sehr dürftiger und widersprüchlicher Mutmaßungen.

Das Erstaunliche ist nun, daß *A* die Erklärungen *B's* nicht einfach als unnötig kompliziert oder geradezu absurd ablehnt, sondern von ihrer detaillierten Brillanz beeindruckt ist. Beide wissen nicht, daß sie buchstäblich über zwei verschiedene Wirklichkeiten sprechen, und *A* kommt daher zur Ansicht, daß die banale Einfachheit seiner Erklärungsprinzipien der Subtilität von *B's* Diagnosen unterlegen ist. Das bedeutet aber nicht mehr und nicht weniger, als daß *B's* Ideen für *A* um so überzeugender klingen, je absurder sie sind. (Diese ansteckende Wirkung von Täuschungen und Wirklichkeitsverzerrungen ist auch außerhalb der Laboratorien der Kommunikationsforscher nur zu gut bekannt, und wir werden uns weiter unten mit einigen besonders krassen Beispielen zu befassen haben.)

Bevor sich *A* und *B* einem zweiten, identischen Test unterziehen, werden beide ersucht, anzugeben, ob *A* oder *B* bei diesem Test besser abschneiden wird als bei seinem ersten. Alle *B's* und die meisten *A's* vermuten, daß es *B* sein wird. Dies ist tatsächlich der Fall, da *A* nun zumindest einige von *B's* abstrusen Ideen übernommen hat und seine Vermutungen daher absurder und dementsprechend unrichtiger sind als beim ersten Mal. [18]

Die Lehre, die sich aus B's Dilemma in diesem Versuch ziehen läßt, geht weit über ihre experimentalpsychologische Bedeutung hinaus. Sobald einmal das Unbehagen eines Desinformationszustands durch eine wenn auch nur beiläufige Erklärung gemildert ist, führt zusätzliche, aber widersprüchliche Information *nicht zu Korrekturen, sondern zu weiteren Ausarbeitungen und Verfeinerungen der Erklärung.* Damit aber wird die Erklärung »selbst-abdichtend«, das heißt, sie wird zu einer Annahme, die nicht falsifiziert werden kann.*

Wie jedoch der Philosoph Karl Popper bereits nachwies, ist die Falsifizierbarkeit (das heißt die *Möglichkeit* einer Widerlegung) die conditio sine qua non jeder wissenschaftlichen Theorie. Erklärungen von der Art, wie wir sie hier untersuchen, sind also pseudo-wissenschaftlich, abergläubisch und letzten Endes psychotisch. Ein Blick auf die Weltgeschichte zeigt, daß ähnlich »unwiderlegbare«, monströse Welterklärungen für die schlimmsten Greuel (wie etwa die Inquisition, Rassentheorien, totalitäre Ideologien) verantwortlich waren und sind.

Die Hartnäckigkeit, mit der wir uns an einmal gefaßte Pseudo-Erklärungen dessen klammern, was wir für wirklich erklärt haben, kommt in einem anderen Experiment gut zum Ausdruck:

---

* Mit Hilfe solcher unwiderlegbarer Beweisführungen kommt man schließlich zu Überzeugungen, deren Unerschütterlichkeit nur ihrer Merkwürdigkeit übertroffen wird. Besteht die Annahme zum Beispiel darin, daß Krankheiten durch Gebet geheilt werden können, so »beweist« der Tod des Patienten, daß sein Glaube zu wünschen übrigließ, und dies wiederum »beweist« die Richtigkeit der Annahme von der Macht des Gebets. – Mit ganz ähnlicher Logik erklärte Stalin-Preisträger Sergej Michalkov in einem kürzlichen Interview schlicht: »Ein überzeugter Kommunist kann kein Antikommunist werden. Ein Kommunist war Solschenizyn nie« [101]. – Und in einer Debatte über die Behauptung, daß die Verhaltenstherapie eine rasche und verläßliche Behandlung von Phobien ermöglicht, kritisierte der Vertreter der psychoanalytischen Seite ein verhaltenstherapeutisches Buch über dieses Thema mit dem Hinweis, der Autor habe »die Phobie in einer Weise definiert, die nur den Konditionierungs-Theoretikern akzeptabel ist und nicht die Voraussetzungen der psychiatrischen Definition dieser Störung erfüllt. Seine Feststellungen sollten daher nicht auf die Phobie, sondern einen anderen Zustand angewandt werden« [152]. Die Schlußfolgerung ist unausweichlich: Eine Phobie, die verhaltenstherapeutisch behandelt werden kann, ist *aus diesem Grunde* keine Phobie. Wann wird sich der wissenschaftstheoretisch geschulte Exorzist finden, der mit der Wortmagie der Psychiatrie aufräumt?

Der vielarmige Bandit

Der Leser weiß vermutlich, was ein einarmiger Bandit ist: ein Spielautomat, in dem drei oder vier Scheiben durch das Herunterziehen eines Hebels (des »Arms«) in rasche Drehung versetzt werden. Wenn zwei oder mehrere Scheiben schließlich in derselben Stellung stehen bleiben, gewinnt der Spieler; wenn (wie es viel wahrscheinlicher ist) sie dies nicht tun, schluckt die Maschine die Münze, durch deren Einwurf der Spieler den Arm entriegelte. Man versucht also sein Glück gegen das kapriziöse, unbestimmbare »Verhalten« des Spielautomaten, und nicht selten entwickelt man dabei kleine, abergläubische Ideen über das Innenleben des einarmigen Banditen. (Es handelt sich dabei um ungefähr ebenso harmlose Schrullen, wie es die komischen Verrenkungen des Keglers *nach* Loslassen der Kugel sind; Verrenkungen, die anscheinend den Zweck haben, den Lauf der Kugel auf die Kegel hinzusteuern.)

Der vielarmige Bandit

Abbildung 4

Eine etwas ähnliche, aber kompliziertere Maschine wurde von Wright an der Stanford-Universität gebaut und »vielarmiger Bandit« genannt. Sie hat allerdings keine Arme, sondern sechzehn identische und unbezeichnete Klingelknöpfe, die kreisförmig auf einem Schaltbrett angeordnet sind. Im Mittelpunkt des Kreises ist ein siebzehnter Druckknopf und über den Knöpfen ein dreistelliges Zählwerk angebracht (siehe Abbildung 4 auf Seite 64).

Die Versuchsperson nimmt vor dem Schaltbrett Platz und erhält folgende Anweisung:

»Ihre Aufgabe ist es, diese Knöpfe so zu drücken, daß Sie eine Höchstzahl von Punkten hier im Zählwerk erzielen. Sie wissen jetzt natürlich noch nicht, wie Sie das erreichen können, und Sie müssen sich zunächst also auf blindes Ausprobieren verlassen. Langsam aber wird sich Ihre Leistung verbessern. Wenn Sie den richtigen Knopf oder einen aus einer Reihe von richtigen Knöpfen drücken, werden Sie einen Summerton hören, und das Zählwerk wird einen Punkt mehr anzeigen. Sie werden pro Tastendruck nie mehr als einen Punkt gewinnen und keine bereits gewonnenen Punkte wieder verlieren.

Beginnen Sie, indem Sie einen Knopf des Kreises einmal drücken. Drücken Sie dann den Kontrollknopf in der Mitte, um herauszufinden, ob Sie damit einen Punkt gewonnen haben. Wenn das der Fall ist, werden Sie beim Drücken der Kontrolltaste den Summer hören. Drücken Sie dann wieder einen Knopf am Kreis (entweder einen anderen oder denselben) und prüfen Sie Ihre Leistung dann wiederum durch das Drücken des Kontrollknopfs. Nach jedem Drücken eines Knopfs am Kreis müssen Sie also den Kontrollknopf drücken.«*

Was die Versuchsperson nicht weiß, ist, daß die »Belohnung« (der Summerton, der ihr mitteilt, daß sie den »richtigen« Knopf gedrückt hat) nichtkontingent ist; das heißt, es besteht kein Zusammenhang zwischen den von ihr gedrückten Tasten und dem Ertönen des Summers.

Das Experiment besteht aus einer ununterbrochenen Reihe von 325 Versuchen (Knopfdrücken), die in 13 Gruppen von je 25 Versuchen eingeteilt sind. Im Verlauf der ersten zehn Gruppen (den ersten 250 Versuchen) erhält die Versuchsperson eine gewisse Anzahl von Bestätigungen (Summertönen), die aber *wahllos* gegeben werden, so daß sie der Versuchsperson nur höchst ungefähre Annahmen über die (nichtbestehenden) Regeln gestattet, die sie entdecken zu müssen glaubt. Im Verlauf von Gruppe elf und zwölf (das heißt während

---

* Sowohl diese Anweisungen als auch die Beschreibung des Versuchs sind hier in stark gekürzter Form aus [189] und [190] wiedergegeben.

der nächsten 50 Versuche) erhält die Versuchsperson keinen einzigen Summerton; in der letzten Gruppe (den letzten 25 Versuchen) ertönt der Summer nach jedem Tastendruck.

Man versetze sich nun in die durch das Experiment herbeigeführte Lage: Nach dem erfolglosen Drücken einiger Knöpfe ertönt der Summer zum ersten Mal. Da es aber eine weitere Bedingung des Experiments ist, daß man keine Notizen machen darf, muß man nun das eben richtig Gemachte irgendwie zu wiederholen versuchen. Diese Versuche schlagen aber hartnäckig fehl, bis der Summer auf einmal wieder ertönt. Die Situation scheint vorläufig weder Hand noch Fuß zu haben. Langsam aber bilden sich einige scheinbar verläßliche Annahmen heraus. Gerade dann aber geht irgend etwas schief (Versuchsgruppen 11 und 12), das alles bisher Erarbeitete in Frage stellt, denn auch nicht ein einziger Versuch erweist sich als richtig. Alles scheint umsonst, doch glücklicherweise macht man nun die entscheidende Entdeckung, und von diesem Augenblick an (Gruppe 13) ist der Erfolg hundertprozentig: man hat die Lösung gefunden.

An diesem Punkte angelangt, wird den Versuchspersonen die Wahrheit über die Versuchsanordnung mitgeteilt. Ihr Vertrauen in die Richtigkeit der eben erst mühsamst erarbeiteten Lösung ist aber so unerschütterlich, daß sie die Wahrheit zunächst nicht glauben können. Einige nehmen sogar an, daß der Versuchsleiter derjenige ist, der einer Täuschung zum Opfer fiel, oder daß sie eine bisher unentdeckte Regelmäßigkeit in der angeblichen Regellosigkeit des sogenannten Randomisators im Apparat (des Zufallsmechanismus, der bei Drücken des Kontrollknopfs den Summer entweder ertönen läßt oder nicht) gefunden haben. Anderen muß die Rückseite des vielarmigen Banditen gezeigt und damit bewiesen werden, daß die sechzehn Schaltknöpfe an nichts angeschlossen sind, bevor sie sich von der Nichtkontingenz des Experiments überzeugen.*

Das Elegante an diesem Versuch ist, daß er das Wesen eines universalen menschlichen Problems klar herausstreicht: Wenn wir nach lan-

---

* Der Anthropologe Gregory Bateson fragte sich einmal, welche Schlußfolgerungen ein sogenannter Schizophrener in dieser Lage ziehen würde, und hielt folgende Vermutung für die wahrscheinlichste: »Diese Knöpfe haben überhaupt keine Bedeutung – da sitzt jemand im andern Zimmer und läutet den Summer, wann immer es ihm einfällt.« [17]

gem Suchen und peinlicher Ungewißheit uns endlich einen bestimmten Sachverhalt erklären zu können glauben, kann unser darin investierter emotionaler Einsatz so groß sein, daß wir es vorziehen, unleugbare Tatsachen, die unserer Erklärung widersprechen, für unwahr oder unwirklich zu erklären, statt unsere Erklärung diesen Tatsachen anzupassen. Daß derartige Retuschen der Wirklichkeit bedenkliche Folgen für unsere Wirklichkeitsanpassung haben können, versteht sich von selbst.

Was die Hartnäckigkeit und Komplexität dieser Pseudolösungen betrifft, konnte Wright nachweisen, daß die absurdesten Erklärungen von jenen Versuchspersonen zusammengebastelt wurden, deren Tastendrücke während der Versuchsgruppen eins bis zehn zur Hälfte für richtig erklärt wurden. Versuchspersonen, deren Versuche öfter als 50 % mit dem Summerton »belohnt« wurden, entwickelten verhältnismäßig einfache Erklärungen; andere, deren Versuche mit weit unter 50 % liegender Häufigkeit für richtig erklärt wurden, fanden das Problem häufig unlösbar und gaben auf. Auch die Parallele zwischen diesem Aspekt des Experiments und wirklichen Lebenssituationen ist offensichtlich – und beunruhigend.

Von Zufall und Ordnung

»Natura abhorret vacuum«, sagte schon Spinoza, und wer nicht gerade ein Wissenschaftsphilosoph ist und deshalb seine Zweifel an diesem Ausspruch hat, findet es immerhin plausibel, daß es der Natur an einer gewissen Ordnung der Dinge gelegen sein sollte. Mischten wir aber ein Pack Spielkarten und fänden sie dann fein säuberlich in die vier Farben und von As bis König geordnet, so würde uns dies etwas zu ordentlich erscheinen, um glaubhaft zu sein. Wenn uns ein Statistiker dann belehrt, daß diese Ordnung genauso wahrscheinlich ist wie jede andere, werden wir ihn zunächst vermutlich nicht verstehen, bis es uns endlich dämmert, daß tatsächlich jede durch das Mischen der Karten erzielte Ordnung (oder Unordnung) genauso wahrscheinlich oder unwahrscheinlich ist wie jede beliebige andere. Der einzige Grund, weshalb uns die ersterwähnte Ordnung so ungewöhnlich erscheint, ist lediglich der, daß wir aus Gründen, die nichts mit Wahrscheinlichkeit zu tun haben, sondern nur mit un-

serer *Definition* von Ordnung, diesem einen Resultat ausschließliche Bedeutung, Wichtigkeit und Prominenz zugeschrieben und alle anderen als wahl- und ordnungslos in einen Topf geworfen haben.
In dieser sehr willkürlichen Sicht erweist sich Wahllosigkeit also als die Regel und Ordnung als die unwahrscheinliche Ausnahme – und dies allein schon ist ein merkwürdiger Widerspruch, der uns, gewissermaßen einleitend, davor warnt, daß noch Merkwürdigeres bevorsteht.
Im allgemeinen nennt man eine Folge von Zahlen dann wahllos oder zufällig (auf englisch *random*), wenn es den Anschein hat, daß in ihr keine einzelne Zahl oder Zahlengruppe mit größerer oder geringerer Häufigkeit auftritt als alle anderen. Man könnte auch sagen, daß diese Folge keine Schlüsse darüber zuläßt, welche Zahl (oder Zahlengruppe) den schon vorliegenden als nächste folgen dürfte. Wenn man umgekehrt aber die Folge

$$2, 5, 8, 11, \ldots$$

prüft, läßt sich vernünftigerweise erwarten, daß die nächste Zahl 14 sein wird, da dieser Folge die Regel innezuwohnen scheint, daß jede Zahl um drei größer als die ihr vorhergehende ist.
Besehen wir uns nun die Folge

$$4, 1, 5, 9, 2, 6, 3, 6, \ldots$$

Soweit wir feststellen können, hat sie keine innere Ordnung, und angenommen, daß durch eine Rechenmaschine den schon vorliegenden Zahlen immer neue hinzugefügt werden, können wir die nächste Zahl jeweils nur mit einer Wahrscheinlichkeit von 1:10 voraussagen. Einem Mathematiker fällt es aber nicht schwer, uns zu beweisen, daß diese Folge ein Teil der Ludolfschen Kreiszahl ist, und zwar ihre zweite bis zehnte Dezimalstelle. Es erweist sich also, daß diese Zahlenserie alles andere als wahllos ist; sie hat vielmehr eine strenge innere Ordnung, die jedes weitere Element der Folge mit buchstäblich mathematischer Sicherheit voraussagbar macht. Die irrige Annahme, sie sei wahllos, beruhte also *auf unserer Unkenntnis* der ihr zugrunde liegenden Ordnung.
Gut, geben wir vielleicht zu, es muß aber trotzdem wirkliche Zufallsreihen geben, und was wir in diesem Zusammenhang mit »wirklich« meinen, ist, daß eine solche Folge absolut wahllos, das heißt frei von jeder inneren Ordnung, ist. Von hier ab werden die Dinge für uns Laien etwas unglaublich, denn die meisten Mathematiker stimmen nun

überein, daß es solche Reihen nicht gibt und nicht geben kann. Der Grund dafür ist interessant:

Nehmen wir an, wie haben eine Vorrichtung zur Herstellung von Zufallsreihen*, einen sogenannten Randomisator, der beliebig lange Folgen der zehn Ziffern unseres Zahlensystems herstellt, und nehmen wir ferner an, daß wir irgendwo in einer langen, scheinbar ungeordneten Zahlenreihe plötzlich auf die Folge 0123456789 stoßen. Unser erster Eindruck wird der sein, daß hier der Randomisator irgendwie versagte, da diese Folge »offensichtlich« hundertprozentig geordnet und deshalb nicht zufällig ist. Damit aber begehen wir denselben Fehler, der uns schon mit den Spielkarten unterlief: die Reihe 0123456789 ist genauso geordnet oder zufällig wie jede andere Kombination der Ziffern unseres Dezimalsystems; lediglich unsere willkürliche Entscheidung darüber, was als Ordnung (beziehungsweise als Unordnung) zu gelten habe, läßt sie uns voll geordnet erscheinen – nur ist uns dies nicht notwendigerweise bewußt, und wir glauben, es mit einer Eigenschaft der objektiven Wirklichkeit zu tun zu haben.

Das Wesen der Zufälligkeit, schreibt George Spencer Brown in seinem Buch über die Wahrscheinlichkeit,

wurde bisher im Fehlen von Ordnung (*pattern*) gesehen. Worüber man sich aber nicht Rechenschaft ablegte, ist, daß die Abwesenheit einer bestimmten Ordnung das Auftreten einer anderen Form von Ordnung logisch bedingt. Es ist ein mathematischer Widerspruch, zu sagen, daß eine Folge keine Ordnung hat; wir können höchstens sagen, daß sie keine all jener Gesetzmäßigkeiten aufweist, nach denen man suchen könnte. Der Begriff der Zufälligkeit hat nur in Beziehung zum Beobachter Sinn; wann immer zwei Beobachter nach verschiedenen Formen der Ordnung forschen, so müssen sie darüber geteilter Meinung sein, welche Folge zufällig zu nennen ist. [23]

Und damit haben wir, sozusagen durch die Hintertür, das Feld der menschlichen Kommunikation vermutlich gerade zum Zeitpunkt wieder betreten, da der Leser sich zu fragen begann, was all dies mit der Thematik dieses Buchs zu tun hat. Wenn wir nämlich einmal akzeptiert haben, daß – im Widerspruch zu tiefverwurzelten, landläufigen Ansichten – Ordnung und Chaos nicht objektive Wahrheiten sind, sondern wie so viele andere Wirklichkeitsaspekte von der Perspekti-

---

* Eine kurze Beschreibung solcher Vorrichtungen findet sich in Martin Gardners Artikel »On the meaning of randomness and some ways to achieve it« [52].

ve des Beobachters abhängen, so wird es uns damit möglich, die Phänomene der Kommunikation und ihre Störungen in neuem Licht zu sehen.* Wir müssen dann allerdings damit rechnen, daß diese neue Perspektive in scharfem Widerspruch zu gewissen althergebrachten psychologischen, philosophischen und sogar theologischen Ansichten stehen wird.
Bevor wir uns aber diesen zuwenden, scheint ein kurzer Abstecher in ein Gebiet angebracht, das besondere Bedeutung für unser Thema hat.

»Psychische Kräfte«

Kehren wir nochmals zum Thema der Zufallsreihen und dem zu ihrer Herstellung verwendeten Randomisator zurück. Wie wir bereits sahen, treten mit zunehmender Länge der Reihe gewisse Regelmäßigkeiten auf, die den Zufallscharakter der Reihe in Frage stellen und die wir daher nicht vollkommen außer acht lassen können. Tritt zum Beispiel die Zwei häufiger auf als die anderen neun Zahlen unseres Dezimalsystems, so müssen wir einige dieser Zweien aus der Reihe entfernen, um die durchschnittliche Häufigkeit der Zwei auf die der anderen Zahlen zu drücken. Täten wir das nicht, so wäre die Reihe nicht hinlänglich wahllos und zufällig, sondern sozusagen unwahrscheinlich wahrscheinlich. Wir fahren also fort, *à corriger la fortune*, das heißt das Zufällige noch zufälliger zu machen, konstruieren auf diese Art eine lange Reihe und übergeben sie dann einem Statistiker zur Prüfung ihrer Zufälligkeit. Seine Diagnose sollte uns nicht überraschen, denn er wird uns beweisen, daß die Reihe eine merkwürdige,

---

* Selbstverständlich war Brown nicht der erste, der auf diese Tatsache verwies; sie bleibt aber für die meisten von uns eine bittere Pille, da sie den Glauben an die Folgerichtigkeit und Ordnung unseres Weltbildes erschüttert. In einem Gespräch mit Einstein im Jahre 1926 vertrat selbst ein Genie wie Heisenberg noch die Meinung, daß nur beobachtbare Daten zur Bildung einer Theorie herangezogen werden dürften. Einstein, der früher selbst diese Ansicht vertreten hatte, war bereits über sie hinausgegangen und soll geantwortet haben: »Es ist durchaus falsch, zu versuchen, eine Theorie nur auf beobachtbaren Größen aufzubauen. In Wirklichkeit tritt gerade das Gegenteil ein. *Die Theorie bestimmt, was wir beobachten können.*«

periodische Gesetzmäßigkeit enthält: Gewisse Häufigkeiten verdichten sich zu Werten weit über Zufälligkeit und fallen dann wieder zu statistischer Bedeutungslosigkeit ab. Er bezieht sich damit offensichtlich auf unsere Korrekturen des unwahrscheinlich Wahrscheinlichen, *sobald wir uns dessen bewußt wurden.*

Weitgehend dieselbe Sachlage besteht in sogenannten außersinnlichen Wahrnehmungsexperimenten, nur daß in ihnen das Ziel im *Finden* von Ordnung in scheinbarer Wahl- und Regellosigkeit liegt, im bisher Besprochenen aber in der *Ausschaltung* von Gesetzmäßigkeiten. Wie bereits auf Seite 51 erwähnt, befassen sich diese Versuche unter anderem mit dem richtigen Erraten von Karten, die je eines von fünf Symbolen (Kreis, Quadrat, Kreuz, Pentagramm oder Wellenlinie) tragen. In dieser Interaktion zwischen Versuchsleiter und Versuchsperson erreichen die Leistungen mancher Menschen Werte, die weit über der zu erwartenden statistischen Häufigkeit von 1:5 liegen. Von diesen Resultaten wird meist darauf geschlossen, daß die Versuchsperson zu außersinnlicher Wahrnehmung fähig ist. Diese Fähigkeit ist aber von einer kapriziös unverläßlichen Art, deren Verständnis den Forschern sehr zu schaffen macht: Die Richtigkeit der Antworten nimmt oft fast so rasch wieder ab, als sie zunächst anstieg. Meines Wissens war es Brown, der im obenerwähnten Buch als erster auf die bemerkenswerte Ähnlichkeit zwischen Zufallsreihen und außersinnlichen Wahrnehmungsexperimenten aufmerksam machte. Er verwies auf die Möglichkeit,

> daß wir es hier mit einer besonderen Art von Trend zu tun haben, der zuerst zu hoher Signifikanz anwächst und dann langsam abnimmt. Dies läßt sich in der psychischen Forschung häufig feststellen. Wesentlich eindrucksvoller ist aber die Signifikanz, die sich über einen gewissen Zeitraum hinweg ausbildet und dann vom Versuchsleiter plötzlich bemerkt wird, worauf sie verschwindet. Dies ergab sich so häufig, daß eifrige psychische Forscher [...] Vorkehrungen zur Vermeidung dieses Vorkommnisses in die Planung ihrer Experimente einzubauen versucht haben. Die Vorkehrungen bestehen hauptsächlich darin, niemals vor Ende des Experiments zu prüfen, ob in ihm etwas Ungewöhnliches eintritt. [24]

In einem Anhang zu seinem Buch stellt Brown schließlich die interessante Behauptung auf, daß sich außersinnliche Wahrnehmungsversuche auch mit sogenannten Zufallszahlentafeln statt mit Versuchspersonen durchführen lassen und dieselben Resultate ergeben, von denen die psychische Forschung berichtet. Da Browns Hypothese etwas kompliziert ist, sei der interessierte Leser an den Anhang verwiesen [25], der ihm Anhaltspunkte für ungewöhnliche Forschungsprojekte vermitteln kann.

Jedenfalls ist die Tatsache, daß der gesamte Sinn eines Ereignisablaufs von dem Ordnungsprinzip abhängt, das ihm der Beobachter sozusagen aufstülpt, von wesentlicher Bedeutung für unsere Wirklichkeitswahrnehmung und leitet auf das nächste Thema über.

Interpunktion – oder: Die Ratte und der Versuchsleiter

Wohl alle Psychologiestudenten kennen den alten Witz von der Laborratte, die einer anderen Ratte das Verhalten des Versuchsleiters mit den Worten erklärt: »Ich habe diesen Mann so trainiert, daß er mir jedesmal Futter gibt, wenn ich diesen Hebel drücke.« Damit beweist die Ratte, daß sie in derselben Reiz-Reaktionsfolge eine andere Gesetzmäßigkeit sieht als der Versuchsleiter: Für ihn ist der Hebeldruck der Ratte eine von ihr erlernte *Reaktion* auf einen von ihm unmittelbar vorher gegebenen Reiz; wie aber die Ratte die Wirklichkeit sieht, ist ihr Hebeldruck ein *Reiz*, den *sie* dem Versuchsleiter erteilt, worauf er mit dem Geben von Futter als erlernter Reaktion antwortet usw. Obwohl beide also dieselben *Tatsachen* sehen, schreiben sie ihnen zwei sehr verschiedene Bedeutungen zu und erleben sie daher buchstäblich als zwei verschiedene Wirklichkeiten. Da ich dieses Phänomen des Einteilens oder Gruppierens, diese sogenannte *Interpunktion* von Ereignisabläufen an anderem Orte [176] ausführlich behandelt habe, möchte ich mich hier auf einige weniger theoretische Veranschaulichungen beschränken. Ich werde daher der Frage ausweichen, warum es unerläßlich ist, zu interpunktieren, das heißt der Wirklichkeit eine bestimmte Ordnung zuzuweisen, und möchte nur die offensichtliche Tatsache herausstreichen: nämlich daß ohne diese Ordnung unsere Welt uns regellos, chaotisch, völlig unvorhersehbar und daher äußerst bedrohlich erscheinen würde. Schon in den frühen zwanziger Jahren haben die Gestaltpsychologen diese Tendenz zum unablässigen Ordnen der Umwelt von der Neurophysiologie einfachster Organismen bis in die differenziertesten menschlichen Funktionen hinauf verfolgt.*

---

* Unvereinbare Interpunktionen sind die Basis vieler Witze und nicht nur jenes

Wir sehen also, daß das verschiedene Ordnen (Interpunktieren) von Ereignisabläufen im eigentlichen Sinne des Wortes verschiedene Wirklichkeiten erzeugt. Dies läßt sich besonders klar in bestimmten Formen menschlicher Konflikte erkennen. So mag eine Mutter sich zum Beispiel als die einzige Brücke zwischen ihrem Mann und ihren Kindern sehen – ohne ihre dauernde Anstrengung, zwischen ihnen zu vermitteln, bestünde zwischen ihm und den Kindern überhaupt keine Bindung. Der Mann aber ist weit davon entfernt, ihre Sicht des Problems zu teilen. Für ihn ist sie ein dauerndes Hindernis zwischen ihm und den Kindern – wenn sie sich nur nicht ewig einmischen würde, könnte er zu ihnen eine viel engere und herzlichere Beziehung haben. Genau wie die Ratte und der Versuchsleiter sehen auch sie nicht die einzelnen Ereignisse *als solche* anders, sondern die Bedeutung, die innere Ordnung ihres Ablaufs – und dies führt dann zu so widersprüchlichen Perspektiven wie »Brücke« oder »Hindernis«.

Ein Ehemann hat den begründeten oder irrtümlichen Eindruck – für unsere Überlegungen ist das von ganz untergeordneter Bedeutung –, daß es seiner Frau peinlich ist, mit ihm in der Öffentlichkeit gesehen zu werden. Ein Zwischenfall liefert ihm einen weiteren »Beweis« für die Richtigkeit seines Verdachts. Sie waren, etwas verspätet, auf dem Weg zu einer Vorstellung, und als sie vom Parkplatz auf das Theater zueilten, ging sie (laut ihm) hinter ihm her. »Gleichgültig, wie langsam ich auch ging, du bliebst immer einige Schritte hinter mir.« »Das ist nicht wahr«, empört sie sich, »wie sehr ich mich auch beeilte, du hieltst dich absichtlich immer mehrere Schritte vor mir.«

Zu diesem Beispiel ließe sich einwenden, daß es eher ein umgekehrtes Interpunktionsproblem veranschaulicht, nämlich in dem Sinne, daß der Konflikt nicht durch die widersprüchlichen *individuellen* Interpunktionen der beiden Partner verursacht wurde, sondern daß sie bereits eine widersprüchliche Auffassung von ihrer Beziehung hatten und daher, jeder für sich, verschieden interpunktierten. Dies stünde durchaus im Einklang mit Einsteins Bemerkung »Die Theorie bestimmt, was wir beobachten können«. In menschlichen Beziehungen ist aber die Theorie (also die Interpunktion) selbst das Ergebnis

---

von der Ratte. Zum Beispiel: Ein Mann kommt in den Himmel und trifft dort einen alten Freund, auf dessen Schoß ein dralles, süßes Mädchen strampelt. »Wie himmlisch«, sagt der Neuangekommene, »ist sie deine Belohnung?« »Nein«, sagt der alte Mann traurig, »ich bin ihre Strafe.«

von Interpunktion. Wenn man aus puristischen Gründen versucht, zu entscheiden, was zuerst kam – der Konflikt oder die Interpunktion –, ergeht es einem nicht besser als den Scholastikern, die sich darüber stritten, ob das Ei oder die Henne zuerst kam. Eben darin aber liegt der Fehler, den die Partner in einem Beziehungskonflikt meist begehen, nämlich zu übersehen, daß sie ihre zwischenpersönliche Wirklichkeit widersprüchlich geordnet haben und nun blind annehmen, daß es nur *eine* Wirklichkeit und daher auch nur eine richtige Wirklichkeitsauffassung (nämlich die eigene) gibt. Daraus folgt zwangsläufig, daß der Partner verrückt oder böswillig sein muß, wenn er die Dinge ganz anders sieht. Es besteht aber guter Grund zur Annahme, daß die Kausalität von Beziehungen zwischen Organismen (vom Menschen bis hinunter zum Einzeller) kreisförmig ist und daß genauso, wie jede Ursache eine Wirkung bedingt, jede Wirkung ihrerseits zu einer Ursache wird und damit auf ihre eigene Ursache zurückwirkt [177]. Zwei in diesem Irrtum gefangene Beziehungspartner sind wie zwei Menschen, die unter Verwendung von zwei verschiedenen Sprachen vergeblich um Verständigung ringen, oder zwei Spieler, von denen der eine Tarock-, der andere Skatkarten in der Hand hält und deren gegenseitige Erbitterung über das unsinnige Spielverhalten des anderen rasch wächst. Oder um dasselbe Kommunikationsmuster durch ein oft zitiertes, praktisches Beispiel zu veranschaulichen:

Während der letzten Phasen des Zweiten Weltkriegs und in den unmittelbaren Nachkriegsjahren hielten sich Millionen amerikanischer Soldaten auf ihrem Weg zum europäischen Festland vorübergehend in Großbritannien auf. Dies bot die einmalige Gelegenheit, die Wirkungen einer solchen, für moderne Zeiten ungewöhnlichen Massendurchdringung zweier Kulturformen unmittelbar zu studieren. Einer der Aspekte dieser Studie war ein Vergleich des Paarungsverhaltens in den beiden Kulturen. Dabei ergab es sich, daß sowohl die amerikanischen Soldaten als auch die englischen Mädchen sich gegenseitig des Mangels an sexuellem Taktgefühl und Zurückhaltung bezichtigten. Dies schien zunächst sehr merkwürdig, denn wie konnten *beide* Seiten *dasselbe* von der anderen behaupten? Nähere Untersuchungen brachten ein typisches Interpunktionsproblem ans Licht: Das kulturspezifische Paarungsverhalten, vom ursprünglichen Kennenlernen bis zum Geschlechtsverkehr, durchläuft sowohl in England als auch in den USA ungefähr dieselben 30 Verhaltensstufen; die *Reihenfolge* dieser Verhaltensweisen ist aber in den beiden Kulturen verschieden. Während in den USA zum Beispiel Küssen relativ früh (etwa auf Stufe 5) kommt und recht harmlos ist, gilt es in England für sehr erotisch und nimmt daher einen viel späteren Platz im Verhaltensablauf (etwa Stufe 25) ein. Wenn also der Amerikaner annahm, es sei Zeit für einen unschuldigen Kuß, war dieser Kuß für die Engländerin durchaus kein unschuldiges, sondern ein sehr unverschämtes Benehmen, das für sie keineswegs in dieses Frühstadium der Beziehung paßte. Sie fühlte sich daher nicht nur in undeutlicher Weise (diese kulturell bedingten Verhaltensregeln sind natürlich fast völlig außerbewußt) um einen großen Teil des »richtigen« Paarungsverhaltens betrogen, sondern hatte sich zu entscheiden, ob sie die Beziehung an diesem Punkte abbrechen oder sich ihrem Freunde sexuell hingeben sollte. In diesem letzteren Falle war die Reihe nun am amerikanischen Soldaten, das Verhalten seiner Freundin auf Grund *seiner* außerbewußten Verhaltensregeln als nicht in das Frühstadium der Beziehung passend und daher schamlos zu finden. Wenn wir nun den typischen Fehler begehen, das Verhalten des Mädchens in künstlicher Isolierung zu beurteilen, so wird es uns nicht schwerfallen, eine Art psychiatrischer Diagnose zu stellen: Bricht sie die Beziehung nach dem ersten Kuß überstürzt ab und ergreift die Flucht, so könnte dies hysterisch genannt werden; beginnt sie dagegen, sich auszuziehen, so scheint dies nymphomanisch. Es kann kaum ausdrücklich genug betont werden, daß es sich hier und in allen ähnlichen Fällen um Konflikte handelt, die nicht auf einen der beiden Partner reduziert werden können und dürfen, sondern die ausschließlich im Wesen der *Beziehung* liegen. Es ist typisch für solche Probleme, daß die Partner sie meist nicht von sich aus lösen können, da ihnen die zwischenpersönliche Natur des Konflikts verborgen bleibt und sie daher in einem Zustand der Desinformation leben.* Bereits Wittgenstein bemerkte: »Was wir nicht denken können, das können wir nicht denken; wir können also nicht sagen, was wir nicht denken können« [187]. Und Laing definiert diese Form der Desinformation wie folgt: »Wenn ich nicht weiß, daß ich nicht weiß, glaube ich zu wissen. Wenn ich nicht weiß, daß ich weiß, glaube ich nicht zu wissen« [83].

---

* Dieses Beispiel ist gleichzeitig auch die Illustration eines typischen »Übersetzungsfehlers« und hätte daher auch in Teil I dieses Buches gepaßt.

Semantische Interpunktion

Interpunktion spielt eine entscheidende Rolle auch in der sprachlichen Übermittlung von Sinn und Bedeutung und reicht daher weit in das Gebiet der Semantik hinein. Ohne unmißverständliche Hinweise darauf, wie eine bestimmte Folge von Worten interpunktiert werden muß, bleibt ihr Sinn unverständlich oder mehrdeutig. Cherry [31] zum Beispiel stellt fest, daß die Frage: »Glauben Sie, daß das genügt?«, verschiedene Bedeutung haben kann, je nachdem, welches Wort betont wird. »Glauben *Sie*, daß das genügt?« hat einen anderen Sinn als »Glauben Sie, daß *das* genügt?«, obwohl es sich um dieselben fünf Worte in derselben Reihenfolge handelt. Ein anderes Beispiel ist der bekannte Kinderwitz: Zehn Finger hab ich an jeder Hand, fünfundzwanzig an Händen und Füßen (dessen korrekte Interpunktion natürlich ist: Zehn Finger hab ich, an jeder Hand fünf, und zwanzig an Händen und Füßen). Hier, wie auch anderswo in geschriebener Sprache, werden Satzzeichen zur Vermeidung von Ambiguität verwendet; Unterstreichungen, Kursivdruck, Anführungszeichen und dergleichen dienen demselben Zweck, doch sind diese Formen semantischer Interpunktion viel schwerfälliger und begrenzter als die reichhaltigen paralinguistischen Nuancen der gesprochenen Sprache (Tonfall, Lautstärke, Gesichtsausdruck, Pausen, Lachen, Seufzen, die sogenannten Lautgesten usw.).

Lange bevor die Kommunikationsforschung sich mit diesen Interpunktionsproblemen zu beschäftigen begann, waren sie bereits in der Literatur, besonders im Drama bekannt. Die tragische, schicksalhafte Unausweichlichkeit der durch sie erzeugten Konflikte, an denen keiner der Beteiligten Schuld hat, jeder aber jeden beschuldigt, die Zuschreibung von Verrücktheit oder Heimtücke, die Unvereinbarkeit widersprüchlicher Wirklichkeitsauffassungen und die damit verbundene Unmöglichkeit, zu entscheiden, welche Wirklichkeit »wirklich« ist, hat Dichter und Schriftsteller schon immer fasziniert. Ein modernes Beispiel ist Akutagawas Erzählung »*Im Walde*«, deren Verfilmung »*Rashomon*« durch Kurosawa dem Leser vielleicht bekannt ist. Sie handelt von der Vergewaltigung einer Frau und der Ermordung ihres Mannes durch einen Banditen, der ihnen im Walde auflauert und dessen Untat von einem Holzfäller beobachtet wird – jedoch nicht in Form einer »objektiven« Schilderung des Vorgangs, sondern viermal individuell durch die Augen jeder dieser Personen gesehen. In seinem meisterhaften Stil läßt Akutagawa auf diese Weise vier verschiedene Wirklichkeiten zutage treten* und führt so den Leser selbst fast unmerklich zu dem Punkt, an dem er nicht mehr entscheiden kann, welche dieser vier Wirklichkeiten die wirkliche ist.**

Wo alles wahr ist, auch das Gegenteil

In seinen »*Gedanken zu Dostojewskis ›Idiot‹*« bemerkt Hermann Hesse, daß diese Zersetzung der Wirklichkeit (in dem Sinne, in dem wir uns die Wirklichkeit naiverweise meist vorstellen) sich im Werke Dostojewskis besonders weit gefressen hat. Für Hesse verkörpert vor allem Fürst Myschkin, der Held des Romans »*Der Idiot*«, diese moderne Tendenz zum Chaos. »Der Idiot«, schreibt Hesse, »zerbricht die Gesetzestafeln nicht, er dreht sie nur um und zeigt, daß auf der Rückseite das Gegenteil geschrieben steht« [70]. Ein noch eindrucksvolleres Beispiel dafür findet sich aber in Dostojewskis Roman »*Die Brüder Karamasoff*«, und zwar im Poem vom Großinquisitor [36], das in seiner Tiefe und Zweideutigkeit wohl nur in Kafkas Parabel vom Türhüter seinesgleichen hat. Wir wollen uns daher diese beiden Dokumente der Weltliteratur ins Gedächtnis rufen:
Iwan Karamasoff, ein überzeugter Atheist, und sein tief religiöser, jüngerer Bruder Aljoscha führen eine metaphysische Debatte. Iwan kann sich nicht mit der Tatsache des Leidens in der Welt abfinden, und zählt seinem Bruder eine erdrückende Anzahl von Beispielen auf – vor allem von den Leiden kleiner, unschuldiger Kinder. Er hat sich daher zum Entschluß durchgerungen, daß selbst dann, wenn all dies Übermaß an Leiden eine notwendige Vorbedingung für schließliche ewige Harmonie wäre, er *diese* Harmonie aus Liebe zur Menschheit nicht annehmen könnte, »... ist doch diese Harmonie gar zu teuer eingeschätzt! Wenigstens erlaubt es mein Beutel nicht, so viel für den

---

* Und liefert nicht einfach den überflüssigen Beweis, daß Augenzeugenberichte notorisch unzuverlässig sind, worin verschiedene Rezensenten das Wesen von »*Rashomon*« zu sehen glaubten.

** Eine ausführliche Studie dieses Phänomens in der Weltliteratur, mit allen sich daraus ergebenden Sinndeutungen von Wahrheit, Schicksal und Transzendenz, wäre zweifellos ein interessantes und ungewöhnliches Dissertationsthema.

Eintritt zu zahlen. Darum beeile ich mich, mein Eintrittsbillett zurückzustellen. Und wenn ich ein anständiger Mensch bin, so ist es meine Pflicht, dies sobald als möglich zu tun. Das tue ich denn auch. Nicht Gott ist es, den ich ablehne, Aljoscha, ich gebe ihm nur die Eintrittskarte ergebenst zurück.« Für Aljoscha aber gibt es *ein* Wesen, das das Recht hat, alles Leiden der Menschheit zu vergeben – Christus. Doch Iwan hat diesen Einwand erwartet und erzählt Aljoscha nun als Antwort sein Poem vom Großinquisitor.
Die Handlung spielt im Sevilla des 16. Jahrhunderts, zur schrecklichsten Zeit der Inquisition, am Tage nachdem auf Befehl des greisen Kardinal-Inquisitors in einem prächtigen Autodafé fast hundert Ketzer ad majorem gloriam Dei bei lebendigem Leib verbrannt worden sind – lehrt die unwiderlegbare Doktrin der Inquisition doch, daß körperliches Leiden dem Seelenheil nicht nur nicht abträglich, sondern geradezu förderlich ist. An diesem Tage steigt Er nochmals herab und wird sofort von seinem leidenden Volke erkannt und verehrt. Der Kardinal aber läßt Ihn verhaften, und so groß ist seine Macht, daß alle zitternd und wortlos vor den Wachen zurückweichen. Die Nacht bricht herein, atemlos und schwül von Lorbeer- und Orangenduft; die Tür des Verlieses öffnet sich und herein tritt der greise Kardinal. Er ist allein. Einige Minuten lang herrscht Schweigen. Dann erhebt der Großinquisitor die schwerste und schrecklichste Anklage, die je gegen das Christentum vorgebracht wurde:
Jesus hat die Menschheit betrogen, da Er wissentlich und absichtlich die einzige Möglichkeit verwarf, die Menschen glücklich zu machen. Dieses einzige, unwiederbringliche Ereignis trat ein, als der furchtbare und kluge Geist, der Geist der Selbstvernichtung und des Nichtseins, Ihn in der Wüste versuchte, indem er Ihm drei Fragen stellte, die »in drei Worten, nur in drei menschlichen Sätzen, die ganze künftige Geschichte der Menschheit und der Welt ausdrücken«. – »Was, meinst du wohl«, fragt der Großinquisitor, »könnte die ganze Weisheit der Erde zusammengenommen und vereint ersinnen, das an Kraft, Macht und Tiefe jenen drei Fragen [...] auch nur annähernd ähnlich wäre?« Als erstes, so führt der Kardinal aus, versuchte Ihn der Geist, die Steine der Wüste in Brot zu verwandeln. Er aber verschmähte dies, denn er wollte den Menschen nicht der Freiheit berauben, und was wäre die Freiheit, wenn sie mit Brot erkauft wäre? Damit aber beraubte er den Menschen seiner tiefsten Sehnsucht: jeman-

den zu finden, den alle gemeinsam verehren können, der ihnen die furchtbare Last der Freiheit abnimmt. Anstatt sich die menschliche Freiheit zu unterwerfen, vergrößerte Er sie noch; anstatt fester Grundlagen zur Beruhigung des menschlichen Gewissens, wählte Er alles, was es Ungewöhnliches, Rätselhaftes und Unbestimmtes gibt, was über die Kräfte der Menschen geht, und handelte daher, als ob Er sie überhaupt nicht geliebt hätte. – Und als Er die zweite Versuchung abwies – sich von der Zinne des Tempels zu stürzen, denn es steht geschrieben, »daß Engel Ihn auffangen und tragen werden« –, da verschmähte Er die Macht des Wunders, weil Er nach freier und nicht nach durch Wunder erzwungener Liebe verlangte. Doch ist der Mensch dieser Liebe fähig? Nein, der Mensch ist schwächer und niedriger, als Er von ihm glaubte. »Da du ihn so hoch einschätztest, handeltest du, als ob du kein Mitleid mit ihm gehabt hättest...« Und dann kommt der Großinquisitor zur letzten Versuchung, zur dritten Gabe, die Er ausschlug: die Welt zu beherrschen und die Menschheit zu einem einzigen, einstimmigen Ameisenhaufen zu vereinigen, denn das Bedürfnis nach allgemeiner und weltumfassender Vereinigung ist die dritte und letzte Sehnsucht der Menschen. »Wir«, sagt der Kardinal, »verwarfen dich und folgten *ihm*. Oh, es werden noch Jahrhunderte des Unfugs ihres freien Verstandes, ihrer Wissenschaft und der Menschenfresserei vergehen... Wir haben deine Tat verbessert und sie auf dem *Wunder*, dem *Geheimnis* und der *Autorität* aufgebaut. Und die Menschen freuen sich, daß sie wieder wie eine Herde geführt werden und daß von ihren Herzen endlich das ihnen so furchtbare Geschenk, das ihnen soviel Qual gebracht hatte, genommen wurde. [...] Und alle werden glücklich sein, alle Millionen Wesen, außer den Hunderttausend, die über sie herrschen. Denn nur wir, wir, die wir das Geheimnis hüten, nur wir werden unglücklich sein. Still werden sie sterben, still werden sie verlöschen in deinem Namen und hinter dem Grab nur den Tod finden.« Und am Ende seiner schrecklichen Anklage teilt der Großinquisitor Ihm mit, daß es Ihm nicht gestattet sein werde, die Menschheit ein zweites Mal in solches Unglück zu stürzen: Morgen werde Er selbst auf dem Scheiterhaufen verbrennen!

All dem hat der Gefangene schweigend zugehört. Nun nähert er sich dem Greis und küßt ihn leise auf seine blutleeren, asketischen Lippen. Der Kardinal erzittert, geht zum Tor und öffnet es: »Geh und komme

nie wieder ... komme überhaupt nicht mehr ... niemals, niemals!«
Und der Gefangene geht hinaus in die Nacht.
»Aber... das ist doch absurd!« stößt Aljoscha hervor und errötet.
»Dein Poem ist ein Lob Jesu, aber keine Schmähung ... wie du es gewollt hast...« [37]
Seit der Veröffentlichung der »*Brüder Karamasoff*« läßt sich das Echo von Aljoschas Ausruf immer wieder vernehmen. Was ist der »wirkliche« Sinn dieser Geschichte, deren Autor ein tief religiöser Mensch war (dessen Augen sich mit Tränen füllten, wenn der Name Christi in seiner Gegenwart eitel genannt wurde); dieser Geschichte aus dem Munde einer Romanfigur, deren Atheismus, wie Dostojewski uns erklärt, so vollkommen ist, daß ihn »nur noch ein einziger Schritt vom vollkommenen Glauben trennt«; dieser Geschichte, die prophetisch vorwegnimmt, was vierzig Jahre später im Vaterland des Autors historische Wirklichkeit wurde – was ist ihr Sinn?
Die Geschichte ist fiktiv, aber ihre Implikationen sind es keineswegs. Sowohl Christus wie der Großinquisitor haben sich dem Wohle der Menschheit verschrieben, und dennoch trennt sie eine unüberbrückbare Kluft: die Paradoxie des Helfens und das mit ihr untrennbar verbundene Problem der Macht. Wir sind diesem Problem bereits in der trivialen Geschichte vom albanischen Dolmetscher (Seite 24) begegnet, hier nun erhebt es sich in seiner ganzen metaphysischen Bedeutung. Jesus, so lautet die Anklage des Großinquisitors, wünscht spontanen Gehorsam und schafft damit eine Paradoxie, deren Lösung dem Menschen unmöglich ist. Für den Kardinal besteht die wahre Erlösung des Menschen darin, ihm die schreckliche Last der Freiheit abzunehmen; ihn unfrei, aber glücklich zu machen. Für Jesus dagegen ist das Ziel die Freiheit, nicht das Glück. Iwan Karamasoffs Poem bedeutet Grundverschiedenes, je nachdem, ob wir die Welt im Sinne Jesu oder des Großinquisitors sehen. Wem aber beide Anschauungen zugänglich sind, der verliert den sicheren Boden vermeintlicher Wirklichkeit unter den Füßen und verfängt sich in einem Universum, in dem alles wahr ist, auch das Gegenteil.
»Jemand mußte Josef K. verleumdet haben, denn ohne daß er etwas Böses getan hätte, wurde er eines Morgens verhaftet.« – So beginnt Kafkas rätselhafter Roman »*Der Prozeß*«. Doch der Prozeß findet niemals statt; K. ist weder frei noch eingekerkert; das Gericht teilt ihm niemals mit, wessen er angeklagt ist; er sollte es von sich aus

wissen, und seine Unwissenheit ist ein weiterer Beweis seiner Schuld; wenn er sich bemüht, dem Gericht eine klare Stellungnahme abzuringen, wird er der Ungeduld und der Aufsässigkeit bezichtigt; wenn er aber versucht, die Autorität des Gerichts zu ignorieren oder seine nächste Amtshandlung einfach abzuwarten, wird ihm dies als Beweis der Gleichgültigkeit und Verstocktheit angelastet. In einer der letzten Szenen spricht K. im Dom mit dem Gerichtskaplan, und als er, wie schon so oft, erneut versucht, Klarheit über sein Schicksal zu erhalten, unternimmt es der Geistliche, ihm seine Lage mit folgender Parabel zu »erklären«:

Vor dem Gesetz steht ein Türhüter. Zu diesem Türhüter kommt ein Mann vom Lande und bittet um Eintritt in das Gesetz. Aber der Türhüter sagt, daß er ihm jetzt den Eintritt nicht gewähren könne. Der Mann überlegt und fragt dann, ob er also später werde eintreten dürfen. »Es ist möglich«, sagt der Türhüter, »jetzt aber nicht.« Da das Tor zum Gesetz offensteht wie immer und der Türhüter beiseite tritt, bückt sich der Mann, um durch das Tor in das Innere zu sehen. Als der Türhüter das merkt, lacht er und sagt: »Wenn es dich so lockt, versuche es doch, trotz meinem Verbot hineinzugehen. Merke aber: Ich bin mächtig. Und ich bin nur der unterste Türhüter. Von Saal zu Saal stehen aber Türhüter, einer mächtiger als der andere. Schon den Anblick des dritten kann nicht einmal ich mehr vertragen.«

Der Mann erhält einen Schemel und darf sich neben der Tür hinsetzen. Dort sitzt er Tage und Jahre. Immer wieder versucht er, eingelassen zu werden oder wenigstens eine endgültige Antwort zu erhalten, erfährt aber stets nur, daß er noch nicht eintreten könne.

Nun lebt er nicht mehr lange. Vor seinem Tode sammeln sich in seinem Kopfe alle Erfahrungen der ganzen Zeit zu einer Frage, die er bisher an den Türhüter noch nicht gestellt hat. Er winkt ihm zu, da er seinen erstarrenden Körper nicht mehr aufrichten kann. Der Türhüter muß sich tief zu ihm hinunterneigen, denn die Größenunterschiede haben sich sehr zuungunsten des Mannes verändert. »Was willst du denn jetzt noch wissen?« fragt der Türhüter, »du bist unersättlich.« »Alle streben doch nach dem Gesetz«, sagt der Mann, »wie kommt es, daß in den vielen Jahren niemand außer mir Einlaß verlangt hat?« Der Türhüter erkennt, daß der Mann schon am Ende ist, und um sein vergehendes Gehör noch zu erreichen, brüllt er ihn an: »Hier konnte niemand sonst Einlaß erhalten, denn dieser Eingang war nur für dich bestimmt. Ich gehe jetzt und schließe ihn.«

»Der Türhüter hat also den Mann getäuscht«, sagte K. sofort, von der Geschichte sehr stark angezogen. Doch nun beweist der Geistliche ihm sorgfältig und überzeugend, daß den Türhüter keine Schuld trifft, ja, daß er weit über seine Pflicht hinausging, dem Manne zu helfen. K. ist verblüfft, kann sich aber der Stichhaltigkeit der Deutung nicht entziehen. »Du kennst die Geschichte genauer als ich und längere Zeit«, räumt er dem Geistlichen ein. »Du glaubst also, der Mann wurde nicht getäuscht?« »Mißverstehe mich nicht«, sagt der Geistliche und beweist K. nun, daß es eine zweite Deutung gibt, nach welcher gerade der Türhüter der Getäuschte ist. Und so überzeugend ist auch diese zweite Exegese, daß K. am Ende wiederum zugeben muß: »Das ist gut begründet, und ich glaube nun auch, daß der Türhüter getäuscht ist.« Doch sofort findet der Geistliche wieder etwas an K's Einverständnis zu rügen: An der Lauterkeit des Türhüters zu zweifeln, hieße am Gesetz selbst zu zweifeln. »Mit dieser Meinung stimme ich nicht überein«, sagt K. kopfschüttelnd, »denn wenn man sich ihr anschließt, muß man alles, was der Türhüter sagt, für wahr halten. Daß das aber nicht wahr ist, hast du ja selbst ausführlich begründet.« »Nein«, sagt der Geistliche, »man muß nicht alles für wahr halten, man muß es nur für notwendig halten.« »Trübselige Meinung«, sagt K., »die Lüge wird zur Weltordnung gemacht«.

K. und der Geistliche sprechen tatsächlich von zwei verschiedenen Weltordnungen, und deshalb erschöpft sich ihr Gespräch in derselben Zweideutigkeit, die allem Streben K's nach Gewißheit zugrunde liegt. Wenn immer er glaubt, Sinn und Ordnung in den ihn umgebenden und seine »rechte« Entscheidung fordernden Geschehnissen entdeckt zu haben, wird ihm bewiesen, daß *dieser* Sinn nicht der richtige Sinn ist. Und doch lassen die letzten Worte des Geistlichen jene andere Sinnordnung durchblicken: »Das Gericht will nichts von dir. Es nimmt dich auf, wenn du kommst, und es entläßt dich, wenn du gehst.« Wie Dostojewskis Fürst Myschkin lebt Kafkas K. in einer Welt, in der die Gesetzestafeln umgedreht werden können und zeigen, daß auf ihrer Rückseite das Gegenteil geschrieben steht. Doch hinter Myschkin schließen sich die Tore einer Irrenanstalt für immer, und K. wird schließlich von zwei Abgesandten des Gerichts getötet.

Der metaphysische Versuchsleiter

K. dringt niemals bis zu seinen Richtern vor; er trifft nur ihre Boten, Beamten und Henker. Die Autorität selbst enthüllt sich ihm nie, und dennoch – oder vielleicht gerade deswegen – ist K's Leben, jeder Tag und jede seiner Handlungen, von ihrer unsichtbaren Allgegenwart durchdrungen. Derselbe Sachverhalt besteht auch in Kafkas anderem Roman »*Das Schloß*«, in dem K., der Landvermesser, vergeblich zu den Behörden des Schlosses vorzudringen versucht, die ihn angeworben haben, ihn aber im Dorf drunten halten und ihre rätselhaften Mitteilungen ihm durch Beamte zukommen lassen, deren Rang ebenso niedrig ist wie der des Türhüters.

Die Situation ist archetypisch und reicht weit in den menschlichen Alltag herein. Wir alle, jeder von uns auf seine Weise, befinden uns auf einer unablässigen, wenn auch oft ganz unbewußten Suche nach dem Sinn der uns umgebenden Geschehnisse, und wir alle neigen dazu, selbst hinter den verhältnismäßig unbedeutenden Vorfällen unseres täglichen Lebens das Wirken einer höheren Macht, sozusagen eines metaphysischen Versuchsleiters, zu sehen. Es gibt wohl nicht viele Menschen, die den Gleichmut des Königs in »*Alice im Wunderland*« besitzen, der es ihm ermöglicht, das unsinnige Gedicht des Weißen Kaninchens mit der philosophischen Bemerkung abzutun: »Wenn kein Sinn darin ist, so erspart uns das eine Menge Arbeit, denn dann brauchen wir auch keinen zu suchen.«

Zum Beispiel: Es gibt wahrscheinlich eine recht große Zahl von Personen, die eine private Mythologie über Verkehrsampeln haben. Ihr Verstand legt ihnen zwar nahe, daß die Ampeln entweder in starr und unveränderlich eingestelltem Rhythmus von Grün auf Rot übergehen oder daß der Wechsel durch die Fahrzeuge selbst über Fühler in der Straßendecke ausgelöst wird. Auf einer anderen Stufe ihrer Wirklichkeitswahrnehmung aber sind sie überzeugt, daß die Ampeln gegen sie eingestellt sind und unweigerlich auf Gelb und Rot übergehen, wenn sie dahergefahren kommen. Man könnte das als eine harmlose Minipsychose bezeichnen, doch ist ihre Wirkung immerhin stark genug, das ärgerliche Gefühl zu erzeugen, daß das Leben oder das Schicksal, die Natur oder irgendeine Art geheimer Versuchsleiter ihnen feindlich gesinnt sind. Jedes Mal, wenn bei ihrer Annäherung eine Verkehrsampel auf Gelb und dann Rot schaltet, sind sie sich dieses Zufallsereignisses akut bewußt, es addiert sich sozusagen zu allen bereits »erlittenen« Rotlichtern, während eine auf Grün stehende Ampel diese kumulative Wirkung nicht hat und von ihnen praktisch unbemerkt bleibt. Und obwohl diese persönliche Schrulle trivial ist, der ihr zugrunde liegende Mechanismus ist es nicht: Wie wir bereits in den oben beschriebenen Experimenten sahen, neigen wir Menschen nun einmal dazu, nach einer Ordnung im Ablauf der Geschehnisse zu suchen, und sobald wir eine solche Ordnung (Interpunktion) in sie hineingelesen haben, wird diese Weltschau durch selektive Aufmerksamkeit selbstbestätigend. Im Grunde handelt es sich hierbei um denselben Mechanismus, auf dem auch Wirklichkeitsverzerrungen psychotischen Ausmaßes beruhen: Wenn sich einmal eine grundlegende Prämisse ausgebildet und gefestigt hat, ergibt sich der Rest der blühenden Wahnvorstellung fast zwanglos aus anscheinend durchaus logischen Schlußfolgerungen von dieser einen absurden Prämisse.*

Diese Überlegungen bringen uns als nächstes zu den weitreichenden Kommunikationsphänomenen, auf denen sich Gerüchte und Massenpsychosen aufbauen. Auch über diesen Aspekt der menschlichen Kommunikation ist die Literatur heute praktisch unübersehbar, und ich muß mich deshalb für meine Zwecke darauf beschränken, nur zwei Ereignisse neueren Datums zu erwähnen.

Die zerkratzten Windschutzscheiben

Gegen Ende der fünfziger Jahre brach in der Stadt Seattle eine merkwürdige Epidemie aus: Immer mehr Autobesitzer mußten feststellen, daß ihre Windschutzscheiben von kleinen pocken- oder kraterähnlichen Kratzern übersät waren. Das Phänomen nahm so rasch überhand, daß Präsident Eisenhower auf Wunsch Rosollinis, des Gouverneurs des Staates Washington, eine Gruppe von Sachverständigen des Bundeseichamtes zur Aufklärung des Rätsels nach Seattle entsandte. Laut Jackson, der den Verlauf der Untersuchung später zusammenfaßte, fand diese Kommission sehr bald, daß unter den Einwohnern der Stadt

zwei Theorien über die Windschutzscheiben im Umlauf waren. Auf Grund der einen, der sogenannten »Fallout«-Theorie, hatten kürzlich abgehaltene russische

---

* Nicht weniger beunruhigend ist die Tatsache, daß diese Prämissen buchstäblich ansteckend sein können. Wer zum ersten Mal vom Problem mit den Verkehrsampeln hört, mag diese Geschichte sehr komisch finden, zu seiner nicht geringen Bestürzung bei seiner nächsten Autofahrt aber bemerken, daß er nun selbst den Ampeln diese absurde, selektive Aufmerksamkeit zu schenken beginnt.

Atomtests die Atmosphäre verseucht, und der dadurch erzeugte radioaktive Niederschlag hatte sich in Seattles feuchtem Klima in einen glasätzenden Tau verwandelt. Die »Asphalttheoretiker« dagegen waren überzeugt, daß die langen Strecken frischasphaltierter Autobahnen, die Gouverneur Rosollinis ehrgeiziges Straßenbauprogramm hervorgebracht hatte, wiederum unter dem Einfluß der sehr feuchten Atmoshäre Seattles, Säuretröpfchen gegen die bisher unversehrten Windschutzscheiben spritzten.

Statt diese beiden Theorien zu untersuchen, konzentrierten sich die Männer des Eichamts auf einen viel greifbareren Sachverhalt und fanden, daß in ganz Seattle keinerlei Zunahme an zerkratzten Autoscheiben festzustellen war. [75]

In Wahrheit war es vielmehr zu einem Massenphänomen gekommen: Als sich die Berichte über pockennarbige Windschutzscheiben häuften, untersuchten immer mehr Autofahrer ihre Wagen. Die meisten taten dies, indem sie sich von außen über die Scheiben beugten und sie auf kürzeste Entfernung prüften, statt wie bisher von innen und unter dem normalen Winkel durch die Scheiben *durch*zusehen. In diesem ungewöhnlichen Blickwinkel hoben sich die Kratzer klar ab, die normalerweise und auf jeden Fall bei einem im Gebrauch stehenden Wagen vorhanden sind. Was sich also in Seattle ergeben hatte, war keine Epidemie beschädigter, sondern *angestarrter* Windschutzscheiben. Diese einfache Erklärung aber war so ernüchternd, daß die ganze Episode den typischen Verlauf vieler aufsehenerregender Berichte nahm, die die Massenmedien zuerst als Sensation auftischen, deren unsensationelle Erklärung aber totgeschwiegen wird, was so zur Verewigung eines Zustands der Desinformation führt.

Der Fall lehrt uns, daß sich eine völlig alltägliche, unbedeutende Tatsache (so unbedeutend, daß ihr vorher niemand Aufmerksamkeit schenkte) mit affektgeladenen Themen verquicken kann und daß von diesem Augenblick an eine Entwicklung ihren Lauf nimmt, die keiner weiteren Beweise bedarf, sondern rein aus sich heraus, selbstbestätigend und selbstverstärkend, immer weitere Personenkreise in ihren Bann schlägt.

Das Gerücht von Orléans

Im Mai 1969 durchlebte Frankreich eine Periode politischer Unsicherheit, deren Ursache de Gaulles Niederlage in einem politisch entscheidenden (nebenbei bemerkt, faktisch nebensächlichen) Referendum und sein Rückzug aus dem öffentlichen Leben nach Colombey-les-Deux-Eglises war. Für den 1. Juni waren Neuwahlen ausgeschrieben. In diesen Tagen politischer Spannung begann in Orléans ein aufsehenerregendes Gerücht zu zirkulieren, das seinen Ausgang in den Mädchengymnasien nahm, bald aber die ganze Stadt ergriff: Damenmodengeschäfte und Boutiquen in dieser modernen, wenn auch provinziellen Stadt von 100 000 Einwohnern waren in Mädchenhandel verwickelt. Kundinnen dieser Geschäfte wurden in den Ankleideräumen* überwältigt und betäubt, in Kellern bis zum Einbruch der Nacht gefangengehalten, dann durch unterirdische Gänge ans Ufer der Loire gebracht und von dort auf einem Unterseeboot** nach Übersee entführt und einem Schicksal »schlimmer als dem Tod« überantwortet. Bereits am 20. Mai kursierten zusätzliche, detaillierte Informationen. Demnach vermißte man bereits 28 junge Frauen; ein Schuhgeschäft verwendete zur Betäubung der Opfer in Schuhen versteckte Injektionsvorrichtungen, da die in den Modeboutiquen verwendeten Injektionsspritzen in einem Schuhladen begreiflicherweise nicht angewandt werden konnten, und so manches mehr.

Die Kaufleute selbst wußten anscheinend nichts von diesem Gerücht, bis sich am 31. Mai, dem Vortag der Wahlen, feindselige Menschengruppen in den Geschäftsstraßen zusammenzurotten begannen. In den vorangegangenen Tagen hatten sie aber merkwürdige Anrufe erhalten – in einem Falle erkundigte sich jemand nach der Adresse eines Bordells in Tanger, in einem anderen bestellte der unbekannte Anrufer »frisches Fleisch«.

Als das Gerücht sich ausbreitete und immer spezifischer wurde, kamen zwei bemerkenswerte Einzelheiten ans Licht: Erstens verkauften die betreffenden Modeläden die neuen Miniröcke und standen damit für die provinzielle Mentalität im Zwielicht einer besonderen Erotik; zweitens nahm das Gerücht einen ausgesprochen antisemi-

---

* »Man findet die Idee des Ankleideraums als einer Falle, als eines Vorzimmers von Geheimnis und Gefahr, auf dem niedrigsten Niveau der Massenkultur; die Welt der Schundliteratur und der Massenjournalismus liefern Beispiele dafür«. [siehe 110].

** Wie Morin [111] berichtet, versicherte Lévy, der Präsident der jüdischen Kultusgemeinde von Orléans, daß er selbst das Unterseebootgerücht als Witz in Umlauf gebracht hatte, daß es ihm aber schon am nächsten Tage als todernste Tatsache hinterbracht wurde.

tischen Charakter an. Das uralte Thema des Ritualmords tauchte auf und begann die Runde zu machen. Am 30. Mai hatte die Besorgnis der jüdischen Gemeinde über die Entwicklung der Dinge einen Grad erreicht, der sie veranlaßte, die Behörden um Schutzvorkehrungen zu ersuchen. Der Polizei war die bedrohliche Entwicklung natürlich bereits bekannt, doch hatte sie sich bis zu diesem Zeitpunkt mit der Sachlage nur von einem rein faktischen, sicherheitspolizeilichen Standpunkt befaßt und keinerlei konkrete Anhaltspunkte gefunden. So stand zum Beispiel fest, daß nicht eine einzige Frau, geschweige denn 28 in Orléans vermißt wurden. In dieser Beschränkung auf die reinen Tatsachen übersahen die Behörden aber, daß das Problem im *Bestehen* des Gerüchts und nicht in seinem Wahrheitsgehalt lag. Es handelte sich hier vielmehr um eine jener typisch menschlichen Situationen, in denen »Wahrheit Glaubenssache ist« [146]. Die Gefahr eines Pogroms war unleugbar.

Am nächsten Tage jedoch brachte das Wahlergebnis eine erste Entspannung mit sich, und sehr bald gewann die Vernunft die Oberhand. Man ging dem Gerücht nach und fand es unbegründet. Die Lokalpresse, Privatpersonen und öffentliche Vereinigungen verurteilten diesen plötzlichen Ausbruch von Antisemitismus auf das schärfste, und das Gerücht erlosch fast noch rascher, als es aufgeflammt war. Es wäre vermutlich vollkommen in Vergessenheit geraten, wäre der Ablauf der Ereignisse nicht sorgfältig von einem Soziologenteam unter der Leitung Edgar Morins rekonstruiert worden, dessen Buch [109] die hier erwähnten Einzelheiten entnommen sind.

Dieses Beispiel geht in seiner Bedeutung weit über die vorher erwähnten hinaus. In ihnen hatte die grundlegende Annahme wenigstens noch eine wenn auch recht fragwürdige Beziehung zu gewissen Tatsachen. Verkehrsampeln schalten nun einmal gelegentlich auf Rot um, wenn wir daherkommen, und Windschutzscheiben haben ganz sicherlich viele kleine Kratzer. Das Gerücht von Orléans aber beweist einmal mehr, daß zur Ausbildung einer bestimmten Wirklichkeitsauffassung nicht einmal derartig nebensächliche Tatsachen nötig sind – ein tiefsitzender Aberglaube kann seine eigenen »Wirklichkeitsbeweise« erschaffen, besonders wenn er von vielen Menschen geteilt wird. Und selbst wenn, wie im Falle von Orléans, ein Gerücht sich später als haltlos erweist, findet sich meist ein goldenes Wort oder eine landläufige Weisheit, die es den auf das Gerücht Hereingefallenen gestattet, ihr Gesicht zu wahren.* »Wo Rauch ist, muß auch Feuer sein«, lautet bekanntlich eine solche Perle der Weisheit; aber »...ein frischer Mist tut's auch«, pflegte der Humorist Roda Roda hinzuzufügen.

Ein besonders krasses Beispiel dafür verdient es, wenigstens kurz erwähnt zu werden. Einer der Ladenhüter des Antisemitismus ist ein berüchtigtes Werk mit dem Titel »*Die Protokolle der Weisen von Zion*«. In diesem Buch entwirft der anonyme Verfasser in allen Einzelheiten den Plan für eine jüdische Weltherrschaft und läßt keine Zweifel darüber, daß dies das Endziel des internationalen Judentums sei. Aus Gründen, die für meine Ausführungen belanglos sind, unternahm die Londoner *Times* eine Untersuchung über die Herkunft des Buchs und veröffentlichte das Ergebnis in ihren Ausgaben vom 16., 17. und 18. August 1921. Es stellte sich heraus, daß die Quelle der *Protokolle* ein unter dem Titel »*Dialogue aux Enfers entre Montesquieu et Machiavel*« (Zwiegespräch in der Hölle zwischen Montesquieu und Machiavelli) veröffentlichtes Buch des französischen Advokaten Maurice Joly war. Wie Joly später in seiner Autobiographie erklärte, war der *Dialogue* ein Versuch, die despotische Herrschaft Napoleons III. in Form eines imaginären Gesprächs anzuprangern, in dem Montesquieu den Liberalismus vertritt, jedoch rasch vor der Brillanz Machiavellis zynischer Verteidigung des Despotismus kapitulieren muß. Mit Hilfe dieser Tarnung, das heißt, durch die Lobpreisung dessen, was er angreifen wollte, hoffte Joly, dem Leser sein wahres Anliegen klarzumachen. Diese Hoffnung erwies sich als nur zu gerechtfertigt, denn auch der französischen Geheimpolizei blieb das wahre Anliegen des Buchs keineswegs verborgen; sie erkannte seinen subversiven Inhalt, beschlagnahmte die nach Frankreich geschmuggelten Exemplare und verhaftete Joly, der zu 15 Monaten Gefängnis verurteilt wurde.

Bis zu diesem Punkt hatte die ganze Angelegenheit nichts mit den Juden zu tun. Das Buch hätte vielmehr als Quelle der Inspiration für einen jungen Hitler dienen können. Es vertritt die Ansicht, ein moderner Herrscher sollte lediglich den Schein der Legalität wahren, sich seine Entscheidungen von einer ihm blind ergebenen Volksversamm-

---

* Tatsächlich erwähnten einige junge Orléanais dem Morin-Team gegenüber: »Wenn eine ganze Stadt dasselbe sagt, dann muß etwas daran sein.« [113]

lung legalisieren lassen, gegen jede innere Opposition mit der Geheimpolizei vorgehen, und die eventuellen Gewissensbisse seiner Untertanen durch glänzende militärische Siege über äußere Feinde beschwichtigen, deren Ziel angeblich die Vernichtung des Vaterlandes ist.
Der nie identifizierte Verfasser der *Protokolle* machte sich all dies zueigen und stellte es als das weltumfassende Programm einer mächtigen, geheimen Körperschaft, eben der Weisen von Zion, dar. Hierzu bemerkt der britische Historiker Cohn in seinem Buch über die *Protokolle*:

Alles in allem beruhen 160 Stellen der Protokolle, das heißt, zwei Fünftel des gesamten Texts, offensichtlich auf Passagen in Jolys Buch; in neun Kapiteln ist mehr als die Hälfte gestohlen, in anderen drei Viertel, und in einem (Protokoll VII) fast der ganze Text. Mit weniger als einem Dutzend Ausnahmen ist außerdem die Reihenfolge der gestohlenen Textstellen dieselbe wie bei Joly, ganz als hätte der Plagiator Seite um Seite mechanisch vom *Dialogue* unmittelbar in seine »Protokolle« übertragen. Selbst die Reihenfolge der Kapitel ist weitgehend dieselbe – den 24 Kapiteln der *Protokolle* entsprechen die 25 Kapitel des *Dialogue*. Nur gegen Ende, nämlich dort, wo die Prophezeiung des messianischen Zeitalters in den Vordergrund tritt, erlaubte sich der Plagiator wirkliche Unabhängigkeit vom Original. [34]

Seit ihrer Veröffentlichung haben die *Protokolle* nicht aufgehört, ein wichtiges Beweismittel des Antisemitismus zu sein. Aber viele der Versuche, ihren betrügerischen Ursprung ein für allemal bloßzulegen, führten anscheinend dazu, daß diejenigen, die an ihre Echtheit glaubten, in diesen Bemühungen nur einen weiteren Beweis für ihre Echtheit sahen – denn wären sie wirklich reine Erfindung, warum würden die Weisen von Zion dann solche Anstrengungen unternehmen, ihre Authentizität in Frage zu stellen? Wir haben es hier also mit einem geradezu klassischen Beispiel einer sich selbst bestätigenden Prämisse zu tun, das heißt einer Annahme, die sowohl durch Beweis wie durch Gegenbeweis bestärkt wird. Dies ist auch die Art und Weise, in der der Paranoide die Beziehungen zu seinen Mitmenschen interpunktiert: Er »weiß«, daß sie Böses gegen ihn vorhaben, und wenn sie daher versuchen, ihn von ihren freundlichen Absichten zu überzeugen, so »beweist« ihm das, daß sie Übles im Schilde führen – denn warum würden sie sonst so hartnäckig versuchen, ihn von ihrer Freundlichkeit zu überzeugen?
Auf seinem Höhepunkt führte das Gerücht von Orléans zu grundsätz-

lich demselben Zirkelschluß. Als zum Beispiel die Polizei bekanntgab, daß an der ganzen Affäre weder Hand noch Fuß war und nicht ein einziges Mädchen vermißt wurde, »bewies« dies, daß die Polizei selbst in die Entführungen mitverwickelt sein mußte. »Es wurde behauptet«, erklärte der Leiter der Kriminalerhebungsabteilung später einem Reporter der *Aurore,* »daß ich mir auf diese Weise zehn Millionen Francs verdient hatte. Je übertriebener und extravaganter eine Geschichte ist, desto eher scheinen die Leute sie zu glauben« [114].

Die beiden Schlußfolgerungen, die sich aus dem Bavelasexperiment (Seite 61 ff.) ziehen lassen, haben also volle Gültigkeit auch für praktische Lebenssituationen. Erstens führt hier wie dort das Bekanntwerden von Tatsachen, die der mühevoll zusammengebastelten Erklärung widersprechen, nicht zu ihrer Korrektur, sondern zu weiterer Verfeinerung. Zweitens scheinen diese Pseudoerklärungen um so überzeugender, je abstruser und objektiv unwahrscheinlicher sie sind. Oder, wie man in Österreich zu fragen pflegt, warum einfach, wenn's kompliziert auch geht?

In einem Kontext von Desinformation nimmt diese primäre Prämisse, diese ein für allemal gefaßte (und oft rein zufällig zustande gekommene) Meinung, eine zwingende und zentrale Bedeutung an, und, gleichgültig wie absurd sie ist, folgen alle weiteren Schlußfolgerungen oft mit streng logischer Konsequenz. Trotz dieser Einsicht aber ist die Idee, daß sich »Wirklichkeiten« sozusagen aus den Fingern saugen lassen, den meisten von uns nur schwer annehmbar. Wir neigen viel eher dazu, das Wirken einer Art »metaphysischen Versuchsleiters« hinter dem Lauf der Dinge zu vermuten oder – wenn uns psychologische Hypothesen mehr überzeugen als transzendentale – ein Gesetz der menschlichen Seele. Doch bereits Schopenhauer sagte im Hinblick auf die Teleologie, das heißt der Annahme einer der Natur innewohnenden Zweckmäßigkeit und Zielgerichtetheit, daß sie

erst vom Verstande in die Natur gebracht wird, der demnach ein Wunder anstaunt, das er erst selbst geschaffen hat. Es geht ihm (wenn ich eine so hohe Sache durch ein triviales Gleichnis erläutern darf) so, wie wenn er darüber erstaunt, daß alle Multiplikationsprodukte der 9 durch Addition ihrer einzelnen Ziffern wieder 9 geben oder eine Zahl, deren Ziffern addiert 9 betragen; obschon er selbst im Dezimalsystem das Wunder sich vorbereitet hat. [160]

Es ist also recht wahrscheinlich, daß die Wirklichkeit und die ihr zugrunde liegende Ordnung herzlich wenig mit Metaphysik oder Psychologie zu tun hat.* Es mag vielmehr notwendig sein, unsere grandiosen Annahmen zurückzustecken und uns mit einer viel einfacheren Wirklichkeitsauffassung zu bescheiden, nämlich einer, die das Produkt zweier grundlegender Prinzipien ist: Zufall und Notwendigkeit. Mit dieser Auffassung wären wir in sehr respektabler, wenn auch nicht allgemein respektierter Gesellschaft. Die Interaktion von Zufall und Notwendigkeit wird heute von einer Reihe von Biologen als der Ausgangspunkt des Lebens betrachtet, vor allem von Nobelpreisträger Jacques Monod, dessen nachstehende Definition mutatis mutandis voll auf mein Thema anwendbar ist:

> Der Weg der Evolution wird den Lebewesen, diesen äußerst konservativen Systemen, durch elementare Ereignisse mikroskopischer Art eröffnet, die zufällig und ohne jede Beziehung zu den Auswirkungen sind, die sie in der teleonomischen Funktionsweise auslösen können.
>
> Ist der einzelne und als solcher unvorhersehbare Vorfall aber einmal in die DNS-Struktur eingetragen, dann wird er mechanisch getreu verdoppelt und übersetzt; er wird zugleich vervielfältigt und auf Millionen oder Milliarden Exemplare übertragen. Der Herrschaft des bloßen Zufalls entzogen, tritt er unter die Herrschaft der Notwendigkeit, der unerschütterlichen Gewißheit. [...]
>
> So mancher ausgezeichnete Geist scheint auch heute noch nicht akzeptieren oder auch nur begreifen zu können, daß allein die Selektion aus störenden Geräuschen das ganze Konzert der belebten Natur hervorgebracht haben könnte. Die Selektion arbeitet nämlich *an* den Produkten des Zufalls, da sie sich aus keiner anderen Quelle speisen kann. Ihr Wirkungsfeld ist ein Bereich strenger Erfordernisse, aus dem jeder Zufall verbannt ist. Ihre meist aufsteigende Richtung, ihre sukzessiven Eroberungen und die geordnete Entfaltung, die sie widerzuspiegeln scheint, hat die Selektion jenen Erfordernissen und nicht dem Zufall abgewonnen. [103]

Experimentell erzeugte Desinformation

Zustände von Desinformation können künstlich herbeigeführt werden und ermöglichen das Studium typischer Verhaltensweisen in solchen Zwangslagen und Konflikten. Das auf Seite 18 erwähnte Ehepaar war an die Situation »Flitterwochen« mit zwei sehr widersprüchlichen Ideen über den Sinn und Zweck dieses gemeinsamen Erlebnisses herangegangen und hatte es daher semantisch ganz verschieden

---

* Die Wahrheit, sagte Saint-Exupéry einmal, wird nicht von uns entdeckt, sondern erschaffen.

interpunktiert. Daraus ergab sich ein Konflikt, der in gegenseitige Anwürfe mündete.

Im Rahmen eines vor Jahren im Mental Research Institute durchgeführten derartigen Experiments fragten wir den Gründer und ersten Direktor unseres Instituts, den Psychiater Don D. Jackson, der ein international bekannter Fachmann auf dem Gebiet der Psychotherapie der Schizophrenien war, ob er es uns erlauben würde, ihn bei einem Erstinterview mit einem paranoiden Patienten zu filmen, dessen Wahnvorstellung hauptsächlich darin bestand, ein klinischer Psychologe zu sein. Dr. Jackson war einverstanden, und unser nächster Schritt war, einen klinischen Psychologen, der sich ebenfalls mit der Psychotherapie von Psychosen befaßte, zu fragen, ob er willens sei, sich in einem Erstinterview mit einem paranoiden Patienten filmen zu lassen, der glaubte, ein Psychiater zu sein. Auch er sagte zu. Wir brachten die beiden dann in einer Art Supertherapiesitzung zusammen, in der beide Doktoren prompt darangingen, die »Wahnvorstellung« des anderen zu behandeln. Für die Zwecke unseres Experiments hätte die Situation kaum perfekter sein können: Dank ihres Zustands von Desinformation verhielten sich beide zwar individuell durchaus richtig und »wirklichkeitsangepaßt« – bloß daß eben dieses richtige und wirklichkeitsangepaßte Verhalten in der Sicht des anderen ein Beweis von Geistesstörung war. Oder anders ausgedrückt: Je normaler sich beide verhielten, desto verrückter schienen sie in den Augen des Partners. – (Leider ging der Versuch nach wenigen Minuten schief, da sich der Psychologe plötzlich daran erinnerte, daß es in Palo Alto tatsächlich einen Psychiater namens Jackson gab, und er verwendete daher die günstige Gelegenheit, seine beruflichen Probleme gratis mit einem wirklichen Fachmann zu erörtern; was Dr. Jackson wiederum in der Annahme bestärkte, daß es sich um einen zwar voll remittierten Patienten, aber eben doch einen Patienten handeln mußte.)

Die Macht der Gruppe

Viel erfolgreicher als unser Versuch waren die berühmten Experimente des Psychologen Asch, der Gruppen von sieben bis neun Studenten Sätze von jeweils zwei Tafeln zeigte. Auf jeder Tafel Nr. 1 war

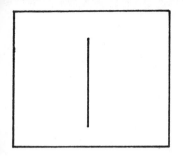 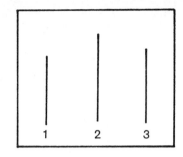

Tafel Nr. 1   Tafel Nr. 2

Abbildung 5

immer eine einzige vertikale Linie, auf den Tafeln Nr. 2 waren jeweils drei senkrechte Linien verschiedener Länge (siehe Abbildung 5 oben). Asch erklärte seinen Versuchspersonen, daß es sich um ein Experiment in visueller Diskrimination handele und daß es ihre Aufgabe sei, diejenige Linie auf Tafel Nr. 2 zu identifizieren, die ebenso lang wie die eine Linie auf Tafel Nr. 1 sei. Asch beschreibt den typischen Verlauf des Versuchs wie folgt:

Das Experiment beginnt ganz normal. Die Versuchspersonen geben ihre Antworten in der Reihenfolge der ihnen zugewiesenen Plätze, und in der ersten Runde geben alle dieselbe Linie an. Ein zweites Tafelpaar wird exponiert, und wiederum ist die Antwort der Gruppe einstimmig. Die Teilnehmer scheinen sich mit der Aussicht auf weitere langweilige Experimente abgefunden zu haben. Beim dritten Versuch kommt es zu einer unerwarteten Störung. Ein Teilnehmer wählt eine Linie, die im Widerspruch zur Wahl der anderen Versuchspersonen steht. Er scheint erstaunt, ja sogar ungläubig über diese Meinungsverschiedenheit. Beim nächsten Durchgang ist er wiederum anderer Meinung, während die Wahl der anderen einstimmig bleibt. Der Dissident ist immer bestürzter und unschlüssiger, da sich die Meinungsverschiedenheit auch in den folgenden Versuchen fortsetzt; er zögert, bevor er seine Antwort gibt, spricht mit leiser Stimme oder zwingt sich zu einem peinlichen Lächeln. [9]

Was er nämlich nicht weiß, ist, daß Asch alle übrigen Studenten vor dem Experiment sorgfältig instruierte, von einem bestimmten Punkt an einstimmig dieselbe *falsche* Antwort zu geben. Er ist somit die einzige wirkliche Versuchsperson und befindet sich in einer höchst ungewöhnlichen und beunruhigenden Lage: Entweder muß er der nonchalant und einstimmig abgegebenen Meinung der anderen widersprechen und ihnen daher in seiner Wirklichkeitsauffassung merkwürdig gestört vorkommen, oder er muß der Evidenz seiner eigenen Wahrnehmungen mißtrauen. Wie unglaublich es auch scheinen mag, verfielen 36,8 % der Versuchspersonen dieser zweiten Alternative und unterwarfen sich dem ihnen selbst so offensichtlich falschen Urteil der Gruppe. [11]

Asch führte dann gewisse Modifikationen in den Verlauf des Versuchs ein und konnte nachweisen, daß das Ausmaß der Opposition, das heißt die Zahl der Personen, die den Antworten der Versuchsperson widersprechen, von ausschlaggebender Bedeutung ist. Wenn es sich nur um ein Mitglied der Gruppe handelte, war die Wirkung fast Null, und die Versuchsperson hatte kaum Schwierigkeiten, ihre unabhängige Urteilsfähigkeit zu bewahren. Sobald die Opposition auf zwei Personen erhöht wurde, stieg die Unterwerfung der Versuchsperson unter die falschen Antworten auf 13,6 % an. Bei drei Opponenten erreichte die Fehlerkurve der Versuchsperson 31,8 % und flachte dann ab, um schließlich das obengenannte Höchstmaß von 36,8 % zu erreichen.

Umgekehrt erwies sich die Gegenwart eines Partners, der dieselbe (richtige) Meinung vertrat, als wirksame Hilfe gegen den Druck der Gruppenmeinung und für die Aufrechterhaltung der eigenen Urteilsfähigkeit. Unter diesen Umständen sanken die unrichtigen Antworten der Versuchsperson auf ein Viertel des obenerwähnten Wertes.

Es ist bekanntlich sehr schwierig, sich die Wirkung eines Erlebnisses vorzustellen, das man selbst noch nie gehabt hat und für das einem daher jede Vergleichsmöglichkeit fehlt – wie etwa ein Erdbeben. Darin liegt auch die Wirkung des Asch-Experiments. Die Versuchspersonen, die nach dem Experiment alle über seine wahre Natur aufgeklärt wurden, berichteten über Gefühlsreaktionen, die die ganze Skala von mäßiger Angst bis zu ausgesprochenen Depersonalisationserlebnissen umfaßten. Selbst jene, die sich nicht der Gruppenmeinung unterwarfen, taten dies fast ohne Ausnahme mit nagenden Zweifeln darüber, ob sie nicht doch vielleicht Unrecht hatten. Eine typische Bemerkung während des Versuchs war: »Ich glaube, recht zu haben, aber mein Verstand sagt mir, daß ich nicht recht haben kann, denn ich kann nicht glauben, daß so viele andere sich irren können und ich allein recht habe« – eine offensichtliche Parallele zum Gerücht von Orléans. Im seltsamen Mikrokosmos des Versuchs verfielen andere Versuchspersonen auf typische Annahmen, mit denen wir alle in wirklichen Lebenssituationen einen Zustand der Desinformation, der das Vertrauen in unsere Wirklichkeitsauffassung bedroht, wegzurationalisieren pflegen. So verschoben manche Versuchspersonen ihre Angst auf die Möglichkeit einer körperlichen Ursache (»Ich befürchtete, daß etwas mit meinen Augen nicht in Ordnung war.«) oder vermuteten besondere Umstände (etwa eine optische Täuschung), während andere schließlich mit einem Übermaß an Mißtrauen reagierten und zum Beispiel annahmen, daß die nach Abschluß des Versuchs gegebene Erklärung selbst Teil des Experiments und daher ihr nicht zu trauen war. Ein Student faßte das Erlebnis der meisten erfolgreichen Versuchspersonen wie folgt zusammen: »Ich habe etwas derartiges noch nie erlebt – das werde ich mein Leben lang nicht vergessen!« [10] – Wie wichtig wäre es, eine Methode zu finden, um einer Höchstzahl von jungen Leuten diese lebenslange Immunisierung gegen alle Formen von Propaganda und Gehirnwäsche zu geben.

Die vielleicht beunruhigendste Schlußfolgerung, die aus dem Versuch gezogen werden muß, ist das offensichtlich tiefsitzende Bedürfnis, in Harmonie zur Gruppe zu stehen, und zwar fast so, wie der Großinquisitor diese Sehnsucht beschreibt. Die Bereitschaft, sich unterzuordnen, die individuelle Urteilsfreiheit und die damit verbundene Verantwortlichkeit für das Linsengericht der konfliktbefreienden Kollektivität zu verschachern, ist jene menschliche Schwäche, die Demagogen und Diktatoren zur Macht bringt.

Darüber hinaus gibt es zwei weitere Schlußfolgerungen, die meines Wissens von Asch nicht gezogen wurden. Erstens gleicht der durch das Experiment erzeugte Zustand von Desinformation in praktisch allen wesentlichen Punkten dem eines sogenannten Schizophrenen im Rahmen seiner Familie – außer daß es einem offensichtlich noch schwerer fällt, die Rolle einer dissidenten Minderheit im Kreise seiner engsten Verwandten zu spielen als in einer Gruppe von Studenten, zu denen man keine näheren Bindungen hat. Fast unweigerlich besteht in diesen Familien der Mythus, daß sie keinerlei Probleme haben und niemand über etwas unglücklich ist, außer über die bedauerlichen Tatsache, daß einer von ihnen geisteskrank ist. Doch schon ein kurzes Gespräch mit der ganzen Familie kann krasse Ungereimtheiten in der Wirklichkeitsauffassung der Familie als ganzes (und nicht nur einzelner Angehöriger) ans Licht bringen; ganz ähnlich, wie im Asch-Experiment (allerdings bewußt und absichtlich) die

Gruppe und nicht die eigentliche Versuchsperson im Unrecht ist. Der Patient, nicht selten das sensibelste und klarsehendste Familienmitglied, lebt auf diese Weise in einer Welt, deren Verschrobenheit ihm dauernd als normal hingestellt wird. Es wäre für ihn eine fast übermenschliche Leistung, diesem Druck erfolgreich zu widerstehen und den Familienmythus bloßzulegen. Und selbst wenn ihm das gelänge, würden seine Angehörigen darin nicht nur einen weiteren Beweis seiner Verrücktheit sehen, sondern er würde damit auch riskieren, von ihnen verworfen zu werden und die einzige Sicherheit zu verlieren, die er im Leben zu haben glaubt. Wie die Versuchsperson im Asch-Experiment ist auch er im Dilemma gefangen, entweder diese Verwerfung auf sich zu nehmen oder den Glauben an die Verläßlichkeit seiner Sinneswahrnehmungen zu opfern – und noch viel wahrscheinlicher als die Versuchsperson wird er die zweite Alternative wählen und »geistesgestört« bleiben.

Die zweite Schlußfolgerung ist die: Wenn man, wie bereits bei der Besprechung interkultureller Probleme (Seiten 17 und 47 f.) erwähnt, der *zwischenpersönlichen* Natur des Experiments keine Aufmerksamkeit schenkte und das Benehmen der Versuchsperson in künstlicher Isolierung beobachtete, so würde es nicht schwerfallen, eine psychiatrische Diagnose für ihre Nervosität, ihre »unbegründete« Angst und krasse Wahrnehmungsstörung zu stellen. Und der Leser glaube nicht, daß diese Überlegungen intellektuelle Spielerei seien. Das Außerachtlassen des zwischenpersönlichen Kontextes, in dem sich ein sogenannter psychiatrischer Zustand manifestiert, ist vielmehr die Grundlage vieler psychiatrischer Diagnosen, die aus der Perspektive des medizinischen Krankheitsmodells, das heißt der Annahme einer Organstörung (des Gehirns oder der Seele), gemacht werden. In dieser monadischen Sicht wird Geistesgestörtheit oder Böswilligkeit zu Eigenschaften *eines* Individuums, das der Behandlung bedarf, und die Behandlung wird damit zu einer Wirklichkeitsverzerrung sui generis.*

---

* Die Literatur über dieses Thema ist bereits unübersehbar. Als Einführung können die in den Hinweisen 13, 40, 80, 84 und 174 genannten Werke dienen.

Herrn Slossenn Boschens Lied

Lange vor Asch hatte sich der englische Humorist Jerome K. Jerome eine ähnliche zwischenpersönliche Situation ausgedacht, in der nicht nur eine Person, sondern auch die Gruppe Opfer eines absichtlich hergestellten Desinformationszustands sind. In seinem Buch »*Drei Mann in einem Boot (vom Hunde ganz zu schweigen)*« beschreibt er, wie zwei Studenten, Gäste einer größeren Abendgesellschaft, einen deutschen Professor namens Slossenn Boschen dazu überreden, ein besonders komisches Lied zu singen. Vor seiner Ankunft haben sie den anderen Gästen bereits erklärt, daß es mit diesem Lied eine ganz eigene Bewandnis hat:

Sie sagten, es sei so zum Lachen, daß, als Herr Slossenn Boschen es einmal vor dem deutschen Kaiser sang, er (der deutsche Kaiser) ins Bett getragen werden mußte. Sie sagten, niemand könne es so wie Herr Slossenn Boschen singen; er bliebe die ganze Zeit so todernst, daß man glauben würde, er rezitiere eine Tragödie, und das mache die Sache natürlich noch viel lustiger. Sie sagten, daß er auch nicht ein einziges Mal durch seinen Ton oder sein Gebaren erkennen ließ, daß er etwas Lustiges sang – denn das würde den Spaß verderben. Es sei sein ernstes, fast pathetisches Gehabe, das das Ganze so unwiderstehlich amüsant mache.

Herr Slossenn Boschen kommt, setzt sich ans Klavier, und die beiden jungen Leute stellen sich unauffällig hinter seinem Rücken auf. Er beginnt zu singen, und die Ereignisse nehmen ihren Lauf:

Ich verstehe kein Deutsch. [...] Trotzdem wollte ich aber nicht, daß die anderen Gäste meine Ignoranz bemerkten; und so kam mir eine Idee, die mir recht gut schien. Ich hielt die beiden jungen Studenten im Auge und folgte ihnen. Wenn sie kicherten, kicherte ich auch; wenn sie vor Lachen brüllten, brüllte ich auch; und hier und da warf ich von selbst ein kleines Kichern ein, als hätte ich etwas Humorvolles entdeckt, das den andern entgangen war. Dies hielt ich für besonders geschickt.

Im Verlauf des Lieds bemerkte ich, daß andere Leute, genau wie ich, die beiden jungen Männer im Auge zu halten schienen. Diese anderen Leute kicherten ebenfalls, wenn die jungen Männer kicherten, und brüllten vor Lachen, wenn die jungen Männer brüllten; und da die beiden jungen Männer fast während des ganzen Liedes kicherten und brüllten und sich fast totlachten, ging alles bestens.

Doch der Professor scheint unzufrieden zu sein. Zuerst gibt er sich über das Gelächter überrascht, dann beginnt er, wütend um sich zu blicken, und in der letzten Strophe überbietet er sich selbst mit einem Ausdruck solchen Ingrimms, daß die Zuhörer sehr nervös geworden wären, hätten die beiden Studenten sie nicht vorher darauf vorbereitet, daß dies das Besondere an seinem komischen Lied war. Und so endet der Professor unter dem wiehernden Gelächter der Gäste.

Dann aber stand Herr Slossenn Boschen auf und legte los. Er verfluchte uns auf deutsch (das mir eine dafür besonders geeignete Sprache zu sein scheint), und er tanzte und fuchtelte mit seinen Fäusten und nannte uns das ganze Englisch, das er wußte. Er sagte, daß er Zeit seines Lebens noch nicht so beleidigt worden war.
Es stellte sich heraus, daß das Lied gar kein komisches Lied war. Es handelte von einem jungen Mädchen, das im Harz lebte und das sein Leben für die Seele seines Geliebten geopfert hatte; und er starb und traf ihren Geist in den Lüften; und dann, in der letzten Strophe, ließ er ihren Geist sitzen und machte sich mit einem anderen Geist davon – mir sind die Einzelheiten nicht ganz klar, aber ich weiß, es war sehr traurig. Herr Boschen sagte, daß er es einmal vor dem deutschen Kaiser gesungen habe, und er (der deutsche Kaiser) habe geschluchzt wie ein Kind. Er (Herr Boschen) sagte, es gelte allgemein für eines der tragischsten und pathetischsten Lieder in deutscher Sprache.

Die Gäste sehen sich nach den beiden Studenten um, die die ganze Affäre einbrockten; diese aber scheinen sich gleich nach Ende des Lieds unauffällig empfohlen zu haben. (Vermutlich reisen sie nach Albanien ab, um sich von jenem Dolmetscher einige weitere gute Ideen geben zu lassen...)

Candid Camera

Ähnliche Situationen liefern das Material für Allan Funts Fernsehserie »*Candid Camera*« und seine Filme. Sie alle beruhen auf raffiniert herbeigeführten, ungewöhnlichen gesellschaftlichen Situationen und unwahrscheinlichen Ereignissen, die ohne Wissen der Betreffenden gefilmt werden, so daß ihre Reaktionen völlig spontan sind. In Funts Film »*What do you say to a naked lady?*« kommt zum Beispiel eine Szene vor, in der sich eine Lifttür öffnet und eine junge Dame herauskommt, die nur Schuhe, einen Hut, eine strategisch plazierte Handtasche und auf ihren Lippen ein Lächeln trägt. Als wäre es die selbstverständlichste Sache der Welt, wendet sie sich an den Mann, der gerade auf den Aufzug wartet, und fragt ihn nach einem bestimmten Büro. Der Film zeigt diese Szene mehrmals mit verschiedenen nichtsahnenden Männern, wobei sich die komischsten Reaktionen ergeben: Nach Bewältigung der ersten Überraschung benehmen sich einige Leute, als handle es sich um Hans Christian Andersens Geschichte von des Kaisers neuen Kleidern, und beantworten höflich ihre Frage, als ob alles sonst in bester Ordnung wäre; ein Mann ist entsetzt und versucht besorgt, seinen Regenmantel um sie zu wickeln; und nur einer bezieht sich direkt auf die nackten Tatsachen, indem er trocken bemerkt: »Wirklich ein hübsches Kleid, das Sie da tragen.«

Doch selbst hier ist die Trennungslinie zwischen Witz und Schrecken sehr fein, besonders wenn jemand nicht Funts Umsicht und seinen Sinn für Humor hat. In einer europäischen Fernsehserie, in der »*Candid Camera*« nachgeahmt wird, stellt eine nichts Böses ahnende Dame ihren Wagen korrekt auf einem Parkplatz ab, der von zwei Tragsäulen des Parkhauses flankiert ist. Sobald sie außer Sicht ist, kommt das Aufnahmeteam mit einem Gabelheber, dreht den Wagen um 90 Grad herum und stellt ihn so zwischen die beiden Säulen hin, daß vorne und hinten nur wenige Zentimeter Raum bleiben (Abbildung 6 auf Seite 100). Die Dame kommt zurück und kann ihren Augen nicht glauben – sie kann nicht nur nicht wegfahren, sondern die unvorstellbare Unmöglichkeit der Situation jagt ihr sichtlich Schrecken ein. Sie rennt um Hilfe, und bevor sie mit dem skeptischen Parkwächter zurückkehrt, kommt der Gabelheber wieder und dreht den Wagen in seine ursprüngliche Stellung zurück. Die Dame muß nun nicht nur an ihrem Geisteszustand zweifeln, sondern sich auch peinlichst blamiert fühlen, da ja alles in bester Ordnung zu sein scheint.

Die Ausbildung von Regeln

Die schwere Angst, mit der selbst verhältnismäßig unbedeutende Desinformationssituationen besetzt sein können, beweist, wie notwendig es ist, eine Ordnung im Laufe der Dinge zu sehen, oder – was letzten Endes auf dasselbe hinausläuft – eine Ordnung in die Ereignisse einzuführen, das heißt zu interpunktieren. Es erhebt sich nun die Frage, wie Menschen sich in einer Situation verhalten, die für sie so ungewöhnlich und neuartig ist, daß frühere Erfahrung keinen Schlüssel zu ihrer Bewältigung bietet; eine Situation, in anderen Worten, für die nicht bereits ein Interpunktionsschema vorliegt.

Beginnen wir mit einem einfachen Beispiel: Ein Junge hat sein erstes Rendezvous mit einem Mädchen, und sie verspätet sich um zwanzig

Minuten. Lassen wir die (sehr plauisble) Möglichkeit unberücksichtigt, daß er bereits eine Regel über Pünktlichkeit in seinem Kopf herumträgt – etwa, daß sie die Höflichkeit der Könige ist, daß Frauen nie pünktlich sind oder irgendeine andere Annahme. Stellen wir uns vielmehr vor, daß die Neuartigkeit der Situation, zusammen mit dem Glauben, daß Mädchen engelhafte Wesen sind, ihn in jeder ihrer Verhaltensweisen ein Gesetz des Himmels vermuten läßt und er daher ihre Verspätung mit keinem Wort erwähnt.

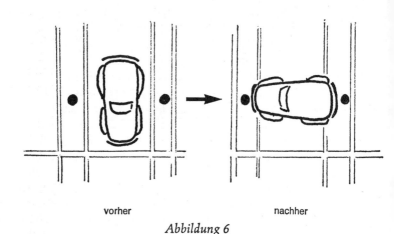

vorher   nachher

Abbildung 6

Mit dieser Nichterwähnung aber bildet sich die erste Regel ihrer Beziehung heraus.* Sie hat nun sozusagen das Recht, auch zu den künftigen Rendezvous zu spät zu kommen, und er hat »kein Recht«, sie deswegen zu kritisieren. Täte er dies, so könnte sie die berechtigte Frage stellen: »Wieso beschwerst du dich heute plötzlich darüber?«

Was dieses triviale Beispiel veranschaulichen soll, ist, daß es genauso unmöglich ist, einen Ereignisablauf nicht zu interpunktieren wie eine vollkommen regellose Zahlenreihe herzustellen. In beiden Fällen tau-

---

* Selbstverständlich hätte sich eine Regel auch herausgebildet, wenn er sich über ihre Verspätung beschwert hätte.

chen Regeln und Gesetzmäßigkeiten auf, und besonders in zwischenmenschlichen Beziehungen verringert jeder Austausch von Verhalten die Zahl der bis dahin offenen Möglichkeiten.* In der Forschung spricht man hier von der einschränkenden Wirkung aller Kommunikation [178]. Dies bedeutet, daß selbst dann, wenn ein bestimmtes Verhalten nicht ausdrücklich erwähnt, geschweige denn vom Partner ausdrücklich gutgeheißen wird, die bloße Tatsache seines Eintretens einen Präzedenzfall schafft und damit eine Regel herbeiführt. Das Brechen solcher schweigender Regeln gilt als unannehmbares oder zumindest unrichtiges Verhalten, obwohl die Regel als solche unter Umständen beiden Partnern ganz außerbewußt sein mag. Das eben Gesagte gilt übrigens für die Festlegung von Revieren in der Tierwelt genau wie für internationale Beziehungen.

Ein gutes Beispiel liefern Spione, deren Existenz und Aktivitäten weder von ihrem eigenen Lande zugegeben noch vom »Gastlande« offiziell gebilligt werden. Seit langem aber hat sich im Spionagewesen eine merkwürdige Praxis herausgebildet: Beide Länder dulden stillschweigend die Anwesenheit einer bestimmten Zahl sozusagen »offizieller« Agenten auf ihrem Staatsgebiet, und es hat sich eingebürgert, sie mit diplomatischer Diskretion als Militär-, Handels-, Presse- oder Kulturattachés zu tarnen. Und getreu dem Grundsatz »Haust du meinen Spion, hau ich deinen Spion« pflegen Länder jede gegen einen ihrer offiziellen Spione ergriffene Maßnahme sofort mit einer ähnlichen Maßnahme zu vergelten. Zusätzlich zu diesen Agenten gibt es aber meist eine große Zahl anderer, »inoffizieller«, die nicht unter diese stillschweigende Vereinbarung fallen und die im Falle ihrer Entdeckung ohne Furcht vor Vergeltung recht herzlos behandelt werden können.

Ganz ähnlich verhält es sich mit der gegenseitigen elektronischen Überwachung der Supermächte. Je näher die für diesen Zweck ausgerüsteten Schiffe und Flugzeuge an das Staatsgebiet der anderen Nation herankommen können, desto besser werden die Ergebnisse der Überwachung und Aufklärung sein. Wie nahe ist aber zu nahe – besondern in einer Welt, in der die Frage der Hoheitsgrenzen ein di-

---

* Daher die Absurdität der modernen, sogenannten »freien« Ehen, in denen beide Partner theoretisch und angeblich frei sind, unabhängig vom andern eigene Wege zu gehen.

plomatischer Zankapfel ist? Eine Reihe von Zwischenfällen in den Tagen des Kalten Krieges legt die Vermutung nahe, daß auch hier *ein* Ereignis genügte, um eine stillschweigende Regel aufzustellen. Wurde zum Beispiel ein Überwachungsflugzeug bei seinem *ersten* Anflug auf ein bestimmtes Gebiet abgeschossen, so hängte das Ursprungsland dieses Flugzeugs den Zwischenfall nicht an die große Glocke. Erfolgte der Abschuß aber beim *zweiten* Flug über das gleiche Gebiet, so konnte dies zu einer sehr ernsten diplomatischen Krise führen. (Die Aufbringung des nordamerikanischen Spionageschiffs *Pueblo* dürfte ein Zwischenfall dieser Art gewesen sein.)

Thomas Schelling, Professor an der Harvard-Universität, beschreibt dieses Interaktionsmuster aus der Zeit des Kalten Krieges wie folgt:

Wir scheinen ein Einverständnis über eine Art Verkehrsordnung für Bomberpatrouillen zu besitzen; anscheinend gibt es gewisse Grenzlinien, die wir nicht überfliegen, Grenzen, die die Russen vermutlich als solche erkannt haben und deren eventuelles Überfliegen sie vermutlich bis zu einem gewissen Grade überwachen können. Es handelt sich hier zweifellos um eine Zurückhaltung, die wir uns einseitig im Interesse der Vermeidung von Mißverständnissen und Alarmen auferlegt haben. Soweit mir bekannt ist, werden diese Verkehrsregeln nicht offen kommuniziert, sondern vielmehr durch damit im Einklang (vielleicht sogar *auffällig damit im Einklang*) stehendes Verhalten; möglicherweise auch dadurch, daß diese Grenzlinien so gewählt werden, daß ihre Bedeutung erkennbar ist. [...] *Es ist zu bezweifeln, daß dieses stillschweigende Übereinkommen durch ein schriftliches Abkommen wesentlich bindender gemacht werden könnte.* [158] (Kursiv vom Verf.)

Wo Einflußsphären hinlänglich klar umrissen und ihre Grenzen daher anerkannt sind, herrscht meist Ruhe – und sei es auch nur die Ruhe, die durch politische Unterdrückung auf einer Seite der Grenze gewährleistet wird. Wo das noch nicht der Fall ist, ist die Lage meist gefährlich unstabil und explosiv, wofür Südostasien und der Mittlere Osten Beispiele sind. In solchen Gebieten verwenden die Kontrahenten meist die von Hitler als Salamitaktik bezeichnete Methode, die bekanntlich darin besteht, vollendete Tatsache an vollendete Tatsache zu reihen, jedoch immer dafür zu sorgen, daß keine einzelne dieser Maßnahmen für sich genommen so schwerwiegend ist, daß der Gegner ihretwegen bereit wäre, zum Äußersten zu schreiten.

Interdependenz

> Du sagst, du gehest nach Fez.
> Wenn du aber sagst, du gehest nach Fez, so bedeutet das, daß du nicht hingehst. Ich weiß aber, daß du wirklich nach Fez gehst.
> Warum belügst du mich, deinen Freund?
> *Marokkanisches Sprichwort*

Die im vorhergehenden Abschnitt angeführten Beispiele leiten zu einem weiteren wichtigen Element menschlicher Interaktion über: dem Begriff der Interdependenz. Jedermann weiß, was es bedeutet, wenn ein Ding von einem anderen abhängt. Wenn aber dieses andere, zweite Ding im selben Maße vom ersten abhängt, so daß also beide sich gegenseitig beeinflussen, so nennt man diese Beziehungsform interdependent. Dieses Muster liegt den vorangegangenen Beispielen zugrunde: das Verhalten jedes Partners bedingt das des anderen und ist seinerseits von dem des anderen bedingt.

Das Gefangenendilemma

Das Wesen der Interdependenz läßt sich vielleicht am besten anhand des spieltheoretischen Modells des Gefangenendilemmas* einführen, und das Gefangenendilemma selbst in seiner ursprünglichen Form. Demnach hält ein Staatsanwalt zwei Männer in Untersuchungshaft, die des Raubs verdächtigt sind. Die gegen die beiden vorliegenden Indizien reichen aber nicht aus, um den Fall vor Gericht zu bringen. Er läßt sich die beiden Gefangenen vorführen und teilt ihnen unverblümt mit, daß er zu ihrer Anklage ein Geständnis brauche. Ferner erklärt er ihnen, daß er sie dann, wenn beide den Raubüberfall leugnen, nur wegen illegalen Waffenbesitzes zur Anklage bringen kann und daß sie dafür schlimmstenfalls zu je sechs Monaten Gefängnis verurteilt werden könnten. Gestehen beide aber die Tat ein, so werde er dafür sorgen, daß sie nur das Mindestmaß für Raub, nämlich

---

* Der Name wurde ihm von Mathematikprofessor Albert W. Tucker in Princeton gegeben.

zwei Jahre Gefängnis, bekommen. Wenn aber nur einer ein Geständnis ablegt, der andere aber weiterhin die Tat leugnet, würde der Geständige damit zum Kronzeugen und ginge frei aus, während der andere das Höchststrafmaß, nämlich zwanzig Jahre, erhalten würde. Ohne ihnen die Möglichkeit einer Aussprache zu geben, schickt er die Gefangenen in getrennte Zellen zurück und macht damit jede Kommunikation zwischen ihnen unmöglich.

Was können die beiden unter diesen ungewöhnlichen Umständen tun? Die Antwort scheint einfach: Da ein halbes Jahr Gefängnis bei weitem zwei, geschweige denn zwanzig Jahren vorzuziehen ist, schneiden beide am besten ab, wenn sie die Tat leugnen. Doch kaum sind sie in der Einsamkeit ihrer Zellen zu dieser Einsicht gekommen, stellt sich bereits der erste Zweifel ein: »Was aber, wenn der andere, der sich unschwer vorstellen kann, daß ich zu diesem Entschluß gekommen bin, die Situation ausnützt und die Tat gesteht? Er wird dann freigelassen – und das ist letzthin für ihn entscheidend –, während ich nicht sechs Monate, sondern zwanzig Jahre bekomme. Es hat also keinen Sinn, zu leugnen; ich bin besser dran, wenn ich gestehe, denn wenn er nicht gesteht, bin *ich* derjenige, der freigelassen wird.« Doch auch diese Überlegung ist von kurzer Dauer, und eine neue Einsicht drängt sich auf: »Wenn ich aber gestehe, so enttäusche ich nicht nur sein Vertrauen, daß ich vertrauenswürdig genug bin, um die für uns *beide* vorteilhafteste Entscheidung zu treffen (nämlich nicht zu gestehen und daher mit sechs Monaten davonzukommen), sondern ich laufe Gefahr, daß ich, wenn er genauso egoistisch und unzuverlässig ist wie ich selbst und daher aus derselben Überlegung heraus gesteht, zu zwei Jahren verurteilt werde, was viel schlimmer wäre als die sechs Monate, die wir bekämen, wenn wir beide leugneten.«

Dies ist ihr Dilemma, und es hat keine Lösung. Denn selbst wenn die Gefangenen es fertigbrächten, irgendwie miteinander zu kommunizieren und eine gemeinsame Entscheidung zu vereinbaren, würde ihr Schicksal trotzdem von der Frage abhängen, ob sie es ihrem Komplizen zutrauen können, sich im entscheidenden Moment der Gerichtsverhandlung an diese Vereinbarung zu halten. Da sie dies aber auf keinen Fall mit Sicherheit annehmen können, beginnt der obenerwähnte Teufelskreis ihrer Überlegungen an diesem Punkte von neuem. Und bei längerem Nachdenken werden beide begreifen, daß die Vertrauenswürdigkeit ihres Komplizen weitgehend davon abhängt, wie vertrauenswürdig sie selbst dem anderen erscheinen, und dies wiederum hängt davon ab, wieviel Vertrauen jeder seinerseits dem andern zu schenken bereit ist – und so fort in unendlichem Regreß. Über dieses merkwürdige Interaktionsmuster gibt es bereits eine umfangreiche Literatur, doch das wichtigste Werk dürfte immer noch Rapoport und Chammahs Buch »*Prisoner's Dilemma; A Study in Conflict and Cooperation*« sein [139]. Ebenfalls von Rapoport stammt eine ausgezeichnete, sehr präzise Übersicht über das Wesen des Gefangenendilemmas, seine Bedeutung für die in Entscheidungsverfahren schwer zu fassenden Begriffe von Vertrauen und Solidarität und über seine Bedeutung für das moderne mathematische Weltbild [140].

In seiner einfachsten Form läßt sich das Gefangenendilemma als vierzellige Matrix darstellen, die auf der Annahme beruht, daß zwei Partner, A und B, je zwei Alternativen haben, nämlich a_1 und a_2 für

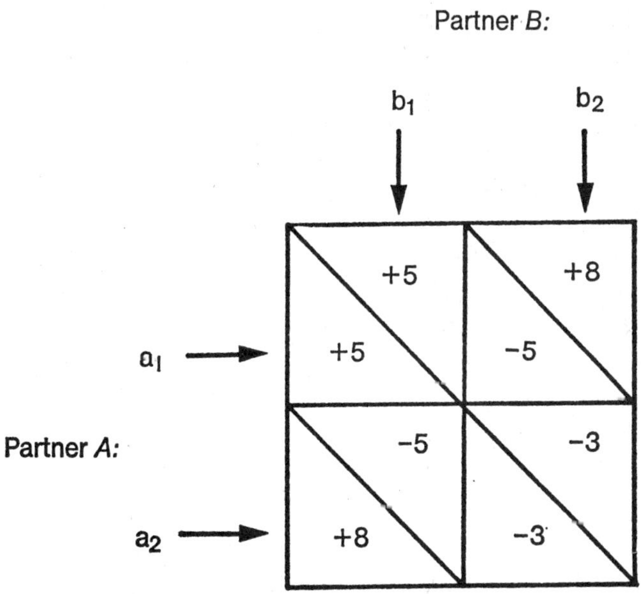

Abbildung 7

A, und b_1 und b_2 für B. Abbildung 7 auf Seite 105 stellt eine solche Matrix dar und bedeutet einfach folgendes: Wenn A a_1 und B b_1 wählt, so gewinnen beide je fünf Punkte. Wenn B aber b_2 wählt und A bei Alternative a_1 bleibt, verliert A fünf Punkte und B gewinnt acht. Das Umgekehrte ist der Fall, wenn sie a_2 und b_1 wählen. Wenn ihre Entscheidung dagegen a_2/b_2 ist, verlieren beide je drei Punkte. Wie in der Geschichte vom Staatsanwalt und den beiden Räubern sind diese Resultate beiden Spielern bekannt. Da aber auch sie ihre Wahl gleichzeitig und ohne die Möglichkeit einer Absprache treffen müssen, spiegelt dieses einfache mathematische Modell das Wesen und die Auswegslosigkeit des Gefangenendilemmas wider, wovon sich der Leser leicht dadurch überzeugen kann, daß er es mit einer anderen Person – vorzugsweise aber nicht mit einem Freund – spielt.

Menschliche Situationen, die die Struktur des Gefangenendilemmas haben, sind häufiger, als man annehmen möchte. Sie treten überall dort auf, wo Menschen sich in einem Zustand der Desinformation befinden, weil sie eine gemeinsame Entscheidung treffen *müssen*, sie andererseits aber nicht treffen *können*, da ihnen die Möglichkeit direkter Kommunikation (und damit der Vereinbarung des bestmöglichen Vorgehens) fehlt. Wie erwähnt sind dafür in der Urfassung des Gefangenendilemmas zwei Gründe verantwortlich: Mangel an gegenseitigem Vertrauen und die physische Unmöglichkeit, zu kommunizieren. In wirklichen Lebenslagen kann bereits das Fehlen eines dieser Faktoren das Dilemma herbeiführen. Hierzu einige Beispiele:

In menschlichen Beziehungen, zum Beispiel in Ehen, sind die rein praktischen Voraussetzungen von Kommunikation meist gegeben. Dennoch aber können die Partner in einem chronischen Gefangenendilemma leben, wenn sie es nicht über sich bringen, dem anderen genügend zu vertrauen, um die Entscheidung zu treffen, die zwar für sie *beide* die günstigste wäre, sie aber der Gefahr eines Vertrauensbruchs des Partners hilflos ausliefert. Im Sinne der Matrix in Abbildung 7 ist es ihnen zwar klar, daß die beste Wahl a_1/b_1 wäre, da sie den größten gemeinsamen Gewinn garantiert. Eben aber diese Entscheidung kann nur auf der Basis gegenseitigen Vertrauens erreicht werden; wenn dieses Vertrauen fehlt, ist die rationalste, »sicherste« Entscheidung a_2/b_2, die beide zu chronischen Verlierern macht.

Abrüstungskonferenzen, von den Tagen des Völkerbunds bis in die jüngste Gegenwart, kranken an demselben Problem; nur daß die Entwicklung der Kernwaffen das Dilemma noch viel akuter gemacht hat. Wenn man diese mastodontischen Verhandlungen mitverfolgt, erweist es sich, daß allen daran beteiligten Staaten als wünschenswertes Ergebnis weitgehende, wenn nicht vollkommene Abrüstung vorschwebt und insofern also Einstimmigkeit herrscht, daß dieses Ziel aber nur auf der Grundlage gegenseitigen Vertrauens erreicht werden kann. Doch Vertrauen ist etwas schwer Faßbares; es läßt sich nicht absichtlich herbeiführen, vor allem nicht mit Drohungen, und es läßt sich auch nicht im Text eines Abkommens so konkret ausdrücken, wie man zum Beispiel die Zahl von atomangetriebenen Unterseebooten festlegen oder die technischen Einzelheiten eines ballistischen Abwehrsystems definieren kann. Ein großer Teil dieser endlosen Verhandlungen wird also im Versuch vergeudet, den Begriff des Vertrauens in eine Sprache zu übersetzen, die keine Ausdrucksmöglichkeit dafür hat. In der Zwischenzeit aber lebt die Menschheit unter der Gefahr nuklearer Ausrottung, und die einzige Alternative (die gemeinsame Entscheidung a_1/b_1 in unserer Matrix) ist aus mangelndem Vertrauen unmöglich. Auf diese Weise drehen sich die Abrüstungsverhandlungen müde im Teufelskreis der restlichen drei Möglichkeiten des Gefangenendilemmas.

Werden Nationen jemals den wenigstens beschränkten Grad des Vertrauens aufbringen, zu dem Individuen in ähnlichen Lagen gelegentlich fähig sind und der es ihnen ermöglicht, der Hybris reiner Rationalität zu entkommen? Wer weiß – doch es besteht ein Hoffnungsschimmer, vielleicht nicht mehr als ein Anzeichen dafür, was potentiell erreichbar wäre: Im Verlauf der Nixon-Breschnew-Gespräche im Juni 1974 teilte die amerikanische Regierung mit, daß sie nicht beabsichtige, den ihr auf Grund des Lenkwaffenabkommens vom Jahre 1972 zustehenden zweiten ballistischen Abwehrring zu bauen. Diese einseitige, an keine Gegenleistung der anderen Seite geknüpfte – und daher »irrationale« – Entscheidung schien den Sowjets ein Vertrauensbeweis zu sein, der es ihnen ermöglichte, ihrerseits ebenfalls auf den Bau ihres zweiten Abwehrrings zu verzichten – ein Ergebnis, das von der Weltpresse nicht zu Unrecht ein historischer Wendepunkt in den Beziehungen der beiden Mächte genannt wurde. Er wurde aber erst möglich, nachdem eine Seite die Sprache der reinen Rationalität aufgegeben und sich an eine Metalösung gewagt hatte, die auf Vertrauen beruhte und all die Gefahren in Kauf nahm, die Vertrauen mit sich bringt und es daher so »unvernünftig« macht.

In diesem Zusammenhang ist abschließend noch ein wichtiger Beitrag zur Problematik des Gefangenendilemmas zu erwähnen. Wenn ich im vorhergehenden darauf verwies, daß seine Paradoxie keine Lösung hat, so trifft dies, strenggenommen, nur für die Situation zwischen dem Staatsanwalt und seinen beiden Gefangenen, das heißt der vierzelligen Matrix, zu. Der Mathematiker und Spieltheoretiker Nigel Howard hat bereits vor zehn Jahren eine sogenannte Theorie der Metaspiele entwickelt und mit ihrer Hilfe nachgewiesen, daß es eine Lösung des Dilemmas auf höherer (Meta-)Ebene gibt. Die Komplexität seines Beweises würde den Rahmen dieses Buchs überschreiten, und ich muß mich daher auf die Angabe der Quelle [74] und den Hinweis beschränken, daß ihre Bedeutung für die mathematische Logik *und* für das Verständnis menschlicher Probleme kaum überschätzt werden kann, da sie der Einführung einer übergeordneten Wirklichkeit gleichkommt. In seinem bereits erwähnten Referat umreißt Rapoport ihre Bedeutung wie folgt:

> Um intuitiv verständlich und annehmbar zu sein, muß die formale [Howards] Lösung des Gefangenendilemmas in einen gesellschaftlichen Kontext eingekleidet werden. Wenn dies gelingt, wird das Gefangenendilemma einen Platz im Museum der berühmten ex-Paradoxien verdienen, in dem die inkommensurablen Größen, Achilles und die Schildkröte, und die Barbiere, die zu entscheiden versuchen, ob sie sich selbst rasieren sollen, aufbewahrt sind. [140]

Es muß den Spieltheoretikern überlassen bleiben, zu entscheiden, ob der obenerwähnte Fortschritt im Lenkwaffenabkommen nicht vielleicht die erste Übersetzung von Howards Lösung in einen gesellschaftlichen Kontext darstellt.

Was ich denke, daß er denkt, daß ich denke ...

Das zweitwichtigste Merkmal jedes Gefangenendilemmas ist, wie erwähnt, die physische Unmöglichkeit, über die bestmögliche gemeinsame Entscheidung zu kommunizieren. Andererseits aber muß eine gemeinsame Entscheidung getroffen werden – was also ist zu tun? Die Antwort ist nicht einfach, und wie so oft bei der Lösung schwie-

riger Probleme ist es besser, die Frage umzudrehen: Was darf *nicht* getan werden?
Offensichtlich darf mein Beitrag zu einer interdependenten Entscheidung nicht darauf beruhen, was ich aus rein persönlichen Gründen vorziehe und daher für die beste Lösung halte. Ich muß meine Entscheidung vielmehr auf der Basis meiner bestmöglichen Annahme darüber treffen, was der andere für die beste Lösung hält. Und wie im Falle der beiden Gefangenen wird auch seine Entscheidung weitgehend davon bestimmt sein, was *er* glaubt, daß *ich* für die beste Entscheidung halte. Alle interdependenten Entscheidungen, in denen offene und freie Kommunikation aus irgendwelchen Gründen unmöglich ist, beruhen auf diesem theoretisch unendlichen Regreß dessen, was ich denke, daß er denkt, daß ich denke, ... usw. Schelling, der dieses interessante Interaktionsmuster sehr eingehend behandelt hat, gibt folgendes Beispiel:

Wenn ein Mann seine Frau in einem Kaufhaus aus den Augen verliert und die beiden keine vorgängige Vereinbarung darüber haben, wo sie in diesem Fall aufeinander warten werden, sind ihre Chancen, sich wiederzufinden, trotzdem gut. Aller Wahrscheinlichkeit nach werden beide an einen Treffpunkt denken, der so augenfällig ist, daß beide sicher sind, daß der andere sicher ist, daß dieser Treffpunkt für *beide* augenfällig ist. Man stellt sich nicht einfach vor, wohin der andere gehen wird, denn der andere wird dorthin gehen, wovon er sich vorstellt, daß man selbst hingehen wird, und so ad infinitum. Also nicht »Was würde ich an ihrer Stelle tun?«, sondern »Was würde ich tun, wenn ich an ihrer Stelle wäre und mich fragen würde, was sie tun würde, wenn sie an meiner Stelle wäre und sich fragen würde, was ich an ihrer Stelle tun würde...?« [155]

Dieses Beispiel zeigt bereits, daß eine interdependente Entscheidung (in Abwesenheit direkter Kommunikation) nur dann Aussicht auf Erfolg hat, wenn sie auf der Basis einer von beiden Partnern geteilten Wirklichkeitsauffassung beruht; einer gemeinsamen Annahme über die Situation oder auf etwas, das durch seine Augenfälligkeit, seine physische oder bedeutungsmäßige Prominenz oder irgendeine andere, ausschließliche Eigenschaft alle anderen möglichen Anhaltspunkte der betreffenden Situation übertrifft. Schelling erwähnt die Möglichkeit, daß die beiden rein aus Spaß zum Fundbüro gehen könnten; doch werden sie sich dort schwerlich wiederfinden, wenn nicht beide denselben Sinn für Humor haben. Ein anderes Beispiel wäre folgendes: Zwei mit einer wichtigen Aufgabe betraute Geheimagenten müssen sich treffen, wissen aber aus irgendwelchen Gründen nur den Platz, nicht aber die Zeit ihres Treffens. Angenommen, daß es für sie viel zu auffällig wäre, sich während der nächsten vierundzwanzig Stunden dauernd an jenem Ort aufzuhalten, wie können sie sich trotzdem treffen? Beide werden sich fragen müssen: »Was ist seines Erachtens meines Erachtens seines Erachtens (... usw.) der logischste Zeitpunkt, ihn zu treffen?« In diesem Fall ist die Antwort verhältnismäßig einfach. Im Laufe von vierundzwanzig Stunden gibt es nur zwei Zeitpunkte, die sich auffällig von allen anderen abheben: 12 Uhr mittags und 12 Uhr nachts. Es wäre vollkommen sinn- und zwecklos, anzunehmen, der andere würde zu irgendeiner anderen Stunde daherkommen, die einem selbst aus irgendwelchen persönlichen Gründen plausibel erscheint – es sei denn, der andere wüßte von dieser persönlichen Präferenz und zöge sie daher in Betracht. Wenn wir außerdem annehmen, daß auch der Treffpunkt nicht vorausbestimmt und beiden bekannt ist, erschwert sich das Treffen der Agenten sehr, ist aber dennoch nicht unmöglich. Selbst in einer Großstadt, besonders aber in einer kleinen oder auf offenem Lande gibt es immer gewisse Punkte, die sich auf Grund ihrer Wichtigkeit, Offensichtlichkeit, Größe oder sonstigen Prominenz als buchstäblich hervorstechendster Treffpunkt anbieten: der Hauptbahnhof, eine wichtige Brücke, das höchste Gebäude, der Hauptplatz wären solche Treffpunkte. Auch hier dürfen die Agenten nicht der naiven Versuchung anheimfallen, an einem Platz zu warten, der ihnen aus *persönlichen*, idiosynkratischen Gründen als der beste vorkommt. Wenn solche persönlichen Gründe und Präferenzen dem Partner nicht bekannt sind, sind sie nicht nur unmaßgeblich, sondern verunmöglichen das Treffen.

Dieses für eine erfolgreiche interdependente Entscheidung ausschlaggebende Element der Prominenz ist oft nicht leicht zu identifizieren, wie das folgende, von Schelling [156] erwähnte Experiment beweist: Einer Gruppe von Versuchspersonen wird die Aufgabe gestellt, sich ohne Absprache, also individuell, für eine der sechs Zahlen

$$7, 100, 13, 99, 261, 555$$

zu entscheiden. Wählen alle dieselbe Zahl, so gewinnen sie alle eine größere Geldsumme.

Welche dieser Zahlen zeichnet sich gegenüber den anderen fünf genügend aus und ist daher die logische Wahl für die notwendige einstimmige Entscheidung? Es sollte allen Teilnehmern von vornherein klar sein (ist es aber meist nicht), daß irgendeine persönliche Bedeutung dieser Zahlen unmöglich die Grundlage der gemeinsamen Entscheidung sein kann. Für manche Menschen haben 7 und 13 abergläubische Bedeutung (doch besteht nicht einmal Einstimmigkeit darüber, ob diese Bedeutung positiv oder negativ ist). Die Zahl 100 scheint sich den Intellektuelleren als das Quadrat von 10 anzubieten, andere Versuchspersonen dagegen finden 555 symmetrischer und daher »angenehmer« als 100 – und dies sind nur einige der vielen möglichen Pseudogründe für die Wahl einer bestimmten Zahl. Welche also ist die »wirklich« prominente? Viele Leser werden es wahrscheinlich bestreiten, aber von den sechs erwähnten Zahlen ist nur eine unleugbar prominent – allerdings *negativ* prominent – nämlich 261. Diese Zahl ist die einzige, an die sich kein Aberglauben, keine landläufige Symbolbedeutung oder Rationalisierung knüpft; sie ist die einzige »bedeutungslose« der sechs Zahlen*, und eben dieses Fehlen von Bedeutung verleiht ihr ihre Prominenz. Wenn der Leser dieser Erklärung zustimmen kann, wird er zugeben, daß interdependente Entscheidungen sehr schwierig sein können und scharfes Denken über Denken voraussetzen.

Drohungen

> Im Namen der Toleranz sollten wir daher das Recht beanspruchen, die Intoleranz nicht zu tolerieren.
> Karl Popper**.

Besehen wir uns als nächstes folgende spieltheoretische Matrix (Abbildung 8 auf der folgenden Seite):
Wenn die Spieler wie bisher ihre Entscheidungen gleichzeitig und ohne die Möglichkeit einer Vereinbarung treffen müssen, hat B mit der Wahl von b_1 ein leichtes Spiel, denn, vorausgesetzt daß A ein rationaler Spieler und daher auf seinen bestmöglichen Gewinn bedacht ist, wird er sicherlich a_1 wählen (a_2 gäbe ihm ja Null). Die Lage ändert

---

* Es sei denn, sie ist Teil der Adresse oder Telefonnummer einer Versuchsperson; ein Umstand, der ihr aber schwerlich allgemeine Bedeutung verleihen würde.
** Zitat aus Karl Popper: *Die offene Gesellschaft und ihre Feinde*.

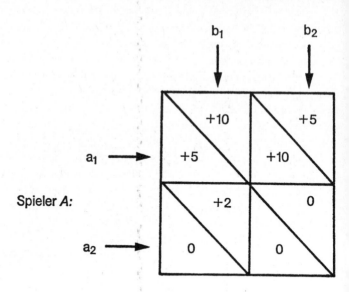

Abbildung 8

sich aber drastisch, sobald wir annehmen, daß die Spieler nun miteinander kommunizieren können und ihre Entscheidungen nicht gleichzeitig treffen brauchen. A kann B nämlich nun mitteilen, daß er a_2 wählen werde, wenn jener nicht b_2 wählt. Gelingt es A, seinen Partner dazu zu veranlassen, so fällt das Resultat (a_1/b_2) zugunsten A's aus. Er gewinnt jetzt zweimal soviel, B aber nur halb soviel (5) als bei a_1/b_1. Um dies zu erreichen, wird A zusätzlich zu seiner Forderung noch etwas anderes kommunizieren müssen, nämlich einen für B zwingend erscheinenden Grund, weshalb er (A) die etwas selbstmörderische Entscheidung a_2 treffen würde, wenn B ihm nicht nachgibt.

Wir haben es hier mit dem Wesen des zwischenpersönlichen, interdependenten Phänomens einer *Drohung* zu tun, und wir können sie als die Forderung nach einem bestimmten Verhalten betrachten, die mit der Ankündigung bestimmter Folgen im Falle der Nichtausführung verbunden ist. Es ließen sich natürlich umfassendere Definitionen geben, und der Leser ist wiederum auf Schellings klassisches Werk »The Strategy of Conflict« [154] verwiesen, das die überraschend komplexe Natur dieses scheinbar so einfachen, alltäglichen Interaktionsmusters beschreibt. Ich selbst werde mich auf jene Aspekte jeder Drohung beschränken, deren Verständnis für die Planung von Gegenmaßnahmen unerläßlich ist.

Um erfolgreich zu sein, muß eine Drohung folgende drei Voraussetzungen erfüllen:

1. Sie muß glaubhaft, das heißt hinlänglich überzeugend sein, um ernstgenommen zu werden.
2. Sie muß ihr Ziel, also den zu Bedrohenden, erreichen.
3. Der Bedrohte muß imstande sein, der Drohung nachzukommen.

Wenn auch nur eine dieser Voraussetzungen nicht gegeben ist oder verunmöglicht werden kann, ist die Drohung wirkungslos.

Die Glaubhaftigkeit einer Drohung

Wenn jemand mich anzuzeigen droht, weil ich einen Zigarettenstummel vor seinem Haus wegwarf, werde ich seine Drohung höchstwahrscheinlich ignorieren. Wenn aber jemand droht, sich zu erschießen, wenn ich ihm nicht mein Stück Kuchen gebe, und wenn er dafür bekannt ist, in vergleichbaren Situationen sehr abnormal reagiert zu haben, werde ich ihm wahrscheinlich mein Dessert überlassen. In beiden Fällen bezieht sich die Drohung auf eine Lappalie, doch während sie im ersten Beispiel absurd und daher leer ist, hat die zweite Drohung hinlängliche Glaubhaftigkeit.

Die Notwendigkeit, eine Drohung überzeugend zu machen, wird von Schelling wie folgt umrissen:

In der Regel muß man damit drohen, *bestimmt* und nicht *vielleicht* zu handeln, wenn der Forderung nicht stattgegeben wird. *Vielleicht* zu handeln bedeutet, daß man vielleicht *nicht* handeln wird – daß man sich nicht festgelegt hat. [157]

Eine Drohung ist daher am wirkungsvollsten, wenn ihr Urheber eine Situation herbeiführen kann, in der es schließlich nicht mehr in seiner Macht liegt, die angedrohten Folgen aufzuhalten oder rückgängig zu machen – obwohl er sie ursprünglich selbst einleitete. Dies läßt sich zum Beispiel dadurch erreichen, daß man sich derart auf ein bestimmtes Vorgehen festlegt, daß auch das kleinste Einlenken einem Gesichtsverlust gleichkäme – ein Argument, das allerdings in verschiedenen Kulturen sehr verschiedenes Gewicht hat. Daneben gibt es viele andere Möglichkeiten, eine Drohung als unabänderlich hinzustellen. Ein Beispiel wäre die Anrufung von Mächten, über die man selbst keinen Einfluß hat (etwa eine vorgesetzte Behörde, der Mafiahäuptling oder die vagen hierarchischen Mächte in Kafkas »*Prozeß*« und »*Schloß*«), deren Befehle nicht geändert oder beeinflußt werden können. Und schließlich kann sogar die eigene Schwäche für diesen Zweck erfolgreich verwendet werden – man denke bloß an die katastrophale Finanzlage Italiens und Großbritanniens, die die anderen europäischen Länder schon mehrfach dazu gezwungen hat, ihnen mit massiven Anleihen zu Hilfe zu kommen, da sonst das gesamte europäische Wirtschaftswesen in Chaos geraten könnte. Klinische Beobachtungen, die der zwischenmenschlichen Dynamik Aufmerksamkeit schenken, zeigen, daß eine ähnliche Form der Erpressung durch Hilflosigkeit ein wesentlicher Bestandteil der meisten Selbstmorddrohungen, Depressionen und vergleichbaren Zustände ist, da kaum jemand die Schuld für eine menschliche Katastrophe auf sich nehmen will, die er vielleicht durch die Ignorierung des Leidens des Betreffenden auslösen könnte. In diesen Fällen verbirgt sich die Drohung hinter dem schwer zu bestreitenden Umstand, daß es dem Patienten nicht möglich ist, seine Gemütsverfassung aus eigener Kraft zu ändern. Damit scheint das Element der Absichtlichkeit zu fehlen, doch ändert das nichts an der Tatsache der Erpressung, der überaus wirkungsvollen Beeinflussung anderer unter Hinweis auf die Folgen, die die Nichtbeachtung des Zustands des Patienten nach sich ziehen würde. Seine Unfähigkeit, dies als Drohung zu sehen, entspricht der seiner Verwandten, Bekannten und oft sogar seiner Therapeuten, denen der »gesunde Menschenverstand« Formen der Ermunterung und des Optimismus nahelegt, die ihrerseits nur zur Verschärfung des Problems beitragen. Sie schließen nämlich den Teufelskreis von Drohung und Erfolg der Drohung (das heißt Macht über andere, erhöhte Aufmerksamkeit seitens dieser anderen, verringerte eigene Verantwortlichkeit usw. – kurz all das, was in der Psychodynamik merkwürdigerweise als *sekundärer Krankheitsgewinn* bezeichnet wird), und auf diese Weise führt die »Lösung« zu einem »mehr desselben« Problems. [182]

Doch all dies kann auch gegen die Drohung, vor allem die bewußte, absichtliche Drohung angewandt werden, und hierin liegen wichtige Möglichkeiten für Gegenmaßnahmen, deren häufigste natürlich eine Gegendrohung von ähnlicher oder sogar größerer Glaubwürdigkeit und Schwere ist. Auch hier hängt der Erfolg von der richtigen Einschätzung dessen ab, was für den anderen (und nicht für einen selbst) ein zwingender Grund ist. Ein Beispiel aus der neueren Geschichte ist der Versuch Hitlers, die Schweiz durch die Androhung militärischer Maßnahmen zur Übergabe der strategisch wichtigen Verkehrsverbindungen durch die Alpen zu zwingen. Es gelang den Schweizern, durch Wort und Tat glaubhaft zu machen, daß ihre Strategie ausschließlich auf dem unwiderruflichen Plan beruhte, im Falle eines deutschen Einmarsches das gesamte Alpenvorland (ihre Städte, Industrien und alles damit zusammenhängende) zu opfern und ihre Truppen in das schwerbefestigte Alpenreduit zurückzuziehen, von wo aus sie die strategischen Pässe und Bahnlinien auf Jahre blockieren konnten. Da aber grade die Öffnung dieser Nord–Süd-Verbindungen der Hauptzweck eines Einmarsches in die Schweiz gewesen wäre und da die Schweizer seine Zwecklosigkeit unmißverständlich klarmachen konnten, fand die Invasion nicht statt. – Eine ähnliche Philosophie liegt der Anwesenheit der amerikanischen Truppen in Westeuropa zugrunde. Die Vereinigten Staaten wissen, daß die Warschaupaktmächte wissen, daß die Vereinigten Staaten wissen, daß diese Truppen viel zu schwach sind, um eine ernsthafte Bedrohung des Ostens darzustellen. Ihre Anwesenheit läuft also praktisch auf eine unwiderrufliche Verpflichtung der USA hinaus, einer eventuellen militärischen Drohung aus dem Osten nicht nachzugeben.

Die Drohung, die ihr Ziel nicht erreichen kann

Es dürfte einleuchten, daß eine Drohung, die entweder nicht an ihrem Ziel ankommt oder die, aus welchen Gründen auch immer, vom Bedrohten nicht verstanden wird, scheitern muß. Geistesgestörte, Fanatiker, Schwachsinnige oder Kinder mögen für Drohungen unzugänglich sein, da sie sie nicht begreifen (oder dies zumindest glaubhaft vorschützen). Dies trifft auch für Jungtiere zu, denen bis zu einem bestimmten Alter vieles erlaubt ist, wofür ein älteres Tier von den Rangälteren sofort angegriffen würde. Sie müssen das Wesen einer Drohung erst langsam erlernen.

Daraus folgt, daß eine wirkungsvolle Maßnahme gegen eine Drohung darin besteht, ihren Erhalt unmöglich zu machen. Dies läßt sich auf verschiedene Weise bewerkstelligen. In unmittelbaren Interaktionen reicht fast jede tatsächliche oder vorgebliche Verstehensbehinderung aus: Zerstreutheit, Taubheit, Unaufmerksamkeit, Betrunkenheit, die Vermeidung eines warnenden Blickes durch Wegsehen, die Behauptung, Ausländer zu sein und die Landessprache nicht zu verstehen, usw. Selbstverständlich muß es glaubhaft sein, daß man die Drohung nicht begreift, und selbst die eben erwähnten, recht alltäglichen Beispiele zeigen bereits, daß jede Drohung interdependente Merkmale hat: ihr Urheber wie der Bedrohte müssen versuchen, den anderen im richtigen Erraten dessen zu übertreffen, was jener (und nicht nur man selbst) für plausibel und überzeugend hält.

Geistesgegenwärtigen Bankbeamten gelingt es manchmal, jene typischen Raubversuche zu vereiteln, in denen der Räuber ihnen schweigend einen Zettel mit der Aufforderung, ihm einen Briefumschlag mit Geld zu füllen, durch das Schalterfenster reicht. (Die Drohung wird dabei meist durch die Hand in der Manteltasche angedeutet.) In dieser Situation kann fast jede Weigerung erfolgreich sein, die die Lage von Grund auf umdeutet* und auf die der Räuber daher nicht vorbereitet ist. Bei der Planung des Überfalls hat er versucht, alle nur möglichen Aspekte der Wirklichkeit, in der er zu handeln hat, in Betracht zu ziehen. Nun ist er plötzlich mit einer anderen Wirklichkeit konfrontiert. Der Schalterbeamte spielt sozusagen ein anderes Spiel, auf das die Spielregeln des Räubers nicht anwendbar sind. Der amerikanische Feuilletonist Herb Caen sammelte einmal eine Liste solcher Entgegnungen; hier sind einige seiner Perlen [30]:

»Nein, was für eine merkwürdige Idee!«
»Ich habe jetzt Mittagspause, bitte gehen Sie zum nächsten Schalter.«
»Ich habe keinen Umschlag hier, ich muß rasch einen holen.«
»Ich bin noch in Ausbildung und darf daher keine Auszahlungen machen – bitte gedulden Sie sich, bis der Schalterbeamte zurückkommt.«
Abbildung 9 auf Seite 117 veranschaulicht eine ähnliche Situation.

---

* Für eine Definition und Veranschaulichung des wichtigen Begriffs des Umdeutens siehe [186].

Abbildung 9   »Tut mir leid – aber unsere Bank ging heute vormittag pleite«

Die Methode, eine Drohung dadurch zu vereiteln, daß man sie nicht am Ziel ankommen läßt, wurde in den sechziger Jahren ernsthaft als Maßnahme gegen die häufigen Flugzeugentführungen erwogen. Grundsätzlich boten sich zwei sehr verschiedene Möglichkeiten an. Die erste, die schließlich eingeführt wurde, besteht bekanntlich darin, die Luftpiraten am Flugplatz am Besteigen des Flugzeugs zu hindern beziehungsweise das Mitnehmen von Waffen unmöglich zu machen. Damit ist heute die Luftpiraterie weitgehend eliminiert; allerdings zum Preis kostspieliger und komplizierter Sicherungs- und Überwachungssysteme. Die andere Methode hätte darin bestanden, die Pilotenkanzel durch eine Stahltüre abzuschließen und jegliche Kommunikation zwischen Passagierkabine und Kanzel technisch unmöglich zu machen. Durch diese einfache Maßnahme hätten die Forderungen und Drohungen der Entführer den Kapitän nicht erreichen können. Gleichgültig, was sie auch drohten, das Kabinenpersonal hätte ihnen überzeugend nachweisen können, daß auch sie selbst nicht mit dem Piloten in Fühlung treten könnten und daß daher die Maschine unbeeinflußbar auf ihr Ziel weiterflöge. Das Elegante an dieser Lösung hätte darin bestanden, daß sie nicht nur nicht geheimgehalten zu werden brauchte, sondern umgekehrt der Öffentlichkeit in jeder nur möglichen Weise zur Kenntnis gebracht worden wäre. Leider hat sie aber den entscheidenden Nachteil, daß keine Fluglinie bereit wäre, Passagiere unter diesen Umständen zu befördern, da es Dutzende von Zwischenfällen gibt, die die sofortige Verständigung des Flugkapitäns erfordern – von Feuer im Papierkorb einer Toilette bis zum Herzanfall eines Passagiers. Doch ist das letzte Wort in dieser Angelegenheit noch nicht gesprochen, und dem Leser, der sich eine geschickte Ausnützung der interdependenten Situation zwischen Entführern und Flugpersonal einfallen läßt, dürfte seine Idee von den Luftfahrtbehörden und den Fluglinien vermutlich gut honoriert werden.

Die Erpressung der Familie Hearst in Kalifornien im Jahre 1974 durch die aufsehenerregende Entführung ihrer Tochter Patricia ist ein Beispiel verpaßter Möglichkeiten in der Behandlung von Drohungen. Bekanntlich teilten die Entführer der Familie ihre Bedingungen durch Briefe und Tonbänder mit, die sie den Massenmedien zugehen ließen. Letztere erwiesen sich ihrer Tradition würdig, auch das Äußerste aus einer Sensation herauszuholen, und behandelten diese Mitteilungen, als wären sie das Wort Gottes. So übernahmen sie zum Beispiel auch in ihren eigenen Kommentaren den bombastischen Stil der Bande, indem sie etwa wiederholten, das Mädchen befände sich in einem »Volksgefängnis«, und bezogen sich auf den Bandenführer ganz ernsthaft und ohne die Verwendung von Anführungszeichen mit seinem selbstverliehenen Dienstgrad »Generalfeldmarschall«, usw. Obwohl es dank dieser Schützenhilfe unmöglich war, das Ankommen der Drohungen und Forderungen an ihrem Ziel (der Familie) zu verhindern, hätte sich ihre Wirkung durch die Anwendung einiger einfacher und altbewährter Gegenspionagemethoden weitgehend ausschalten lassen. Durch die Verwendung derselben Kommunikationskanäle wäre es recht einfach gewesen, den Massenmedien falsche Mitteilungen zuzuspielen, die ebenfalls Patricia Hearsts Leben bedrohten, falls die Familie ihnen nicht nachkam. In kürzester Zeit hätte sich auf diese Weise eine Situation schaffen lassen, in der keine Mitteilung mehr glaubhaft gewesen wäre; jede hätte sich durch eine andere, widersprüchliche verwirren oder aufheben lassen können, die angeblich von den »wirklichen« Entführern kam und schwerste Folgen androhte, wenn nicht sie, sondern die Forderung der »anderen Gruppe« befolgt würde. In gut revolutionärem Jargon hätte diese Gruppe sich als ein Häufchen von Verrätern am revolutionären Ideal hinstellen lassen können, deren Liquidierung durch die Armee der Getreuen unmittelbar bevorstand. Es braucht wohl nicht eigens betont zu werden, daß in unserem Zeitalter furchterregender elektronischer Fortschritte die Herstellung durchaus echt klingender Tonbänder mit der Stimme Patricia Hearsts kein Problem gewesen wäre. Sobald einmal diese Konfusion herbeigeführt war, hätten sowohl die Behörden wie die Familie glaubhaft erklären können, daß sie keiner dieser Mitteilungen Folge leisten konnten, da für sie jede Unterscheidung zwischen den wahren und den falschen Drohungen und Forderungen unmöglich war. Wie erwähnt, ist die Anwendung absichtlicher Konfusion eine in der Spionage häufig angewandte Taktik; sie ist aber auch eine nichtklinische Anwendung von Ericksons Konfusionstechnik (Seite 39).

Die unbefolgbare Drohung

Selbst dann, wenn eine Drohung glaubhaft ist und ihr Ziel erreicht hat, ist noch nicht alles verloren. Wenn ich meinen Bedroher überzeugen kann, daß es mir unmöglich ist, seiner Drohung nachzukommen, wird die Drohung verpuffen, und ich kann ihm heimlich eine lange Nase drehen, obwohl meine Knie wahrscheinlich zittern. Zum Beispiel:
Wenn jemand von mir unter Todesdrohung eine Million Mark fordert, wird es mir nicht zu schwer fallen, ihm zu beweisen, daß ich diese Summe nicht besitze und auch nicht aufbringen kann. Verlangt er dagegen hundert oder selbst zehntausend Mark, ist meine Lage viel gefährlicher. Entführen Terroristen jemanden unter der irrigen Annahme, er sei Bürger eines einflußreichen Landes, das sie politisch erpressen wollen, sollte es demjenigen theoretisch verhältnismäßig leicht fallen, zu beweisen, daß jenes Land seine Entführung ignorieren wird.
Daß dies leider nicht notwendigerweise so ist, beweist das tragische Schicksal des in Ägpten geborenen Chargé d'Affaires der belgischen Botschaft in Khartum, Guy Eid, der von Al-Fatah-Terroristen während ihres Überfalls auf die amerikanische Botschaft am 1. März 1973 zusammen mit zwei amerikanischen Diplomaten getötet wurde, da

die Mörder ihn für einen Amerikaner hielten und seinen Beteuerungen keinen Glauben schenkten.

Viel weniger tragisch erging es der Frau eines in der Vorkriegszeit in Peking akkreditierten französischen Diplomaten. Wie Daniele Varè berichtet, wurde sie in der Mandschurei

> von Banditen gefangengenommen, während ich gerade in Harbin war. Nach wenigen Tagen tauchte sie wieder auf, ohne daß ihr etwas geschehen wäre. Wir fragten sie, wie sie entkommen sei, und sie erwiderte:
> »Ich ging zum Führer der Räuber und erkundigte mich, ob es stimme, daß er für mich ein Lösegeld von 50 000 Taels verlangt habe. Er bejahte. So sagte ich ihm: ›Sehen Sie mich an. Ich war niemals schön. Jetzt bin ich alt und zahnlos. Mein Gatte würde keine 5 Taels zahlen, um mich zurückzubekommen, geschweige denn 50 000.‹ Der Mann sah das ein und ließ mich laufen.« [173]

Die Macht der Machtlosigkeit hat zweifellos ihre eigenen Vorteile. Manchmal kann die unmittelbare Wirkung einer Drohung selbst eine Situation herbeiführen, die ihre Erfüllung unmöglich macht. Eine Ohnmacht, ein Herzanfall oder eine epileptische Krise, ob tatsächlich oder nur geschickt vorgetäuscht, setzt nicht nur das Opfer, sondern auch den Urheber der Drohung außer Gefecht. Natürlich kann man einen Bewußtlosen mit Erschießen bedrohen, falls er einer Forderung nicht nachkommt, aber es wird wenig nützen. Und zumindest theoretisch dürfte eine Todesdrohung dann verpuffen, wenn der Bedrohte eiserne Nerven hat und überzeugend glaubhaft machen kann, daß er ohnehin im Begriff war, Selbstmord zu begehen, oder daß er an einer unheilbaren Krankheit leidet und sich bereits mit dem Tode abgefunden hat.

Flugpassagiere, die der Vorführung der Sauerstoffmasken und anderer Sicherheitsvorrichtungen Aufmerksamkeit schenken, werden sich vielleicht über die Bedeutung eines unschuldig klingenden Zusatzes den Kopf zerbrechen: »Bitte nehmen Sie auch zur Kenntnis, daß die Schwanztüre unserer Boeing 727 während des Fluges nicht mehr geöffnet werden kann.« Der Grund für diese etwa kryptische Durchsage ist, daß nach einer Reihe von Flugzeugentführungen, in deren Verlauf die Luftpiraten samt dem Lösegeld mit Fallschirmen durch die Hecktüre absprangen, das Öffnen der Tür in der Luft durch eine einfache technische Änderung unmöglich gemacht und damit dieser sportlichen Technik ein sofortiges Ende gesetzt wurde. Das Beispiel beweist, daß manchmal eine sehr kleine Änderung der für den Erfolg der Drohung notwendigen physischen Gegebenheiten sie ihrer Wirksamkeit beraubt.

Doch solche Gegenmaßnahmen beschränken sich nicht nur auf die physischen Umstände. Eine öffentlich angekündigte und konsequent beibehaltene Weigerung, Drohungen nachzukommen, kann denselben Erfolg haben. Unmenschlich, wie dieses Vorgehen für die jeweils direkt Bedrohten, zum Beispiel die Geiseln, ist, besteht doch kein Zweifel, daß es im größeren Rahmen und auf die Dauer Drohungen verhindert und daher viele Menschenleben schützen kann.

Schutzvorkehrungen gegen Drohungen und Erpressungen durch Verhinderung ihrer Befolgung liegen unseren Gesetzen und Institutionen häufiger zugrunde, als man gemeinhin annehmen würde. Paragraph 27 des Schweizerischen Zivilgesetzbuches zum Beispiel, mit der sonderbaren Klausel »Niemand kann sich seiner Freiheit entäußern oder sich in ihrem Gebrauch in einem das Recht oder die Sittlichkeit verletzenden Grade beschränken«, entzieht dem Staatsbürger die Möglichkeit, seine moralische Verantwortung abzulegen, und macht aus ihm daher ein viel weniger leichtes Opfer von Drohung und Zwang. Schelling verweist auf die ganz ähnliche Bedeutung der gesetzlich vorgeschriebenen geheimen Stimmabgabe bei Wahlen in Demokratien. Es ist nicht nur die Geheimhaltung als solche, schreibt er,

sondern die *obligatorische* Geheimhaltung, die ihm seine Macht nimmt. Er *darf* nicht nur, sondern *muß* seinen Stimmzettel geheim abgeben, wenn das demokratische System seinen Zweck erfüllen soll. Es muß ihm jede Möglichkeit verweigert werden, beweisen zu können, wem er seine Stimme gab. Und was ihm damit genommen wird, ist nicht nur die Freiheit seiner Wahl, die er verkaufen könnte; er wird der Macht entkleidet, sich einschüchtern zu lassen. Es wird ihm die Möglichkeit entzogen, Erpressungen nachzukommen. Die Gewalt, mit der er bedroht werden könnte, wenn ihm das Verschachern seiner Stimme freistünde, wäre grenzenlos, da die angedrohte Gewalt ohnehin nicht angewandt zu werden brauchte, wenn die Schwere der Drohung ihn willfährig machte. Wenn der Wähler aber keine Möglichkeit hat, zu beweisen, daß er der Drohung gehorchte, wissen sowohl er wie seine Bedroher, daß keine Repressalie auf seine tatsächliche Stimmabgabe angewandt werden kann. Und da sie so wirkungslos wird, verpufft die Drohung. [154]

Bekanntlich werden auch in Diktaturen dem Wähler Kabinen zur geheimen Abgabe seiner Stimme geboten, doch ist es Brauch, in schöner Einhelligkeit dieses archaische Überbleibsel aus demokratischen Zeiten entrüstet abzulehnen und seine Stimme offen abzugeben. Der Vorteil ist, daß damit der Schein geheimer, freier Wahlen gewahrt wird, eventuelle Dissidenten es sich aber eher zweimal überlegen werden, durch Gebrauch der Kabine sofortigen Verdacht zu erwecken.

Die zunehmende Zahl von Entführungen zum Zwecke von Erpressungen wirft ernsthaft die Frage auf, ob es notwendig werden könnte, Lösegeldzahlungen gesetzlich zu verbieten. Obwohl eine Anzahl juridischer und praktischer Gründe dagegen sprechen, ist die Idee grundsätzlich bestechend: Die Verwandten des Entführten könnten beweisen, daß sie sein Verschwinden noch *vor* Erhalt der ersten Mitteilung seitens der Erpresser bereits der Polizei gemeldet hätten und nun außerstande seien, den Forderungen nachzukommen. Ein noch drastischerer Schritt der Behörden bestünde darin, die gesamte Familie sofort in Schutzhaft zu nehmen und damit jeden Kontakt mit den Erpressern und die Befolgung ihrer Drohungen zu unterbinden.

Und schließlich bietet sich auch hier die absichtliche Schaffung von Konfusion als Gegenmaßnahme an. Viele Sicherheitsbehörden haben bereits Abteilungen, die zum Einsatz gegen Entführungen, Erpressungen und Geiselnahmen besonders ausgebildet sind. Ihr Vorgehen beruht unter anderem auf Ablenkungsmanövern, komplizierten Verhandlungen, Gegenvorschlägen, der geschickten Herbeiführung unzähliger praktischer Schwierigkeiten, die die rasche Befolgung der Forderungen verunmöglichen, die Ausnützung der psychologischen Zwangslage, unter der die Verbrecher selbst stehen (die ja nichts mehr wünschen als ein rasches, sicheres Ende des von ihnen selbst herbeigeführten Alptraums), die absichtliche Verwendung von Mißverstehen, Zweideutigkeiten usw.

Dies bringt uns zum Ende dieser sehr skizzenhaften und rein pragmatischen Überlegungen über das jeder Drohung zugrunde liegende Kommunikationsmuster. Der Erfolg einer Drohung oder einer Gegenmaßnahme beruht fast ausschließlich auf der korrekten Einschätzung der Wirklichkeitsauffassung des anderen, das heißt auf meiner richtigen Überlegung, was er deswegen tun wird, weil er sich überlegt, was ich deswegen tun werde, weil ich mir überlegt habe... usw. Drohungen sind ebenso Phänomene der Interdependenz, wie es die auf dem Gefangenendilemma beruhenden Kommunikationsmuster sind.

Zum Abschluß sei dem Leser eine Hausaufgabe vorgeschlagen, nämlich die negativen Vorzeichen einer Drohung durch positive zu ersetzen und damit zum theoretischen und praktischen Verständnis eines weiteren Aspekts der Interdependenz zu kommen, und zwar des

Versprechens als dem kommunikationstheoretischen Spiegelbild der Drohung.

Geheimdienstliche Desinformation

Der Laie kennt meist nur zwei Hauptaufgaben der Geheimdienste: Informationen über den Gegner zu sammeln (Spionage) und ihn umgekehrt am Erwerb von Information zu hindern (Gegenspionage).* Daneben besteht aber eine dritte, weniger bekannte Sparte, nämlich das Zuspielen falscher Information über die eigenen Pläne. Hier handelt es sich also um Täuschungen, Irreführungen und geplante Desinformation, und wie man sich leicht vorstellen kann, sind hier den labyrinthischen Verschachtelungen der Interdependenz kaum Grenzen gesetzt. Die praktische Grundformel bleibt aber: Was denkt er, daß ich denke, daß er denkt... usw.? – außer daß hier der Endzweck darin besteht, ihn zu Fehlschlüssen zu bringen, ihm eine falsche Wirklichkeit zuzuspielen und dafür zu sorgen, daß er sich ihrer nicht gewahr wird, bis es zu spät ist. Für den Kommunikationsforscher sind diese Situationen deswegen so interessant, weil sie das Studium von Kontexten ermöglichen, in denen die Regeln normaler Kommunikation auf den Kopf gestellt werden und das Endziel in Desinformation besteht.

Obwohl uralt, wurde die Verwendung von Desinformation im Zweiten Weltkrieg vom deutschen und vom britischen Geheimdienst zu hoher Blüte entwickelt. Deutscherseits wurden entscheidende Erfolge mit den sogenannten *Funkspielen* erzielt. Schellenberg [153], der Leiter von Amt VI im Reichssicherheitshauptamt, berichtet, daß zu einem Zeitpunkt nicht weniger als vierundsechzig festgenommene sowjetische Funkagenten »umgedreht« waren und Moskau mit irreführenden Nachrichten versorgten. Ein anderer großer deutscher Erfolg war ein Unternehmen mit dem Decknamen Nordpol (das *Englandspiel*) [161], auf das ich noch zurückkommen werde.

Was die britischen Täuschungsspiele betrifft, findet sich meines Wis-

---

* Natürlich gibt es noch andere geheime Aufgaben, meist viel ungemütlicherer Art, wie Sabotage und ähnliches, doch wollen wir uns hier rein auf Information und Desinformation beschränken.

sens die beste und vollständigste Beschreibung in Mastermans Bericht [96] über seine Erfahrungen als Mitglied des sogenannten XX-Komitees,* der gerade wegen seiner fast wissenschaftlichen Nüchternheit und typisch britischen Zurückhaltung besonders lesenswert ist.

Der britische Geheimdienst hatte diese Spiele zu solcher Meisterschaft entwickelt, daß es in Großbritannien während des ganzen Krieges nicht einen einzigen deutschen Spion gab, der nicht unter britischer Kontrolle stand. Damit soll gesagt sein, daß diese Agenten entweder festgenommen und »umgedreht« worden waren oder daß es sich um Personen handelte, die sich von der deutschen Abwehr als Vertrauensmänner hatten anwerben lassen, in Wirklichkeit aber im Dienste der Briten standen. In beiden Fällen wurde von deutscher Seite angenommen, daß diese Agenten für sie und gegen die Alliierten arbeiteten.

In diesem eigenartigen Spiel der Täuschungen hat die Verwendung von Doppelagenten laut Masterman folgende Funktionen:

1. Statt alle Feindagenten festzunehmen und den Gegner auf diese Weise zum Ersatz seiner Verluste und zum Aufbau neuer Spionagenetze zu zwingen, ist es billiger, praktischer und wirksamer, die Agenten umzudrehen.**

2. Dies erleichtert die Ausforschung neuankommender Agenten, da diese meist Anweisung haben, mit einem bereits überwachten oder festgenommenen Spion Fühlung aufzunehmen.

3. Es ermöglicht wichtige Einblicke in den modus operandi des Gegners, einschließlich seiner Chiffrierverfahren, seiner Schlüssel usw.

4. Die Aufträge, die die Agenten vom Feinde erhalten, erlauben Rückschlüsse auf seine Absichten. Als es sich zum Beispiel herausstellte,

---

* »XX« steht für den Ausdruck »double cross« (Doppeltäuschung), der für das gesamte Doppelagentenwesen angewendet wurde. Aus Tarnungsgründen sprach man auch vom »Zwanziger-Komitee«.

** Popov, der unter dem Decknamen Tricycle arbeitende, erfolgreichste britische Doppelagent, beschreibt die haarsträubenden Schwierigkeiten, die er mit dem FBI (dem amerikanischen Bundeskriminalamt) im allgemeinen und seinem Leiter, J. Edgar Hoover, im besonderen hatte, dem es nur darum ging, Feindagenten zu verhaften, und der in seiner Sturheit nicht einsehen konnte, daß die Achsenmächte jeweils alles dransetzten, diese Agenten durch neue zu ersetzen, die dann ihrerseits wieder mühsam ausgeforscht werden mußten. [131]

daß deutsche Agenten nicht mehr mit der Erkundung britischer Küstenbefestigungen beauftragt wurden, lag der Schluß nahe, daß die Invasion abgeblasen worden war.

5. Indem dem Gegner eine bestimmte Art falscher, aber glaubwürdiger Information zugespielt wird, können seine Pläne in der für die eigenen Absichten vorteilhaftesten Weise beeinflußt werden.

6. Die vielleicht wichtigste Funktion des Doppelagenten besteht in der Möglichkeit, den Gegner zu täuschen. Freilich ist es dazu notwendig, schreibt Masterman, daß der Agent beim Gegner für zuverlässig gilt und daß zur Glaubhaftmachung der Lüge meist ein langer Zeitraum wahrheitsgetreuer Berichterstattung erforderlich ist. [98]

In den vorhergehenden Kapiteln haben wir uns bereits einige Gedanken über die Wirkungen paradoxer Kommunikationen auf das Wirklichkeitsgefühl ihres Empfängers gemacht. Der Doppelagent zeichnet sich durch einen ganz besonders hohen Grad von Unwirklichkeit aus; der freiwillige, wie Popov [131], weil er im wahrsten Sinne des Wortes ein Doppelleben führt und auch nicht für einen Augenblick vergessen darf, welche »Tatsache« zu welcher seiner beiden Wirklichkeiten gehört; der umgedrehte Agent deswegen, weil er wirklich ein Gefangener des Feindes ist, »wirklich« aber ein aktiver, erfolgreicher Spion im Dienste seiner eigenen Seite. Und solange es seinen Fängern gelingt, die richtigen Annahmen über die Annahmen der anderen Seite zu machen, kann dieses Spiel nicht nur unbegrenzt weitergehen, sondern wird schließlich wirklicher als der Agent selbst: Wenn die Gegenseite überzeugt ist, daß die Meldungen von ihm kommen, ist es nebensächlich, ob er oder seine Führungsoffiziere sie senden. Er mag bereits hingerichtet worden sein, für seine Auftraggeber aber immer noch existieren. Die vollendetste Finesse ist der imaginäre Agent, der, in Mastermans Worten, »nur in der Vorstellung seiner Erfinder und jener, die man an seine Existenz glauben läßt, lebt« [97].*

---

* Gegen Ende 1943 wuchs beim Intelligence Service der Verdacht, daß die Abwehr von Lissabon aus einen Spionagering leitete, der sich mindestens aus drei noch nicht identifizierten Agenten zusammensetzte. Ihre Decknamen waren Ostro 1, Ostro 2 und Ostro 3. Die ersten beiden schienen in Großbritannien, der dritte in den Vereinigten Staaten zu arbeiten. Der britische Geheimdienst sandte keinen geringeren als seinen Meisterspion Kim Philby (der durch sein Überlaufen zu den Sowjets im Jahre 1963 Weltberühmtheit erlangte) nach Lissabon, und bald wußten

Das Wesen und die Wirkung des imaginären Agenten ist ein Musterbeispiel für die zahlreichen Kommunikationskontexte, »in denen Tatsächlichkeit Glaubenssache ist« [146].
Selbstverständlich versuchen Geheimdienste, sich auf jede nur erdenkliche Weise gegen solche Täuschungen zu schützen. Bei Funkspielen liegt eine gewisse Sicherheit in der Tatsache, daß jeder Funker seinen eigenen Stil in der Bedienung der Funktaste entwickelt; fast eine Art »Fingerabdruck«, den ein anderer kaum nachzuahmen vermag, und den der Fachmann ebenso erkennen kann, wie das Spiel eines bestimmten Virtuosen auf seinem Instrument. Dies ist der Hauptgrund, weshalb gefangene Funkagenten »umgedreht«, das heißt gezwungen werden, die falschen Funksprüche selbst zu senden. Sie haben daher meist den Auftrag, eine bestimmte Buchstabengruppe zu Beginn des Funkspruchs (den sogenannten *security check*) wegzulassen, falls sie festgenommen und umgekehrt werden. Kommunikationstheoretisch ist es von Interesse, daß hier also eine bestimmte Mitteilung durch die *Abwesenheit* eines Signals übermittelt wird, und die Bedeutung dieses negativen Signals ist natürlich: »Ich bin gefangen, glaubt meinen Meldungen nicht mehr.«
Eine eigenartige menschliche Schwäche kann aber diese und ähnliche Sicherheitsvorkehrungen zunichte machen. Wir begegneten ihr bereits, als wir die Starrheit der durch nichtkontingente Experimente hervorgerufenen Wirklichkeitsverzerrungen untersuchten. Dort zeigte es sich, daß es den Versuchspersonen sehr schwerfallen kann, ihre

---

die Briten mehr als die Abwehr über die Ostro-Agenten und ihren Chef, der sich als ehemaliger österreichischer Kavallerieoffizier mit dem sonderbaren Decknamen Fidrmuc entpuppte:
Ostro war ein fabelhafter Schwindel. Fidrmuc operierte allein. Ostro 1, 2 und 3 waren reine Erfindungen. Sie waren, was man in der Fachsprache als imaginäre Agenten bezeichnet. Außerdem spionierte nicht einmal Fidrmuc selbst. Er stützte seine Meldungen auf Gerüchte, auf Informationen aus der Tagespresse und vor allem auf seine fruchtbare Phantasie. Und dafür schröpfte er die Abwehr königlich und genial und akzeptierte nur einen Teil seines Honorars in Bargeld, den Rest in Form von Kunstgegenständen, die er mit hohem Gewinn weiterverkaufte. [132]
Da die Gefahr bestand, daß Fidrmucs Erfindungen eines Tages rein zufällig den Tatsachen zu nahe kommen oder den Nachrichten widersprechen könnten, die der Intelligence Service der Abwehr gab, wurde er dadurch sanft eliminiert, daß der deutschen Seite mehrmals Informationen zugespielt wurden, deren Wahrheit sie nachprüfen konnte, die aber im Widerspruch zu Fidrmucs Meldungen standen und ihn damit unglaubwürdig machten.

mühsam erarbeitete Deutung der Wirklichkeit fahren zu lassen, obwohl ihnen klipp und klar bewiesen wird, daß zwischen ihrem Versuchsverhalten und den Belohnungen keinerlei Kausalbeziehung besteht. Den Geheimdiensten scheint es gelegentlich ähnlich zu ergehen. Das Ausklügeln einer hieb- und stichfesten fiktiven Identität eines Agenten (seiner »Legende«), seine Ausbildung, die Ausarbeitung seines besonderen Auftrags und schließlich sein Einschleusen in Feindesland erfordern soviel Denken und Planen, kosten so viele schlaflose Nächte und Zweifel, daß sich selbst die angeblich nüchternen und unsentimentalen Leiter von Spionageunternehmen so in die von ihnen selbst geschaffene Unwirklichkeit verwickeln, daß sie schließlich nicht mehr sehen können, was sie nicht sehen wollen. Wie Masterman dazu erwähnt, war es

außerordentlich schwierig, ja fast unmöglich, daß ein gut eingeführter Agent »aufflog«. Einmal wurde ein Agent absichtlich so geführt, daß die Deutschen merken sollten, er werde von uns kontrolliert; der Zweck war, ihnen einen falschen Eindruck von unseren Methoden der Führung eines solchen Agenten zu vermitteln und sie so davon zu überzeugen, daß die anderen Agenten »echt« waren. Die Theorie war richtig, und die begangenen Schnitzer waren himmelschreiend, aber das Ziel wurde trotzdem nicht erreicht, weil die Deutschen den Agenten auch weiterhin für verläßlich hielten! [99]

Wie aber das *Englandspiel* [161] zeigte, war auch der britische Geheimdienst selbst keineswegs immun gegen dieses Wunschdenken. Dreiundfünfzig seiner Agenten wurden, einer nach dem anderen, sofort nach ihrer Ankunft im besetzten Holland festgenommen und umgekehrt. Das Englandspiel begann damit, daß der erste dieser Agenten nach seiner Festnahme in den vom deutschen Abwehrdienst aufgesetzten Funksprüchen vereinbarungsgemäß den security check ausließ, was seine britischen Auftraggeber von seiner Verhaftung hätte warnen sollen. London brachte es irgendwie fertig, den fehlenden security check zu übersehen – wahrscheinlich, weil man dort über den »Erfolg« des Unternehmens allzu begeistert war. Dieser fast unglaubliche Leichtsinn konnte deutscherseits voll ausgenützt werden und führte zur Entsendung (und sofortigen Verhaftung) immer neuer Agenten und dem Abwurf großer Mengen von Waffen und Material.* Erst nach ungefähr achtzehn Monaten begann man in London Verdacht zu schöpfen, und als schließlich drei der gefangenen Agen-

---

* Insgesamt warfen die Briten entgegenkommenderweise 579 Container und

ten entkamen und die britische Zentrale warnten, bestand keine Möglichkeit mehr, das Spiel weiterzuführen. Der letzte deutsche Funkspruch nach London lautete:

Wir sind uns dessen bewußt, daß Sie bereits seit einiger Zeit ohne unsere Hilfe in Holland Geschäfte machen. Da wir während langer Zeit Ihre einzigen Vertreter gewesen sind, finden wir dies recht unbillig. Doch schließt dies nicht aus, daß möchten Sie je beschließen, uns einen Besuch in größerem Ausmaß zu machen - Ihnen derselbe gastfreie Empfang zuteil werden soll wie Ihren Agenten. [163]

Die geheimdienstliche Katastrophe des Englandspiels war nach dem Kriege Gegenstand parlamentarischer Untersuchungen in Holland und Großbritannien.

Eine andere interessante Komplikation entsteht im Doppelagentenwesen durch das Überlaufen feindlicher Geheimdienstbeamter. In den meisten Fällen bringen sie wichtige Informationen über ihren eigenen Dienst, seine Pläne und Arbeitsweise sozusagen als Morgengabe mit. Deshalb stellt die Ankunft eines solchen Deserteurs normalerweise einen geheimdienstlichen Haupttreffer dar, der je nach Menge und Qualität dieser Information das Ausheben ganzer Spionageringe ermöglichen kann. Doch in der sonderbaren Welt der Doppelagenten, in der alle Vorzeichen normaler Kommunikation umgedreht sind, kann eine solche Desertion eine wahre Katastrophe sein. Der Überläufer kennt Identität und Aufenthaltsorte zumindest jener Agenten, mit denen er zu tun hatte, und seine eigene Seite weiß natürlich, daß er diese Agenten kennt. Wenn diese also nicht sofort verstummen, sondern munter weitermelden, als sei alles in Ordnung, ist es um ihre Glaubwürdigkeit geschehen. Damit aber sind diejenigen dieser Agenten, die als Doppelagenten arbeiten, nun nutzlos.

Ein anderes ungewöhnliches Problem stellen Doppelagenten dar, die angeblich für den Gegner als Saboteure arbeiten. Sie können ihm nicht einfach die Ausführung nichtausgeführter Sabotageaufträge melden, da aller Wahrscheinlichkeit nach andere, dem Doppelagenten unbekannte Agenten mit der Nachprüfung des Unternehmens und seiner Wirksamkeit beauftragt werden. Auch ist es selbst in Kriegszeiten sehr schwierig, Meldungen über größere Explosionen und dergleichen in der Tagespresse zu unterbinden. Das Fehlen solcher Mel-

---

150 Pakete ab, die unter anderem 15 200 kg Sprengstoff, 3000 Maschinenpistolen, 5000 Pistolen, eine halbe Million Patronen und 500 000 Gulden enthielten. [162]

dungen in den vom Gegner sorgfältig ausgewerteten Zeitungen würde sofort Verdacht erwecken. Irgendetwas aber muß geschehen, wenn der Saboteur seine Glaubwürdigkeit und Verläßlichkeit in der Sicht des Feindes beibehalten soll, doch kann man andererseits nicht gut eigene Brücken sprengen und Fabriken anzünden, nur um in den Augen des Gegners einen guten Eindruck zu machen. Es muß also irgendeine Zwischenlösung gefunden werden, was nicht gerade einfach ist. Ein solches Unternehmen wurde vom britischen Geheimdienst im Jahre 1941 durchgeführt und bestand in der Auslösung einer kleineren Explosion in einem Lebensmittellager bei London. Masterman beschreibt den fast komischen Verlauf dieses höchst geheimen Unternehmens:

In diesem Falle mußte ein hoher Beamter des Ernährungsministeriums von uns ins Vertrauen gezogen werden, ebenso wie der Direktor von Scotland Yard: Dennoch gab es viele heikle Momente, ehe die Operation erfolgreich beendet war. Die beiden Männer der Brandwache im Nahrungsmittellager konnten nur mit Schwierigkeit aus ihrem Schlummer geweckt und von jenem Teil des Gebäudes fortgelockt werden, wo die Brandbombe gelegt worden war. Ein übereifriger Polizeibeamter brachte es beinahe fertig, unsere Offiziere festzunehmen, und es war überaus schwierig, ein so heftiges Feuer durch die Explosion entstehen zu lassen, daß zwar der Bezirk in Aufregung versetzt würde, das aber doch nicht so groß war, daß ernster Schaden entstanden wäre, bevor die Feuerwehr seiner Herr wurde. [100]

Grundsätzlich ist es eine der Freuden des Gebrauchs von Doppelagenten, daß sie vom Feind bezahlt werden, doch kann dies auch zu Komplikationen führen. Wenn nämlich kein Geld ankommt, können sie nicht glaubhaft weiterarbeiten, und manchmal kommt das Geld nicht. Ein echter deutscher Agent, der über England mit dem Fallschirm abgesetzt wurde, verübte angeblich Selbstmord, weil weitere Zahlungen an ihn nicht ankamen und er keinen Ausweg wußte. Die Tatsache, daß im Zweiten Weltkrieg einige Länder neutral und unbesetzt blieben, erleichterte diese Transaktionen. So erhielten zum Beispiel einige britische Doppelagenten regelmäßige Überweisungen aus Deutschland, die die Abwehr an spanische Obstexporteure aushändigte und die von den Importeuren in England den Agenten (in Wahrheit natürlich dem Intelligence Service) ausgezahlt wurden.

Noch wichtiger aber ist die Notwendigkeit, die eigenen Agenten mit dem für ihre Aufträge notwendigen Material zu versorgen. Im Falle der Doppelagenten eröffnet dies die Möglichkeit, den Feind zur kostenlosen Lieferung aller nur erdenklichen Spionagemittel zu bringen: Codes und neue Chiffriermethoden, Funkgeräte, die neuesten Tricks seiner Fälschungstechnik, Sabotagematerial, Überwachungsgeräte und vieles andere, das für die erfolgreiche Planung der eigenen Spionage- und Gegenspionageunternehmen von größter Wichtigkeit ist.

Im sonderbaren Kommunikationskontext des Doppelagentenwesens ist es möglich, dem Gegner fast jede beliebige »Wirklichkeit« vorzutäuschen, vorausgesetzt, daß diese Täuschung gerade genügend Wahrheit oder Wahrscheinlichkeit enthält, um ihm glaubhaft zu erscheinen. So kann man ihm zum Beispiel falsche Information über die Entwicklung neuer Waffensysteme zuspielen und damit seine eigene Rüstung und Kampftaktik nachhaltig beeinflussen. In den Jahren vor dem Zweiten Weltkrieg kursierte in Europa das hartnäckige Gerücht, daß in der Nähe eines deutschen Truppenübungsplatzes alle Kraftfahrzeuge gelegentlich stehenblieben. Während die Fahrer mit dem Kopf unter der Motorhaube nach der Ursache der Panne suchten, kam unweigerlich ein SS-Mann daher und riet ihnen, sich nicht zwecklos zu bemühen: in einer halben Stunde werde der Wagen wieder anspringen. »Und tatsächlich«, genau zur vorhergesagten Zeit funktionierten alle Fahrzeuge wieder klaglos. Wie wir heute wissen, war keine solche Geheimwaffe in Entwicklung, doch dürfte das Gerücht seinen Zweck erfüllt haben, nämlich den Eindruck zu erwecken, daß große Dinge sich anbahnten. – Manchmal entsteht ein Gerücht unabsichtlich, entweder aufgrund eines Mißverständnisses oder der allzu lebhaften Phantasie eines Nachrichtenlieferanten, und wird dann zum Gegenstand hartnäckiger Spionageanstrengungen. Zwischen März und Juni 1942 versuchte die Abwehr fünfmal, Näheres über einen von ihr als »crusher tank« bezeichneten Panzer in Erfahrung zu bringen. Die Alliierten hatten keine Ahnung, was damit gemeint war. – Auf dem Höhepunkt des Kalten Krieges schoben die Sowjets den westlichen Nachrichtendiensten angebliche Augenzeugenberichte über ein gigantisches und furchterregendes Experiment zu, in dem mit Hilfe einer neuentwickelten Methode die Lufttemperatur zu jähem Absinken und ein ganzer See im Hochsommer zum Zufrieren gebracht wurde.*

---

* Absichtlich lancierte Gerüchte dieser Art können sich dann als üble Bumerangs erweisen, wenn sie die andere Seite nicht nur alarmieren, sondern zu noch größerer Paranoia und Rüstungseskalation veranlassen.

Unternehmen Mincemeat

Am 30. April 1943 wurde die Leiche eines britischen Majors der Royal Marines auf der Höhe des spanischen Hafens Huelva aus dem Atlantik geborgen. Dokumente, Briefe und andere in seinen Taschen befindliche Gegenstände ließen keinen Zweifel darüber, daß es sich um einen aus London zum Stab der 18. Armee in Tunis entsandten Kurier handelte, dessen Flugzeug ins Meer gestürzt war. Als es den mit dem Fall betrauten spanischen Behörden gelang, die Briefe aus ihren Umschlägen zu ziehen, ohne deren Siegel zu brechen, war es ihnen sofort klar, daß es sich um Dokumente von höchster militärischer Bedeutung handelte. Eines dieser Dokumente war ein Brief des Vizechefs des britischen Generalstabs an General Alexander, dem Stellvertreter General Eisenhowers in Nordafrika. Er behandelte verschiedene die Kriegführung im Mittelmeer betreffende Fragen und machte eine eher durchsichtige Anspielung auf Griechenland als eines zweier möglicher Invasionsziele. Ein anderer persönlich gehaltener Brief von Admiral Mountbatten an Admiral Cunningham, den Oberkommandierenden der alliierten Seestreitkräfte im Mittelmeer, enthielt einen ähnlichen Hinweis. Fast sofort nach der Bergung der Leiche wurden sowohl der britische Vizekonsul in Huelva als auch der Marineattaché in Madrid mit der zuerst recht diskreten, dann aber immer dringenderen Forderung nach Übergabe der Leiche und aller Dokumente vorstellig. Die Spanier zögerten die Sache gerade lange genug hinaus, um es dem deutschen Agenten in Huelva zu ermöglichen, diesen phantastischen Glücksfall bis zum letzten Detail auszunützen, worauf sie die Briefe wiederum in ihre unversehrten Umschläge einschoben und dem britischen Ersuchen nachkamen. Seither gibt es auf dem Friedhof von Huelva ein Grab mit der Aufschrift: William Martin. Geboren am 29. März 1907. Gestorben am 24. April 1943. Sohn des John Glyndwyr Martin und der verstorbenen Antonia Martin von Cardiff, Wales. Dulce et decorum est pro patria mori. R.I.P.
Diesen Major Martin hat es nie gegeben. Die Geschichte des imaginären Offiziers ist die des wahrscheinlich erfolgreichsten Desinformationsunternehmens des letzten Krieges. Sein Deckname war *Operation Mincemeat*; der Leser kennt es vielleicht unter dem Titel *Der Mann, der niemals war*. Da eine ausführliche Schilderung dieses ungewöhnlichen Geheimdiensterfolgs von seinem Urheber, Lieutenant

Commander Ewen Montagu [104], veröffentlicht wurde, kann ich mich hier auf die Erwähnung einiger scheinbar unwichtiger Kommunikationsaspekte des Unternehmens beschränken, die aber unmittelbare Bedeutung für das Thema der »Herstellung« von Wirklichkeiten haben.

Nach der Besetzung Nordafrikas durch die Alliierten im Jahre 1943 begannen die Vorbereitungen zur Landung an der europäischen Mittelmeerküste, die schließlich zur Invasion Siziliens im Juli 1943 führten. Jede militärische Operation, aber besonders eine von solcher Tragweite, ist sozusagen ein umgekehrtes interdependentes Entscheidungsverfahren; das heißt, während normalerweise das Resultat der Entscheidung Übereinstimmung und Koordination sein sollte, ist das Ziel in diesen Fällen Täuschung und Konfusion. Für die Alliierten erhob sich die Frage: Welches Invasionsziel ist in deutscher Sicht dasjenige, das in unserer Sicht das offensichtlichste ist? Ein Blick auf die Karte zeigt, daß dafür Griechenland, Sizilien und Sardinien in Betracht kamen und daß Sizilien das geographisch nächste und strategisch wichtigste der drei Ziele war. Für das Oberkommando der Achsenmächte war daher die Befestigung der Süd- und Ostküste Siziliens und die Verlegung des Gros ihrer verfügbaren Streitkräfte auf die Insel das strategisch richtige Vorgehen – es sei denn, daß sie in den Besitz glaubhafter Information kämen, wonach *gerade auf Grund* der logischen Offensichtlichkeit eines Angriffs auf Sizilien die aliierte Landung für Griechenland oder Sardinien geplant war.*

Damit war aber auch bereits die nächste Frage gegeben: Was würde, immer in Sicht der Achsenmächte, glaubhafte Information in diesem Zusammenhang darstellen? Nicht nur im geheimdienstlichen Bereich, sondern ganz allgemein hängt die Glaubwürdigkeit einer Information von zwei Faktoren ab: von der Wahrscheinlichkeit der Information selbst und von der Glaubwürdigkeit ihrer Quelle. Informationen, die bekannten Tatsachen widersprechen, müssen als unwahrscheinlich eingestuft werden. Dasselbe gilt für Informationen, die

---

* Entscheidungsverfahren unter solchen und ähnlichen Umständen nehmen sehr leicht den Charakter sogenannter paradoxer Voraussagen an: Je wahrscheinlicher eine bestimmte Handlung des Gegners ist, desto weniger wahrscheinlich wird er sie ausführen; je unwahrscheinlicher sie aber dadurch wird, desto wahrscheinlicher wird sie wiederum. (Mehr über diese Kommunikationsparadoxie findet sich in [179].)

entweder von einer notorisch unzuverlässigen Quelle stammen; von einer, deren Glaubwürdigkeit unbekannt ist, da von dieser Quelle noch keine Nachrichten erhalten wurden; oder von einer Quelle, die schwerlich oder unmöglich Zugang zu der von ihr übermittelten Information haben kann.

Für die Planung von Unternehmen Mincemeat bedeutete dies folgendes:

1. Die den Achsenmächten zugespielte Information mußte in *ihre* Sicht der Lage und in den Zusammenhang der ihnen zugänglichen Information passen, nicht aber notwendigerweise auch in alliierter Perspektive zutreffen. In anderen Worten, wie in jeder interdependenten Entscheidung hing auch hier der Erfolg vom richtigen Ermessen dessen ab, was *ihnen* (und nicht den Alliierten) plausibel schien und was *sie* dachten, daß die Alliierten dachten. Es handelte sich hier also nicht darum, was wahr *war*, sondern was die Gegenseite *für wahr hielt* – oder, anders ausgedrückt, um ein neuerliches Beispiel einer Situation, »in der Tatsächlichkeit Glaubenssache ist« [146]. Ferner war zu berücksichtigen, daß die Achsenmächte nach Erhalt von Geheiminformation von strategischer Tragweite zunächst mißtrauisch sein und nach zusätzlichen Beweisen oder Gegenbeweisen suchen würden, und dies bedingte, in Montagus Worten, daß die Alliierten sich überlegen mußten, »welche Ermittlungen *er* [der Gegner] anstellen wird (und nicht, welche Ermittlungen man selbst machen würde) und welche Antworten man ihm daher geben muß, um ihn zu überzeugen. In anderen Worten, man muß berücksichtigen, daß ein Deutscher nicht wie ein Engländer denkt und reagiert, und man muß sich dazu in seine Lage versetzen« [106]. Interessanterweise war es für Montagu und seine Mitarbeiter schwieriger, ihre eigenen Vorgesetzten zu dieser Einsicht zu bringen, als die Deutschen irrezuführen.*

2. Was die Glaubwürdigkeit der Quelle betraf, war es klar, daß in

---

* Vor über hundert Jahren beschrieb Edgar Allan Poe bereits eine ähnliche Situation. In seiner Geschichte »*Der gestohlene Brief*« gelingt es seinem Helden Dupin einen für den Präfekten höchst wichtigen Brief wiederzufinden. Der Präfekt weiß ganz genau, daß sein Feind, ein gewisser D., diesen Brief irgendwo in seiner Wohnung gut versteckt hält, doch bringt ihn auch die minuziöseste Haussuchung seiner sehr versierten Agenten nicht ans Licht. In seiner Erklärung, wie er den Brief schließlich fand, verweist Dupin auf dieselbe Mentalität, mit der sich Montagu herumzuschlagen hatte. Die Agenten des Präfekten, erklärt Dupin,

Anbetracht der strategischen Wichtigkeit und des Umfangs des Unternehmens die Täuschung unmöglich von einer nebensächlichen Quelle ausgehen konnte. Nur eine scheinbar aus den höchsten Rängen des alliierten Oberkommandos durchgesickerte Information konnte überzeugend wirken. Die üblichen Quellen der Feindaufklärung – Agenten, Kriegsgefangene oder Überläufer – kamen hier nicht in Frage, da sie unmöglich in den Besitz von Geheiminformation dieser Art kommen konnten.*

›versagen eben darum so häufig, [...] weil sie nur ihre *eigenen* Ideen von Findigkeit in Betracht ziehen; und wenn sie nach etwas Verstecktem suchen, ziehen sie nur die Art und Weise in Betracht, nach der *sie* es versteckt hätten. Insofern haben sie allerdings recht – daß nämlich ihre eigene Findigkeit ein getreues Abbild jener der *Masse* ist; wenn aber die Schlauheit des individuellen Verbrechers von ihrer eigenen abweicht, sticht er sie natürlich aus. Dies ist immer dann der Fall, wenn seine Schlauheit der ihren überlegen, und sehr oft auch, wenn sie der ihren unterlegen ist. Sie haben keine Variationen in den Grundsätzen ihrer Erhebungen; wenn irgendein ungewöhnlicher Notstand sie zwingt – oder ihnen irgendwie ungewöhnliche Belohnung winkt –, so dehnen sie ihre alten Verfahrensweisen aus oder übertreiben sie, ohne sie grundsätzlich zu ändern. Was wurde zum Beispiel im Falle D.s getan, um das Prinzip des Vorgehens zu ändern. Was soll all dies Bohren und Prüfen und Abklopfen und mikroskopische Absuchen, dieses Einteilen der Wände in registrierte Quadratzoll – was ist dies anderes als eine Übertreibung der *Anwendung* des einen Prinzips oder der einen Gruppe von Prinzipien einer Haussuchung, die ihrerseits auf der einen Auffassung von Findigkeit beruhen, die sich der Präfekt im Laufe seiner langen Dienstroutine angeeignet hat? Sehen Sie nicht, daß er es als gegeben voraussetzt, *alle* versteckten einen Brief – nun, wenn schon nicht in einem in einen Stuhl gebohrten Loch – so aber doch wenigstens in einem ganz abwegigen Loch oder Winkelchen, das ebenfalls der Mentalität eines Mannes entspricht, die ihn auf den Gedanken brächte, einen Brief im Bohrloch eines Stuhls zu verstecken?‹

Auf der Basis Dupins richtiger Erfassung dessen, was D. dachte, daß die Agenten des Präfekten dachten, hat er keine Schwierigkeit, den Brief an einem sehr ungeheimen Ort zu entdecken, nämlich »auf einem schäbigen Filigrangestell aus Pappe, das an einem schmutzigen blauen Band von einem kleinen Messingknopf just in der Mitte unter dem Kaminsims hing«.

* Auch hier gibt es freilich gelegentliche Ausnahmen. Eine solche war Elyesa Bazna, der unter seinem Decknamen Cicero Weltberühmtheit erlangte. Bazna war der Kammerdiener des britischen Botschafters in Ankara. Während sein Herr schlief, bediente er sich einfach des Schlüssels zum Botschaftstresor und belieferte die Abwehr mit den geheimsten und detailliertesten Nachrichten einschließlich den Protokollen der Teheran-Konferenz. Für diese Dienste wurde er königlich mit dem Gegenwert von zwei Millionen Mark in Pfundnoten honoriert, deren bedauerlicher Nachteil es war, daß sie gefälscht waren.

Es gelang dem britischen Geheimdienst, diesen beiden Vorbedingungen in folgender Weise gerecht zu werden:

1. Wieviel Sachkenntnis konnte deutscherseits über die komplexen logistischen Probleme der amphibischen Landung einer Riesenarmee und großer Mengen schwerer Waffen und Materials von Nordafrika nach Sizilien vorausgesetzt werden? Aller Wahrscheinlichkeit nach wußten die deutschen Stäbe sehr wenig darüber und waren daher kaum in der Lage, Dichtung und Wahrheit auseinanderzuhalten. Überdies machte es die alliierte Luftüberlegenheit über dem Mittelmeer ihnen fast unmöglich, sich verläßliche Informationen über die ausschlaggebende Frage zu beschaffen, wie viele Landungsfahrzeuge und sonstiger Schiffsraum den Alliierten zur Verfügung standen. Es schien daher nicht zu riskant, die deutsche Seite in die Annahme zu manövrieren, daß die beiden in Nordafrika stehenden alliierten Armeen je eine Landung in Südgriechenland und in Sardinien planten – eine strategische Großleistung, die diese nur mit Hilfe des Weihnachtsmanns hätten zuwege bringen können. Um aber die Irreführung noch glaubhafter zu machen und den wahren Plan (die Landung in Sizilien) noch zusätzlich abzusichern, verfielen die Planer des Unternehmen Mincemeat auf die fabelhafte Idee, in der dem Gegner mittels der Leiche Major Martins zugespielten »Geheiminformation« zu erwähnen, daß man zur Verschleierung der »wirklichen« Pläne versuchen werde, Sizilien als das wahre Ziel der Landungen hinzustellen. Die Eleganz dieser zusätzlichen Finte bestand darin, daß im Falle eines tatsächlichen Durchsickerns von Informationen über den wirklichen Invasionsplan (was in Anbetracht der Größe des Unternehmens fast unvermeidlich war) diese Informationen den Anschein absichtlicher Irreführungen annehmen und den Feind daher noch mehr in der Annahme bestärken würden, daß die Huelva-Dokumente authentisch waren. Um diese Annahme noch glaubhafter zu machen, wurde in diesen Dokumenten außerdem erwähnt, daß der tatsächliche Deckname für die Landung in Sizilien, *Husky*, in »Wirklichkeit« der Deckname für die (angebliche) Landung an der griechischen Küste sei. Falls also die Abwehr irgendwie auf den Namen »Husky« stieß, mußte sie dies in der Annahme bestärken, daß Griechenland tatsächlich eines der beiden Invasionsziele war.*

---

* In mehr als einer Hinsicht ist diese Situation das Spiegelbild der »Psycho-

2. Wie konnte diese glaubwürdige Information auch glaubwürdig in die Hände des deutschen Oberkommandos geleitet werden, um die zweite Voraussetzung verläßlicher Information zu erfüllen? Invasionspläne werden bekanntlich unter den strengsten Sicherheitsmaßnahmen aufbewahrt, und nur eine höchst ungewöhnliche Verkettung von Umständen kann sie in die Hände von Unbefugten bringen. Aus diesem Grunde mußte die Information der deutschen Seite in einer Weise zugänglich gemacht werden, die ihrerseits dafür bürgte, daß das Material in die richtigen Hände kam, andererseits aber von den Alliierten so verloren und wiedererlangt wurde, daß für sie kein ersichtlicher Grund zur Annahme bestand, daß die Information dem Feind bekanntgeworden war – denn ganz offensichtlich würde kein Stratege einen auf Überraschung beruhenden Plan ausführen, von dem er annehmen mußte, daß er dem Feinde bereits bekannt war. Der spanische und der deutsche Geheimdienst machte dies erfreulicherweise gerade dadurch möglich, daß sie alles taten, um bei den Alliierten den Eindruck zu erwecken, daß die spanischen Behörden die Briefe nicht geöffnet und ausgewertet hatten, sondern sie wunschgemäß und ohne verdächtige Verzögerung zusammen mit der Leiche dem britischen Marineattaché aushändigten. In anderen Worten, sie führten die ihnen in diesem Desinformationsunternehmen zugedachte Rolle prompt aus und wurden gerade darin getäuscht, worin ihre vermeintliche Täuschung bestand.

Über den tatsächlichen Erfolg des Unternehmens gibt es heute, 42 Jahre später, sehr widersprüchliche Meinungen. Montagu stellt fest, daß sein Erfolg die Erwartungen des britischen Geheimdienstes überstieg. Laut ihm löste Mincemeat deutscherseits ungeheure, aber natürlich völlig vergeudete Anstrengungen zur Befestigung der griechischen Küste und die Zusammenziehung von Truppen aus, die anderweitig dringend benötigt wurden und zu deren Oberbefehlshaber Hitler keinen geringeren als Rommel ernannte. Auch im westlichen Mittelmeer wurden ähnliche Kräfteverschiebungen des deutschen Vertei-

---

therapiesitzung« zwischen Dr. Jackson und dem klinischen Psychologen (Seite 92). Dort erschienen beide Partner einander um so verrückter, je mehr Normalität sie in die Situation zu bringen trachteten. Hier war das Umgekehrte der Fall: Je mehr die Wahrheit als Täuschung hingestellt wurde, desto glaubwürdiger wurde die Täuschung.

digungspotentials nach Korsika und Sardinien angeordnet, die die Verteidigung Siziliens entscheidend schwächten und die Invasion wesentlich erleichterten [108]. All dies wurde in den letzten Jahren von deutscher Seite bestritten, und es scheint, daß die Militärhistoriker die endgültige Antwort noch nicht gefunden haben. Was aber Unternehmen Mincemeat selbst betrifft, dürfte sein Desinformationserfolg unbestritten sein, wie ein nach Kriegsende bekanntgewordener und von Dönitz abgezeichneter Bericht mit dem Titel »Feindliches Beutedokument über geplante Mittelmeerunternehmen« vom 14. Mai 1943 beweist, in dem unter anderem zu lesen ist:

Eingehende Prüfung bei 3. Skl. ergab folgendes:
1. Die Echtheit der erbeuteten Dokumente steht außer Zweifel. Die Prüfung, ob sie uns absichtlich in die Hände gespielt sind – wofür nur geringe Wahrscheinlichkeit besteht –, sowie der Frage, ob dem Feind die Erbeutung der Dokumente durch uns oder nur ihr einfacher Verlust über See bekannt geworden ist, wird weiter verfolgt. Es ist möglich, daß der Gegner von der Erbeutung der Dokumente keine Kenntnis hat. Fest steht dagegen, daß es ihm bekannt ist, daß sie ihre Bestimmung nicht erreichten.

Damit wäre Unternehmen Mincemeat in seiner Bedeutung für die Thematik dieses Buchs umrissen. Ich kann aber der Versuchung nicht widerstehen, hier noch einige der nebensächlicheren Probleme zu erwähnen, die sich im Laufe seiner Durchführung ergaben – nicht weil sie wesentlich zu meinem Thema beitragen, sondern weil sie ihren eigenen makabren Charme haben:
Vor allem mußte eine Leiche beschafft werden, deren Zustand und Todesursache zumindest nicht in flagrantem Widerspruch zu den Folgen eines Flugzeugabsturzes ins Meer stand. Eine solche wurde bereits im Januar 1943 gefunden und mußte bis zu ihrer Aussetzung durch ein britisches Unterseeboot vor Huelva im April auf Eis gehalten werden. Die wahre Identität des Verstorbenen wurde niemals bekanntgegeben.
Während es sehr einfach war, die komplette Uniformierung der Leiche zu beschaffen, bereitete das Finden der Unterwäsche größte Schwierigkeiten. Hierfür waren Bekleidungscoupons notwendig, doch konnten die Rationierungsämter unmöglich in das Geheimnis eingeweiht werden. Eine private Spende löste schließlich das Problem.
Hat jemand einmal versucht, eine gefrorene Leiche anzuziehen? Montagu und sein Assistent fanden dies möglich – bis auf die Stiefel. Es ist

unmöglich, sie über Füße zu bringen, die starr im rechten Winkel zu den Beinen stehen. Es blieb nichts übrig, als das Risiko des Auftauens auf sich zu nehmen und die Füße dann sofort wieder einzufrieren.
Ein anderes, für Erfolg oder Mißerfolg entscheidendes Problem war die Frage, ob der Zustand der Leiche einer genauen pathologischen Untersuchung standhalten würde. War es nicht wahrscheinlich, daß ihr Allgemeinzustand, mehrere Tage nach Auftauen und Schwimmen in verhältnismäßig warmem Wasser, keinen Zweifel darüber lassen würde, daß der Tod schon vor Monaten eingetreten war? Ein eminenter Londoner Pathologe, Sir Bernard Spillsbury, wurde ins Vertrauen gezogen und erklärte ohne falsche Bescheidenheit: »Sie brauchen keine Angst vor einem spanischen Obduktionsbefund zu haben. Um zu entdecken, daß der junge Mann nicht bei einem Flugzeugabsturz im Meer starb, wäre ein Pathologe mit meiner Erfahrung nötig – und einen solchen gibt's in Spanien nicht.« [105]
Um die Glaubwürdigkeit der Desinformation zu erhöhen, wurde Major Martins Tod ordnungsgemäß in der Ausgabe von *Times* vom 4. Juni 1943 gemeldet, damit die Abwehr (die dafür bekannt war, englische Zeitungen sofort nach ihrer Ankunft in Lissabon und Madrid sorgfältigst auszuwerten) weitere »Beweise« für seine Echtheit fand. Diese Finte aber verursachte unerwartete Komplikationen: Die zuständigen Stellen der Marine wollten wissen, ob er ein Testament hinterlassen hatte und, wenn ja, wo es war. Ferner wurde Auskunft darüber angefordert, ob er im Einsatz gefallen, Verletzungen erlegen war oder welches sonst die Umstände seines Todes waren, damit er statistisch erfaßt werden konnte. Es bedurfte mehrerer zusätzlicher Irreführungen, sozusagen für den Hausgebrauch, um diese bürokratischen Geister zu beschwichtigen. [107]
Die Auswertung deutscher Geheimdokumente nach dem Krieg bewies schließlich, daß die Aktion trotz ihrer sorgfältigen Planung sehr leicht gewissen *deutschen* Irrtümern zum Opfer hätte fallen können! Bei der Übersetzung der fotografierten Dokumente ins Deutsche wurden einige Daten falsch kopiert, und der mit unendlicher Sorgfalt konstruierte und belegte zeitliche Ablauf der zum Tode von Major Martin führenden Ereignisse dadurch völlig über den Haufen geworfen. Deutscherseits aber bemerkte man diese krassen Widersprüche nicht, und es erwies sich einmal mehr, daß, sobald eine Täuschung für wahr gehalten wird, sich zugleich auch weitgehende Blindheit für die Ge-

genbeweise einstellt. Und dies führt zu meinem nächsten Thema, Unternehmen Neptun, über.

Unternehmen Neptun

Strenggenommen war dieses Unternehmen kein Desinformationsmanöver im eben beschriebenen Sinne, sondern vielmehr das, was in der Terminologie der östlichen Geheimdienste eine Beeinflussungsoperation genannt wird.* Es wurde im Frühjahr 1964 in der Tschechoslowakei durchgeführt und hatte, in den Worten eines seiner Urheber, Ladislav Bittman [20], einen dreifachen Zweck: Erstens sollte dadurch die öffentliche Meinung Europas gegen das bevorstehende Ablaufen der Verjährungsfrist für Kriegsverbrechen in Deutschland wachgerüttelt werden; zweitens sollte es als Grundlage für die Veröffentlichung weiterer Naziverbrechen dienen; und drittens sollte es die Arbeit der westdeutschen Geheimdienste durch die Veröffentlichung von Namen früherer Kollaborateure erschweren, von denen angenommen werden konnte, daß sie in die Dienste der Bundesrepublik übernommen worden waren.

Bekanntlich waren seit Kriegsende viele größere und kleinere Funde von Dokumenten, gestohlenen Kunstwerken, Geräten, Waffen usw. gemacht worden, die von deutschen Dienststellen versteckt worden waren. Ob es zutrifft, daß in einer Geheimkonferenz in Straßburg am 10. August 1943 wirklich weitreichende Pläne für die Geheimaufbewahrung der Archive des Dritten Reichs gemacht worden waren, ist nicht sicher; fest steht aber, daß einige solcher Verstecke tatsäch-

---

* Im Gegensatz zu den westlichen Geheimdiensten unterscheidet der Sowjetblock drei verschiedene Formen von Täuschungsunternehmen: Desinformation, Propaganda und Beeinflussungsoperationen. Die erste entspricht der westlichen Definition des Begriffs; die Bedeutung von Propaganda bedarf wohl keiner Erklärung; während es sich bei Beeinflussungsoperationen um Geheimaktionen handelt, die entweder bestimmte politische oder soziale Strömungen oder ahnungslose prominente Persönlichkeiten (sogenannte nützliche Idioten) des betreffenden Landes für spezifische Zwecke ausnützen. Die Unruhen in Panama im Jahre 1964 waren ein gutes Beispiel: Angeblich waren sie ein spontaner Ausbruch jugendlichen, lateinamerikanischen Nationalismus gegen den Imperialismus der USA, während die wahren Drahtzieher aber tschechoslowakische Agenten gewesen sein sollen, die normalerweise in Mexiko operierten. [20]

lich hergestellt und raffiniert getarnt wurden, offensichtlich um die Dokumente in bessere Zeiten hinüberzuretten. Auch machten in den Nachkriegsjahren viele Gerüchte über ehemalige deutsche Soldaten die Runde, die versuchten, an solche Verstecke heranzukommen. So wurden zum Beispiel aus dem Toplitzsee bei Bad Aussee von den österreichischen Sicherheitsbehörden einige anscheinend im Entwicklungsstadium stehende Geräte der ehemaligen Kriegsmarine sowie mehrere Kisten geborgen, die in Eigenregie erzeugte Pfundnoten (von der zur Bezahlung Ciceros verwendeten Art) enthielten, nachdem dort ein deutscher »Tourist« beim Tauchen ertrunken war.

Diese Entdeckung war jedenfalls Wasser auf die Mühlen der hartnäckigen Gerüchte, wonach im Grenzgebiet zwischen Oberösterreich, Bayern und Südböhmen wichtige Dokumente und märchenhafte Schätze auf dem Grunde von Gewässern, in Schächten und in den unterirdischen Gewölben alter Burgen versteckt waren. Wie im Falle des Gerüchts von Orléans trug auch hier der Lokalkolorit zur Erhöhung des Geheimnisses und der Faszination bei.

Es war daher nicht erstaunlich, daß die Weltöffentlichkeit elektrisiert war, als die tschechoslowakischen Behörden im Mai 1964 die Bergung von vier großen, asphaltüberzogenen Kisten aus dem Schwarzsee bei Schüttenhofen in Südböhmen bekanntgaben. Ladislav Bittman, der bereits erwähnte Organisator dieses Unternehmens [20], beschreibt, wie diese Kisten vom tschechoslowakischen Geheimdienst im See versenkt und einige Wochen später von einem Fernsehteam entdeckt wurden, das »zufällig« im See Unterwasseraufnahmen durchführte. Unter besonders auffälligen Sicherheitsmaßnahmen, deren Zweck die Erweckung größtmöglichen Aufsehens war, wurden die Kisten nach Prag gebracht und der Inhalt sowie der Film ihrer Entdeckung schließlich in einer Pressekonferenz der Öffentlichkeit vorgeführt. Unternehmen Neptun wurde als großer Erfolg betrachtet, und hinter den Kulissen gratulierte man sich herzlich.

Laut Bittman war das Ganze aber eine recht mittelmäßige Affäre und stand von Anfang an unter einem üblen Stern. Ungleich der minuziösen Sorgfalt, mit der die Erfinder von Major Martin zu Werke gegangen waren, müssen ihre tschechoslowakischen Kollegen recht leichtsinnig gewesen sein. Es kam nämlich das Gerücht auf, daß unbekannte Personen (die aber irgendwie als Beamte des Innenministeriums erkannt wurden) beim Hineinwerfen von Kisten in den See beobachtet

worden waren. Nachforschungen ergaben, daß tatsächlich eine Indiskretion stattgefunden hatte, und Unternehmen Neptun entging nur um Haaresbreite einer Blamage.
Bald darauf ergab sich ein zweites, noch gefährlicheres Problem. Wochen nach dem Auffischen der Kisten hatte man sich noch immer nicht darüber geeinigt, welche Dokumente in ihnen angeblich gefunden worden waren. Die tschechoslowakischen Archive enthielten nur wenig Material, das den Historikern nicht schon bekannt war; Moskau aber hatte versprochen, mit noch unveröffentlichten Beutedokumenten zu Hilfe zu kommen. Die Zeit verstrich, die Kisten waren »entdeckt«, aber Moskau hatte noch immer nichts von sich gegeben. Schließlich, eine Woche vor der nicht länger zu verschiebenden Pressekonferenz, kamen die Dokumente an, erwiesen sich aber als peinliche Enttäuschung.
Nicht nur, daß einige von ihnen deutlich erkennbare Anmerkungen in kyrillischer Schrift trugen, hinzu kam, daß es sich auch noch um ein buntes Potpourrie ohne ersichtlichen inhaltlichen Zusammenhang handelte. Da waren unter anderem Berichte über die Gründe des Fehlschlagens des österreichischen Naziputsches im Juli 1934; einige italienische Dokumente, die sich auf die Entsendung deutscher Agenten nach Südamerika auf Frachtschiffen bezogen; Meldungen von rein örtlicher Bedeutung über Unternehmen der Feindaufklärung nach der Landung in der Normandie; Kriegstagebücher einiger an der Ostfront eingesetzter deutscher Einheiten und ähnliches Material. Die Antwort auf die Frage, weshalb diese sonderbare Sammlung – die aus so verschiedenen Quellen wie Heeresarchiven, dem Reichssicherheitshauptamt, der Kriegsgeschichtlichen Forschungsabteilung der Waffen-SS und anderen Stellen stammte – überhaupt zusammengetragen worden war, welche Einheit das Zeug mit sich herumgeführt und schließlich sorgfältig für die Nachwelt aufbewahrt hatte, blieb anscheinend jedermanns Phantasie überlassen.
Trotz dieser krassen Ungereimtheiten wurde die offizielle Erklärung von der Öffentlichkeit ohne Murren und peinliche Fragen hingenommen – und das ist der Hauptgrund meiner Erwähnung dieser Geschichte. Sie zeigt wiederum, daß der Inhalt von Kommunikationen eine nebensächliche Bedeutung hat, solange ihr Empfänger sie deswegen zu glauben bereit ist, weil sie allgemein in seine Weltanschauung passen und daher die Richtigkeit seiner Anschauungen zu beweisen

scheinen. Genau wie nur wenige Menschen, die die *Protokolle der Weisen von Zion* für bare Münze nehmen, sie auch gelesen haben dürften, haben wohl auch nur wenige entrüstete Amerikaner die recht unsensationellen *Pentagon Papers* studiert. Dies aber hindert weder die einen noch die anderen, leidenschaftlich und lauthals Stellung zu nehmen – und ob diese Stellungnahme für oder wider ist, hängt ausschließlich davon ab, was die Betreffenden für wirklich halten.

Der zweite Grund für die Erwähnung von Operation Neptun ist, daß sie trotz des von ihr erregten Aufsehens keine praktische oder nachhaltige Wirkung hatte. Nicht nur enthüllten die Dokumente nichts wesentlich Neues, sondern die geistigen Väter des Unternehmens scheinen ihrer eigenen Propaganda zum Opfer gefallen zu sein, die grundsätzlich die Bundesrepublik mit Nazideutschland identifiziert. Neptun ist in dieser Hinsicht das Beispiel einer Entscheidung, die auf einer irrtümlichen Beurteilung des »Was ich denke, daß er denkt, daß ich denke ...«-Prinzips der Interdependenz beruht.

Die zwei Wirklichkeiten

Damit sind wir am Ende des zweiten Teils, und es scheint angebracht, eine Zusammenfassung der bisher erwähnten, recht heterogenen Beispiele zu versuchen und ihren gemeinsamen Nenner herauszuarbeiten. Der Leser dürfte bemerkt haben, daß es auch mir nicht möglich war, Begriffe wie »wirklich«, »tatsächlich« und so weiter zu vermeiden. Daraus entsteht ein scheinbarer Widerspruch zur Grundthese des Buches, wonach es keine absolute Wirklichkeit gibt, sondern nur subjektive, zum Teil völlig widersprüchliche Wirklichkeitsauffassungen, von denen naiv angenommen wird, daß sie der »wirklichen« Wirklichkeit entsprechen.

Ganz allgemein, aber vor allem in der Psychiatrie, in der die Frage der Wirklichkeitsauffassung als Gradmesser der Normalität eine besondere Rolle spielt, vermischen wir meist zwei sehr verschiedene Begriffe der Wirklichkeit, ohne uns dessen genügend Rechenschaft zu geben. Der erste bezieht sich auf die rein physischen und daher weitgehend objektiv feststellbaren Eigenschaften von Dingen und damit entweder auf Fragen des sogenannten gesunden Menschenverstands oder des objektiven wissenschaftlichen Vorgehens. Der zweite beruht ausschließlich auf der Zuschreibung von Sinn und Wert an diese Dinge und daher auf Kommunikation.

Zum Beispiel: Vor der Landung der ersten Sonde auf dem Mond waren sich die Astronomen darüber uneinig, ob die Mondoberfläche fest genug wäre, um das Gewicht des Raumfahrzeugs zu tragen, oder ob es vielleicht in einer tiefen Staubschicht versinken würde. Wir wissen heute, daß ersteres *wirklich* der Fall ist und daß daher einige Gelehrte objektiv recht und andere unrecht hatten. Ein viel einfacheres Beispiel wäre eine Unstimmigkeit darüber, ob der Wal ein Fisch oder ein Säugetier ist. Auch hier läßt sich die Frage, welcher der beiden Begriffsdefinitionen der Wal zuzuordnen ist, objektiv beantworten. Wir wollen also jene Wirklichkeitsaspekte, die sich auf den Konsensus der Wahrnehmung und vor allem auf experimentelle, wiederholbare und daher verifizierbare Nachweise beziehen, der *Wirklichkeit erster Ordnung* zuteilen.

Im Bereich dieser Wirklichkeit ist aber nichts darüber ausgesagt, was diese Tatsachen *bedeuten* oder welchen *Wert* (im weitesten Sinne des Wortes) sie haben. Zum Beispiel: Die Wirklichkeit erster Ordnung des Goldes, das heißt seine physischen Eigenschaften, ist vollkommen bekannt und jederzeit verifizierbar. Die Bedeutung, die das Gold aber seit Urzeiten im menschlichen Leben spielt, vor allem die Tatsache, daß ihm zweimal täglich in einem Büro der Londoner City ein bestimmter Wert (also ein ganz spezifischer Wirklichkeitsaspekt) zugeschrieben wird und daß diese Wertzuschreibung viele andere Aspekte unserer Wirklichkeit weitgehend bestimmt, hat mit seinen physischen Eigenschaften sehr wenig, wenn überhaupt etwas zu tun. Diese andere, zweite Wirklichkeit des Goldes aber ist es, die einen zum Krösus oder Bankrotteur machen kann.

Die obenerwähnten zwischenmenschlichen Konflikte, die sich aus der Verschiedenheit kultureller Normen ergeben, machen diesen Unterschied noch klarer. Ganz offensichtlich gibt es keinen objektiv »richtigen« Abstand zwischen zwei Personen, und ebenso offensichtlich kann Küssen, je nach den Normen einer Kultur, im Frühstadium oder erst gegen Ende des Paarungsverhaltens für »richtig« gelten. Diese Regeln sind also subjektiv, arbiträr und keineswegs der Ausdruck ewiger, platonischer Wahrheiten. Im Bereich dieser *Wirklichkeit zweiter Ordnung* ist es also absurd, darüber zu streiten, was »wirklich« wirklich ist.

Wie gesagt, verlieren wir diesen Unterschied nur zu leicht aus den Augen oder sind uns des Bestehens dieser zwei verschiedenen Wirklichkeiten überhaupt nicht bewußt. Wir leben dann unter der naiven Annahme, die Wirklichkeit sei natürlich so, wie *wir* sie sehen, und jeder, der sie anders sieht, müsse böswillig oder verrückt sein. – Daß ich ins Wasser sprang und einen Ertrinkenden rettete, läßt sich objektiv feststellen; ob ich es aus Nächstenliebe, Effekthascherei oder deswegen tat, weil er ein Millionär ist, dafür gibt es keine objektiven Beweise, sondern nur subjektive Deutungen.

Der eigentliche Wahn liegt in der Annahme, daß es eine »wirkliche« Wirklichkeit zweiter Ordnung gibt und daß »Normale« sich in ihr besser auskennen als »Geistesgestörte«.

Teil III

Kommunikation

Kommunikation

In diesem dritten Teil wollen wir uns den Problemen der Anbahnung von Kommunikation dort zuwenden, wo noch keine Verständigungsmöglichkeiten bestehen.
Obwohl die in Teil I und II behandelten Phänomene den verschiedensten Lebensbereichen entstammen, ist ihnen gemeinsam, daß darin die Grundvoraussetzungen von Kommunikation gegeben sind. Die Problematik besteht im Auftreten bestimmter Hindernisse, die den Austausch von Kommunikation erschweren oder verunmöglichen und dadurch die Kommunikanten zur Zuschreibung widersprüchlicher Bedeutungen oder Werte an die gemeinsam erlebte Situation führen. Sobald aber das jeweilige Hindernis behoben oder umgangen ist, steht freier Kommunikation nichts mehr im Wege. So kann ein Dolmetscher die Brücke zwischen zwei Sprachen schlagen und Verständigung herstellen, weil die beiden Sprachen bereits existieren und ineinander übersetzt werden können, und besonders auch deshalb, weil sie beide von praktisch identischen Lebewesen unter weitgehend gleichen Umweltbedingungen für denselben Zweck – Verständigung – verwendet werden. Wo Paradoxien ihr Unwesen in menschlichen Beziehungen treiben, können – wie wir gesehen haben – Gegenparadoxien einen Ausweg bieten, und diese Gegenparadoxien beruhen auf derselben allgemeinen Logik wie die Paradoxien selbst. Der Kluge Hans orientierte sich an minimalen Ausdrucksbewegungen, die für ihn, wenn auch nicht für die sie aussendenden menschlichen Partner, offensichtlich waren. Zwei in einem Gefangenendilemma verstrickte Personen können zwar nicht direkt kommunizieren, sind sich aber der »Spielregeln« voll bewußt; der Erpresser und sein Opfer sprechen dieselbe Sprache; und der Erfolg geheimdienstlicher Desinformation hängt von der sorgfältigen Analyse der Annahmen, Erwartungen, Lagebeurtei-

lungen (kurz: der Wirklichkeit zweiter Ordnung) des Gegners ab, die ihrerseits weitgehend von jenen der eigenen Seite bedingt sind.

Was nun folgt, ist grundsätzlich verschieden. Es handelt von Situationen, in denen die Basis gegenseitiger Kommunikation noch nicht besteht, sondern erst gefunden oder erfunden und dann der anderen Seite in einer Form angeboten werden muß, die jener die Entschlüsselung des Sinnes ermöglicht. Wenn dies gelingt, eröffnet sich beiden Seiten der Blick in die bis dahin unbekannte und vielleicht unvorstellbare Wirklichkeit zweiter Ordnung der anderen.

Zuerst wollen wir uns mit einem der ältesten Wunschträume der Menschheit befassen: der Verständigung mit Tieren und außerirdischen Wesen. Was die Tiere betrifft, wird sich erweisen, daß seit den Tagen des Klugen-Hans-Traumas hochinteressante Fortschritte auf die Entwicklung von Sprachen hin gemacht worden sind, die Mensch und Tier teilen können. Dasselbe gilt grundsätzlich für außerirdische Lebewesen. Dank der schwindelerregenden Fortschritte der Technik könnte Kommunikation mit ihnen noch zu Lebzeiten meiner jüngeren Leser möglich werden. Selbstverständlich können die damit zusammenhängenden technischen Fragen im Rahmen dieses Buchs (und meiner Kompetenz) nur in sehr beschränktem Umfang behandelt werden. Was für meine Thematik im Vordergrund steht, ist die Frage, in welcher Form Kommunikation mit diesen Wesen angebahnt werden kann, sobald einmal die rein technischen Voraussetzungen gelöst sind. Es wird sich dabei erweisen, daß diese Probleme von sehr grundlegender, fast zeitloser Art sind und sich wiederum darauf gründen, was letzten Endes wirklich genannt wird.

Und schließlich soll ein Gebiet erwähnt werden, dem manche Leser vielleicht jeden Bezug zur Kommunikation absprechen werden, das aber meiner Ansicht nach mit gewissen Kommunikationsprozessen zusammenhängt, deren Bedeutung in dem Maße wächst, als unser wissenschaftliches Weltbild zunehmend an direkter Anschaulichkeit verliert. Natürlich werde ich besonders über dieses Thema nur einige Hinweise geben können und mich auf wenige Beispiele der faszinierenden Probleme beschränken müssen, die sich aus der Interaktion mit rein imaginären Wesen in rein imaginären Situationen ableiten lassen.

Der Schimpanse

> Es ist eine Eigentümlichkeit des Menschen, daß er der Grammatik fähig ist.
> *Aristoteles**

Von allen unseren tierischen Verwandten stehen uns die Schimpansen am nächsten. Nicht nur ist ihre Physiologie der unseren sehr ähnlich, sondern auch ihr soziales Verhalten zeigt auffallende Übereinstimmungen mit dem unseren, doch verleiten diese Ähnlichkeiten leicht zu Fehlschlüssen und täuschen über ebenfalls bestehenden grundsätzlichen Unterschiede. Ihre Bewegungen und Gefühlsäußerungen, der fast menschliche Ausdruck ihrer Gesichter und selbstverständlich die Menschenähnlichkeit ihrer Körper verleiten nicht nur den Zoobesucher, sondern gelegentlich auch den Forscher zum Trugschluß, daß diesen charmanten Lebewesen nur die Sprache fehlt und daß sie, wenn sie ihnen gelehrt werden könnte, praktisch unseresgleichen wären. Diese Hoffnung scheint um so gerechtfertigter, als sie tatsächlich imstande sind, einfache menschliche Äußerungen zu verstehen – das aber können schließlich auch Hunde und viele andere höhere Tiere.

Die Geschichte der Beziehungen zwischen Menschen und Schimpansen ist daher nicht arm an durchaus ernstgemeinten, zum Teil langfristigen Versuchen, ihnen eine menschliche Sprache beizubringen. In den meisten dieser Experimente wurde ein Jungtier wie ein Kind, also in dauerndem menschlichem Kontakt in einem menschlichen Familienmilieu, aufgezogen. Der bekannteste und bestdokumentierte Versuch dieser Art ist der, den Keith und Catherine Hayes, zwei Forscher am Yerkes-Laboratorium für Primatologie in Florida, in ihrem eigenen Heim durchführten [62, 63]. Ein populärer Bericht über ihre Arbeit ist Catherine Hayes' Buch »The Ape in Our House« [59], das eine Fundgrube reizender Anekdoten und vieler Photos ist.

Es sei mir gestattet, zwei in diesem Buch beschriebene Vorfälle hier zu erwähnen, da sie besonders geeignet sind, dem Leser einen Begriff der Freundlichkeit des domestizierten Schimpansen und seiner Fähigkeit zu vermitteln, sich in unsere Wirklichkeit – im zweiten Beispiel sogar in eine fiktive Wirklichkeit – hineinzuleben.

---

* Aristoteles: *Topik* I 5, 102ª 20

Catherine Hayes' Schimpansin Viki spielte manchmal mit Hunden und Katzen. Eines Tages war eine ihr bekannte Katze krank und sonnte sich auf der Hintertreppe des Nachbarhauses. »Viki sah gelegentlich hin und ging schließlich zu ihr hinüber. Die Katze rührte sich nicht. Viki beugte sich hinunter und blickte der Katze ins Gesicht. Dann küßte sie sie und ging leise wieder weg.« [61]
Eines Tages erfand Viki ein neues Spiel. Sie benahm sich, als zöge sie ein an einer Schnur befestigtes Spielzeug im Badezimmer herum. Schließlich gab sie ganz offensichtlich vor, das imaginäre Spielzeug habe sich hinter einem Rohr verheddert. Sie blickte Mrs. Hayes an und rief laut: »Mama, Mama!« (eines der wenigen Worte, die sie auszusprechen gelernt hatte):

Plötzlich machte mir die Unwirklichkeit der Situation Angst, aber ich fand, daß ich unserer künftigen Harmonie wegen mitmachen mußte. Ich sagte lächelnd: »Komm, laß dir helfen.«
Und indem ich eine umständliche Pantomime in Szene setzte, nahm ich ihr die Schnur aus der Hand und löste sie mit vielem Ziehen und Hantieren vom Rohr. Ich wagte nicht, ihr in die Augen zu blicken, bis ich ihr die Schnur hinhielt, die wir beide (glaube ich) nicht sehen konnten. »Hier, Kleine«, sagte ich.
Dann sah ich den Ausdruck ihres Gesichts. Im Falle eines stummen Menschen hätte man ihn einen Blick reinster Verehrung und Dankbarkeit für erwiesenes Verständnis nennen können. Außerdem hatte sie ein leichtes Lächeln auf ihren Lippen. Und ihr Gesicht spiegelte den Ausdruck eines Kindes wider, das über das willige Mittun eines Erwachsenen in einem Phantasiespiel erstaunt ist. [60]

Wie verschiedene andere Forscher fanden auch die Hayes, daß die Fähigkeit des Schimpansen, eine menschliche Sprache zu erlernen und anzuwenden, sehr begrenzt ist. Viki lebte sechs Jahre mit ihnen, und obwohl sie menschlicher Sprache im selben Grade ausgesetzt war wie ein Kind gleichen Alters und obwohl sie viele Anweisungen verstand, erlernte sie nur den Gebrauch von vier Wörtern, nämlich *Papa*, *Mama*, *cup* und *up*.* Doch selbst die Aussprache dieser vier Wörter war für sie schwierig, und überdies verwendete sie sie oft wahllos und in Zusammenhängen, die bewiesen, daß sie ihren Sinn nicht verstand.

---

* Die meisten der in diesem Kapitel erwähnten, von Schimpansen in der einen oder anderen Form verwendeten Wörter können nicht direkt übersetzt werden, weil sie auf Deutsch entweder länger, mehrdeutig oder phonetisch sehr verschieden sind. Ich lasse sie daher im englischen Original.

Dieses Versagen scheint die traditionelle Ansicht zu bestätigen, wonach nur Menschen sogenannte digitale Sprachen entwickeln und lernen können; das heißt Sprachen, die über den bloßen Lautausdruck von Emotionen, Warnungen und dergleichen hinausgehen und auf viel komplexeren Grundeigenschaften beruhen, wie etwa auf dem Gebrauch von Symbolen und von willkürlich gewählten Zeichen zur Benennung von Objekten und Begriffen und ihrer Verbindung zu Sätzen unter Beobachtung komplizierter Kombinationsregeln. Wie das am Beginn dieses Kapitels stehende Zitat zeigt, bestand diese Ansicht seit den Tagen Aristoteles'. Moderne Forschungsergebnisse aber beweisen, daß zumindest im Falle der Schimpansen die Unfähigkeit zur Entwicklung einer Lautsprache im menschlichen Sinne hauptsächlich anatomisch bedingt ist. Es fehlt ihnen ein für diesen Zweck geeignetes Sprachorgan. Wie Yerkes und Learned schon vor fünfzig Jahren erwähnten, sind sie zwar Meister der Nachahmung, doch erstreckt sich diese Fähigkeit nicht auf die Hervorbringung von Lauten: »Ich habe sie niemals einen Laut imitieren und nur selten einen typisch eigenen Laut in Antwort auf meine Laute von sich geben hören« [191].

Dagegen aber sind ihre Hände ungewöhnlich fein entwickelt, und sie besitzen daher ein hohes Maß manueller Geschicklichkeit, woran ein Zoobesuch oder Jane van Lawick-Goodalls reizendes Buch [86] mit seinen Photos keinen Zweifel läßt. Über das Verhalten der Schimpansen liegt heute reichhaltiges und wohldokumentiertes Material vor, und wir wissen, daß sie viele Ausdrucksbewegungen (Grußformen, Betteln, Umarmungen, Küssen, Besänftigungsgesten, Spielverhalten usw.) haben, die verblüffend menschlich wirken, und daß sie außerdem sehr geschickt im Gebrauch beziehungsweise der Erfindung von Werkzeugen in Situationen sind, wo ihre Hände zur Erreichung eines praktischen Zwecks nicht ausreichen. In den letzten Jahren konzentrierten sich daher die Bemühungen verschiedener Forscher auf die Entwicklung von Sprachen, zu deren Ausdruck der Schimpanse seine Hände und andere Körperteile verwenden kann. Diese Sprachen haben den großen Vorteil, daß sie sowohl vom Menschen wie auch vom Schimpansen (und natürlich auch den anderen Menschenaffen) gemeinsam verwendet werden können. Obwohl diese Forschungsprojekte erst in ihren Anfängen stehen, drängt sich bereits der Eindruck auf, daß hier König Salomons Ring tatsächlich gefunden wurde oder daß – etwas weniger überschwenglich ausgedrückt – das Kluge-Hans-Trauma überwunden worden ist. Selbstverständlich kann ich im Folgenden nur jene Aspekte dieser Studien erwähnen, die eine direkte Beziehung zur uns interessierenden Frage des Erfassens anderer Wirklichkeiten haben, und selbst diese Aspekte können hier nur recht summarisch behandelt werden.

Zeichensprache

Im Juni 1966 begannen zwei Psychologen an der Universität von Nevada in Reno, das Ehepaar Allen und Beatrice Gardner, mit einer in freier Wildbahn geborenen Schimpansin zu arbeiten, die zu jenem Zeitpunkt ungefähr ein Jahr alt war und die sie – nach dem Reno durchquerenden Fluß – Washoe nannten. Der Zweck ihres Forschungsprojekts war der Versuch, Washoe den Gebrauch der amerikanischen Taubstummensprache (American Sign Language, ASL) zu lehren und zu untersuchen, ob und bis zu welchem Grad sich diese Sprache als Kommunikationsmittel zwischen Menschen und Menschenaffen verwenden läßt. [47, 56]
Wie die meisten anderen Zeichensprachen hat auch ASL einen Wortschatz von ungefähr fünf- bis sechstausend Zeichen, die hauptsächlich durch Hand-, Arm- und Kopfbewegungen ausgedrückt werden. Viele dieser Zeichen sind unmittelbar repräsentativ und bildhaft (ikonisch); das heißt, die betreffende Bewegung hat einen direkten Bezug zu ihrer Bedeutung. So ist zum Beispiel das Zeichen für Blume die Geste, die man ausführen würde, um eine zwischen den Fingerspitzen gehaltene Blüte an die Nase zu führen und an ihr zuerst mit dem einen, dann mit dem anderen Nasenloch zu schnuppern. Andere Zeichen sind willkürlich und haben keine offensichtliche Beziehung zu ihrem Sinn. Das ASL-Zeichen für Schuhe zum Beispiel besteht darin, daß die Daumenseiten der geballten Fäuste mehrmals zusammengeschlagen werden. Die Mehrzahl der ASL-Zeichen aber ist eine Mischung von bildhaften und willkürlichen Elementen, und wie in den meisten Zeichen- und Bildersprachen tritt auch hier ein gewisser Grad der Verwischung durch den wiederholten und raschen Gebrauch der Zeichen ein, so daß viele von ihnen höchst stereotyp werden. Interessanterweise können in einer solchen Sprache nicht nur konkrete

Gegenstände und Handlungen ausgedrückt werden, sondern auch abstrakte Begriffe und Denkvorgänge. ASL ist daher nicht nur eine Sprache, die schon vollausgebildet zur Verfügung steht, sondern für ihren Gebrauch durch die ohnehin mit Gestik kommunizierenden Menschenaffen geradezu prädestiniert erscheint.

Als Washoe im Oktober 1970 für weitere Studien von Reno ins Primatologische Institut der Universität von Oklahoma in Norman überführt wurde, besaß sie bereits ein Vokabular von 136 Zeichen, die sie wiederholt zu insgesamt 245 sinnvollen Kombinationen (»Sätzen«) von drei oder mehreren Zeichen zusammengefaßt hatte.

Die Gardners lehrten Washoe viele dieser Zeichen durch geduldige Wiederholung in zutreffenden Situationen. Dieser Erfolg ist in Anbetracht der bekannten Imitationsfähigkeit des Schimpansen nicht überraschend. Viel interessanter aber war Washoes häufig bewiesene Fähigkeit, *neue* Zeichen zu erfinden und von jenem Augenblick an den Gebrauch dieser Zeichen durch ihre menschlichen Partner anzuerkennen. Sie führte zum Beispiel für *hurry!* (»rasch!«) das kräftige Schütteln der geöffneten Hand vom Handgelenk aus ein. Ein anderes Beispiel ist *funny* (»lustig«), zu dessen Ausdruck sie ein kurzes Schnauben und das Pressen des Zeigefingers gegen ihre Nase einführte. Dieses Zeichen wurde dann durch Wiederholungen im sinngemäßen Kontext zum von ihr und ihren Pflegeeltern verwendeten Ausdruck für *funny*. Wie die Gardners beschrieben, ergab sich dies, indem das Zeichen »zuerst spontan und zufällig auftrat und sich daher als einfaches Imitationsspiel anbot – Washoe signalisierte zuerst *funny*, dann taten wir dasselbe, dann wieder sie, usw. Wir lachten während der von ihr begonnenen Interaktionen und leiteten das Spiel unsererseits dann ein, wenn etwas Lustiges passierte. Schließlich begann Washoe das Zeichen für ›lustig‹ in ungefähr sinngemäßen Situationen zu verwenden« [56].*

Die von Washoe begangenen Fehler waren fast ebenso bedeutsam und bezeichnend wie ihre Erfolge. Es wurden ihr Bilder von Tieren, Nahrungsmitteln und Gebrauchsgegenständen gezeigt, und sie wurde aufgefordert, diese zu benennen. (Zur Vermeidung des Klugen-Hans-

---

* Die Gardners und ihre Assistenten verwendeten ausschließlich ASL mit Washoe und in Washoes Gegenwart. Dagegen wurden nichtsprachliche Vokalisierungen (Lachen, Mißfallensäußerungen usw.) sowie Pfeifen, Händeklatschen und dergleichen ohne Einschränkungen verwendet.

Phänomens wurden sorgfältige Vorkehrungen gegen jede unbeabsichtigte Zeichengebung durch die Versuchsleiter getroffen.) Washoe verwendete zum Beispiel das ASL-Zeichen *Hund* für das Bild einer Katze, *Bürste* für Kamm, oder *Essen* für Fleisch. Die Bedeutung dieser Fehler liegt natürlich darin, daß sie nicht wahllos sind, sondern auf dem richtigen Gruppieren von Begriffen beruhen. Der letztgenannte Fehler (*Essen* statt Fleisch) ist besonders interessant, weil er zu beweisen scheint, daß Washoe in Begriffen von Objektmengen (das heißt von logisch identischen Elementen) denken kann – eine andere Fähigkeit, die lange für eine ausschließlich menschliche galt, die aber, wie wir weiter unten sehen werden, von zwei anderen Forschern (dem Ehepaar Premack) bei Schimpansen nachgewiesen wurde. In ähnlicher Weise verwendete Washoe lange Zeit das Zeichen *Baby* unterschiedlos für Spielzeugkatzen, Spielzeughunde usw., niemals aber für das betreffende Tier selbst oder sein Bild.

Wie erwähnt, begann Washoe bald, Zeichen zu primitiven Sätzen zu verbinden, und schritt damit vom bloßen Benennen von Dingen (der archaischsten Form des Ordnens der Wirklichkeit) zur Kommunikation mit ihrer Umwelt und über sie. Ihre ersten Sätze waren Aufforderungen oder Bitten, zum Beispiel *gimme sweet**(»gib mir Süßigkeit«) oder *come open* (»komm aufmachen«). Bald wurden diese Zusammensetzungen komplexer und schlossen zum Beispiel den Namen der Person ein, an die die Aufforderung gerichtet war: *Roger you tickle* (»Roger, du [mich] kitzeln«). Die Einführung des *aufmachen* ist in diesem Zusammenhang von Interesse. Wie ein Kleinkind verlangte Washoe zunächst das Öffnen einer Tür, indem sie mit den Handflächen oder den Knöcheln dagegen trommelte. Da diese Bewegung aber auch der Beginn des ASL-Zeichens für *öffnen* ist, lehrten die Gardners sie die Fortsetzung des Zeichens, indem sie Washoes Hände auseinanderzogen und die Handflächen nach oben drehten. Washoe übertrug den Gebrauch des Zeichens dann sehr rasch auf andere sinngemäße Situationen – auf das Öffnen des Kühlschranks, von Kasten, Laden, Schachteln, Aktentaschen und Glasbehältern mit Schraubdeckeln, und schließlich auch auf Wasserhähne. Dies beweist, daß sie nicht bloß einen Trick erlernt, sondern offensichtlich die Be-

---

* *Gimme* ist die in Kindersprache und Slang verwendete Zusammenziehung von *give me* und wird in dieser Form in ASL als *ein* Zeichen beibehalten.

deutung des Zeichens als solches erfaßt hatte, und mit ihm die des abstrakten Begriffes »etwas öffnen, das verschlossen ist«. Und auch hier begann sie bald, zu Zeichenkombinationen überzugehen. Bei verschiedenen Gelegenheiten verwendete sie die folgenden »Sätze« vor einer verschlossenen Tür: *gimme key, more key, gimme key more, open key, key open, open more, more open, key in, please, open gimme key, in open help, help key in* und *open key help hurry* [48]. Diese Beispiele mögen den Eindruck erwecken, daß Washoe die Zeichen recht wahllos aneinanderreihte; die Gardners berichten aber, daß sie fähig ist, sie in jeweils richtiger Reihenfolge zu geben. Ein Beispiel dafür ist *you me go out hurry* (»du [und] ich rasch hinausgehen«). Noch eindrucksvoller ist ihre Fähigkeit, richtig zwischen der Bedeutung von *you tickle me* (»du mich kitzeln«) und *me tickle you* (»ich dich kitzeln«) zu unterscheiden [50]. (Kitzeln und gekitzelt werden ist für alle Schimpansen eine Wonne und daher eine wichtige soziale Betätigung.) Auch ist sie zu Interaktionen fähig, die in jeder Hinsicht als Dialoge gelten dürfen; zum Beispiel:

Washoe: *Out, out!* (»Hinaus, hinaus!«)
Trainer: *Who out?* (»Wer hinaus?«)
Washoe: *You* (»Du«)
Trainer: *Who more?* (»Wer mehr?«, das heißt »wer sonst noch?«)
Washoe: *Me* (»Ich«) [49]

Und manchmal »spricht« sie sogar zu sich selbst: Die Gardners beobachteten sie beim Gebrauch des Zeichens *hurry!* (»schnell«), als sie eiligst zu ihrem Töpfchen unterwegs war.
Ein weiterer wichtiger Erfolg bestand darin, daß ihre Mitteilungen schließlich über die bloßen Forderungen und Bitten hinausgingen, die für in sozial geordneten Gruppen lebende Tiere gang und gäbe sind. Die Struktur dieser Gruppen beruht auf der Hierarchie ihrer Beziehungen, und wie Bateson wiederholt [z. B. 15] feststellte, wird in der Beziehungssprache die Bitte um Nahrung zum Beispiel durch Verhalten kommuniziert, das Teil eines spezifischen Beziehungsmusters ist. Das betreffende Tier signalisiert durch typisches Jungtierverhalten, »Sei Mutter zu mir« statt »Ich bin hungrig«, wie derselbe Sinn in menschlicher Sprache ausgedrückt würde. Als Washoe aber begann, die Zeichen *listen dog* (»Horch Hund«) zu verwenden, wenn sie das Bellen eines Hundes auf der Straße hörte, oder *listen eat* (»Horch essen«) beim Ertönen der die Fütterungszeit anzeigenden Glocke, schritt sie

über das bloße Benennen von Gegenständen und das Stellen von Forderungen hinaus zum Gebrauch von Mitteilungen, die man denotativ (das heißt Mitteilungen *über* die Objekte ihrer Wahrnehmung und deren Sinn) nennen und daher der Wirklichkeit zweiter Ordnung zuordnen darf. Seit ihrer Ankunft in Norman hat sie weitere Fortschritte gemacht. Der Forschungsleiter, Dr. Fouts, berichtet, daß sie eines Tages *gimme rock berry* (»Gib mir Stein Beere«) signalisierte. Dies war eine neue, aber anscheinend unrichtige Zeichenkombination. Es stellte sich aber heraus, daß Washoe damit eine Brasilnuß meinte, deren Schale bekanntlich sehr hart ist. Lucy, ebenfalls eine von Fouts Schimpansinnen, brachte eine ähnlich schöpferische Leistung zuwege, als sie zum ersten Mal ein Radieschen kostete, es ausspuckte und *cry hurt food* (also etwa »Weinen wehweh Essen«) nannte. Aber die bei weitem komischste Bemerkung stammt, wie Fouts berichtet, von Washoe, die nach einer Rauferei mit einem Rhesusaffen diesen einen *dirty monkey* (»schmutzigen Affen«) nannte und damit bewies, daß sie sowohl semantisch richtiger Sinnübertragungen fähig ist als auch der für die Wirklichkeit zweiter Ordnung grundlegenden Zuschreibung von Sinn und Wert. Bis zu jenem Zeitpunkt hatte sie nämlich das Zeichen *dirty* nur zur Bezeichnung von Exkrementen und anderem, tatsächlichem Schmutz verwendet. Seither gebraucht sie es regelmäßig als Adjektiv zur Bezeichnung von Personen, die ihre Forderungen nicht befolgen. [43]

Von großem Interesse ist auch, daß die Oklahoma-Schimpansen dazu übergegangen sind, ASL sogar unter sich selbst zu verwenden. Wie Fouts und seine Mitarbeiter beobachten konnten, ist das hauptsächlich bei gegenseitigem Kitzeln, Besänftigen und gelegentlich auch dann der Fall, wenn sie miteinander spielen oder gemeinsam etwas unternehmen. Da sie gleichzeitig aber auch ihre natürlichen Ausdrucks- und Mitteilungsgesten verwenden, ist es nicht übertrieben, zu sagen, daß sie zweisprachig sind; etwa wie Kinder, die im Ausland aufwachsen und sowohl ihre Muttersprache als auch die Fremdsprache gebrauchen.

Da die Kommunikationsforschung mit den Menschenaffen erst in ihren Anfängen steht, ist die Zahl der durch sie selbst aufgeworfenen Fragen größer als die ihrer Antworten. So ist zum Beispiel die obere Grenze des einem Schimpansen möglichen ASL-Vokabulars noch unbekannt, und man weiß nur sehr wenig über seine Fähigkeit, zwei besonders wichtige Sprachelemente, nämlich Fragen und Verneinungen, nicht nur in Kommunikation mit Menschen, sondern mit seinen Artgenossen selbst zu verwenden. Neueste Forschungsergebnisse scheinen aber anzudeuten, daß ihnen beide Begriffe zugänglich sind. Fouts Schimpansin Lucy spielt mit ihrer Stoffkatze und fragt sie die Namen von Gegenständen [44]. Dagegen ließe sich natürlich einwenden, daß es sich dabei um eine einfache Imitation des Verhaltens ihrer eigenen Trainer handeln kann; das heißt, daß sie mit ihrem Spielzeug »Versuchsleiter« spielt und ebenso »was ist dies? – was ist das?« fragt, wie sie es selbst gefragt wird. Was Verneinungen betrifft, sind mir zwei Beispiele in den Kommunikationen eines dreijährigen Gorillaweibchens namens Koko bekannt, das an der Stanford-Universität ASL »studiert«. Ihre Lehrerin, cand. phil. Penny Patterson, beobachtete, daß Koko *cannot* (»kann nicht«) signalisiert, wenn sie auf ihrem Töpfchen sitzt, aber nicht produzieren kann. Das andere Beispiel ist eine indirektere Verneinung: Koko vergnügte sich auf ihrer Schaukel, und Fräulein Patterson signalisierte ihr: *time eat* (»Essenszeit«), worauf Koko weiterschaukelte und nonchalant erwiderte *time swing* (»Schaukelzeit«). [122]

Projekt Sarah

Ein vom linguistischen Standpunkt besonders interessantes Forschungsprojekt auf dem Gebiet der Kommunikation zwischen Menschen und nichtmenschlichen Primaten wird zur Zeit von zwei Psychologen, dem Ehepaar David und Ann Premack, an der Universität von Kalifornien in Santa Barbara durchgeführt. Ihre in freier Wildbahn geborene Schimpansin Sarah war zu Beginn des Projekts sechs Jahre alt. Sarah kommuniziert nun mit Hilfe von Plastikzeichen (Symbolen), deren Rückseite magnetisch ist und die sich daher leicht auf einer vertikalen Metalltafel anordnen lassen. Die Premack-Studie hat nicht nur bereits neues Licht auf die allgemeinen Probleme des Erlernens von Sprachen geworfen, sondern scheint außerdem dazu prädestiniert zu sein, mit unserer chauvinistischen Annahme aufzuräumen, daß der Erwerb und der Gebrauch komplexer Sprachen eine rein menschliche Fähigkeit ist. Dem interessierten Leser steht ein ausführlicher Bericht in der Zeitschrift *Science* [136] zur Verfügung.

Projekt Sarah handelt von Wörtern, Sätzen, Fragen, Verneinungen, metalinguistischen Problemen (das heißt der Verwendung von Sprachen für das Lehren von Sprachen), Mengenbegriffen (zum Beispiel Farbe, Form, Größe), Zeitwörtern, den Quantifikatoren *alle, kein, ein* und *mehrere*, und schließlich der wichtigen Kausalbeziehung *wenn-dann* (die bekanntlich die Grundlage alles Denkens in Begriffen von Ursache und Wirkung ist).

Die Premacks stellten bei Sarah zunächst eine Assoziation zwischen einem bestimmten Plastikzeichen und einem Wort her. Weder die Form noch die Farbe dieser Zeichen steht in irgendeiner unmittelbaren Beziehung zu dem mit dem Wort bezeichneten Gegenstand oder Begriff. Es handelt sich also um ebenso willkürliche Sinnbezüge wie im Falle der meisten Wörter einer Sprache, die ja auch keine unmittelbare Ähnlichkeit mit ihrer Bedeutung haben. (Wie Bateson und Jackson einmal bemerkten, »hat die Zahl 5 nichts besonders Fünfartiges an sich und das Wort ›Tisch‹ nichts besonders Tischähnliches« [14].)

Um den Sinnbezug zwischen dem Objekt und dem dafür gewählten Zeichen herzustellen, legten die Premacks Sarah zuerst eine Frucht hin und gestatteten ihr, sie zu essen. Dann legten sie ihr dieselbe Frucht zusammen mit dem für sie gewählten Zeichen hin und schließlich nur das Zeichen, während sie die Frucht in Sarahs Sichtweite, aber nicht auf dem Tisch beließen. Sie brachten es Sarah dann bei, das Zeichen vom Tisch auf die Metalltafel zu übertragen. All dies lernte sie fast sofort.

Es versteht sich von selbst, daß diese einfache Herstellung einer Assoziation zwischen einem bestimmten Zeichen und einer Frucht sich auf andere Früchte und Zeichen ausdehnen läßt, auf die Namen der Trainer und schließlich auch auf Begriffe, die nicht nur Namen von Objekten sind. Auf diese Weise lernte Sarah die Verwendung von Zeitwörtern und war schließlich imstande, Sätze wie *Sarah give apple Mary* (»Sarah gibt Apfel [an] Mary«) durch Verwendung der richtigen Zeichen in der richtigen Reihenfolge auf der Tafel zusammenzustellen, wenn ihr ein Stück Schokolade zum Tausch für ihren Apfel angeboten wurde.

Indem die Premacks auf diese geduldige und methodische Weise Sarahs Sprachrepertoire aufbauten, vermittelten sie ihr nicht nur einen ausgedehnten Sprachschatz, sondern bewiesen damit auch, daß Sarah intellektueller Leistungen fähig ist, die bisher für ausschließlich menschlich galten: Sie verwendet die sogenannten »W-Wörter« (*wer, was, warum, wo,* usw.), verschiedene Verneinungen, die Vergleichsbegriffe *dasselbe* und *verschieden*, die metalinguistischen Begriffe *Benennung für* und *nicht Benennung für*, wie etwa in der Frage *?›banana‹ name of apple* (»Ist das Zeichen für ›Banane‹ der Name des Gegenstands ›Apfel‹?«) oder *?name of dish* (»Was ist der Name dieser Speise?«), und sie ist fähig, durch die Verwendung des *ja*- oder *nein*-Zeichens die Frage richtig zu beantworten. Das überraschendste Ergebnis dieser Untersuchungen ist aber die Fähigkeit der Schimpansin, ihre Welt in logischen Mengen (im Sinne der Mengenlehre) zusammenzufassen. So ist Sarah zum Beispiel imstande, eine Wassermelone dem Mengenbegriff der Früchte zuzuordnen oder dem der Nahrung, oder der Menge der runden Gegenstände, je nachdem, wie die Frage an sie gestellt wird. Dies aber bedeutet nicht mehr und nicht weniger, als daß alle paradoxen Vermischungen zwischen einer Menge und den sie zusammensetzenden Elementen, die, wie wir bereits oben (Seite 27 ff.) sahen, verwirrende Paradoxien erzeugen können, auch im Wirklichkeitserleben der Menschenaffen auftreten müssen. Es drängt sich hier die Frage auf, ob Logiker und Philosophen, von den alten Griechen bis herauf zu Whitehead und Russell, jemals von dieser Möglichkeit träumten.

Abschließend möchte ich nochmals betonen, daß meine Ausführungen über die Kommunikationsmöglichkeiten und -formen zwischen Mensch und Menschenaffen höchst skizzenhaft sind und keineswegs alle derzeitigen Studien auch nur oberflächlich erwähnen, wie zum Beispiel Rumboughs, Gills und von Glaserfelds computertrainierte Schimpansin Lana [147] und mehrere andere Projekte. Ich hoffe aber, gezeigt zu haben, daß, wo immer die endgültigen Grenzen der Verständigung liegen mögen, unser menschlicher Chauvinismus heute bereits einen schweren Schlag dadurch erhalten hat, daß nicht wir Menschen, sondern die Menschenaffen als erste die Sprache einer anderen Gattung erlernten und damit den menschlichen Wirklichkeitsbereich betraten.

Und schließlich führen diese Untersuchungen auch noch zu einer anderen wichtigen Überlegung. Die natürliche Umwelt der Menschenaffen erfordert niemals die Verwendung – und führt daher nicht zur spontanen Ausbildung – der erstaunlichen intellektuellen Fähigkeiten, von denen wir nun wissen, daß sie sie besitzen. Oder anders ausgedrückt, ihr geistiges Potential ist viel größer, als es ihr Leben in freier Wildbahn erfordert; es kann aber im völlig »unnatürlichen« Umgang mit uns geweckt und ausgebildet werden. Dies scheint in noch größerem Maße für den Delphin zuzutreffen, dem ich mich im nächsten Kapitel zuwenden möchte, und es wirft vor allem die Frage nach unserem eigenen Potential auf: Bis zu welchem Grade verwenden wir Menschen die uns innewohnenden Fähigkeiten und welche außerirdischen Versuchsleiter könnten uns helfen, sie voll zu entwickeln?

Der Delphin

In Afrika gibt es eine Kolonie Hippo, dicht am Meere gelegen. In der Nähe befindet sich eine schiffbare Lagune; aus ihr führt ein Kanal wie eine Art Fluß ins Meer, der abwechselnd, je nachdem Flut oder Ebbe ist, bald sich ins Meer ergießt, bald zur Lagune zurückströmt. Leute jeden Alters vergnügen sich hier mit Fischen, Kahnfahren und auch Schwimmen, besonders die Jugend, die ihre Freizeit und ihr Spieltrieb dazu reizt. Ihr gilt es als Heldentat, soweit wie möglich hinauszuschwimmen; Sieger ist, wer das Ufer und zugleich seine Mitschwimmer am weitesten hinter sich läßt.
Bei diesem Wettkampf wagte sich ein Knabe, der dreister als seine Kameraden war, besonders weit hinaus. Da begegnet ihm ein Delphin, schwimmt vor ihm her, folgt ihm, umkreist ihn, nimmt ihn schließlich auf den Rücken, wirft ihn wieder ab, nimmt ihn noch einmal auf den Rücken, trägt den Verängstigten auf die hohe See hinaus, kehrt dann um und bringt ihn wieder ans Land und zu seinen Kameraden.
Die Geschichte macht in der Kolonie die Runde, alles strömt zusammen, bestaunt den Knaben wie ein Wundertier, fragt ihn aus, hört ihn an, erzählt es weiter. [130]

Dieser Brief des jungen Plinius an seinen Dichterfreund Caninius drückt die Faszination aus, die diese legendenumwitterten Bewohner der weiten Meere seit Jahrtausenden auf uns ausüben. Diese Faszination ist nicht leicht zu definieren. Da ist etwas im Wesen des Delphins, das uns stärker und anders berührt als der Charme aller anderen Tiere. Plinius' Bemerkung, daß man den Knaben wie ein Wundertier bestaunte, ist wahrscheinlich nicht übertrieben. Fast alle Menschen, die Gelegenheit hatten, Delphine zu beobachten oder mit ihnen sogar in nähere Berührung zu kommen, sind sich über ihren ungewöhnlichen Einfluß auf die Gefühle und die Vorstellungswelt des Menschen einig. Ein Beispiel, das Anthony Alpers in seinem reizenden Buch über die Delphine [6] erwähnt, kann stellvertretend für viele ähnliche Geschichten stehen. Im Jahre 1955 bemerkten die Einwohner der kleinen Stadt Opononi auf der Nordinsel Neuseelands, daß ein junger Delphin fast täglich in ihren Hafen kam und Booten und Schwimmern folgte. Im besonderen schien er ein dreizehnjähriges Mädchen ins Herz geschlossen zu haben, von der er sich berühren ließ und die er gelegentlich auf seinem Rücken trug. Und wie siebzehn Jahrhunderte früher in Hippo verbreitete sich auch hier die Geschichte von diesem Delphin mit Windeseile, und die Leute kamen von nah und fern, um ihn zu sehen. Um die Neujahrszeit waren es bereits Tausende, die das Städtchen füllten, die Küstenstraße mit ihren Fahrzeugen verstopften und am Strande kampierten. Der Delphin, den sie Opo nannten, schien ihre Anwesenheit zu lieben, und er kam jeden Tag ganz nahe an die Küste heran. Was die Geschichte aber so bemerkenswert macht und der Thematik dieses Buches nahebringt, umreißt Alpers mit den Worten: »Auf diese Masse sonnenverbrannter, drängelnder Menschen hatte der sanfte Delphin eine segensreiche Wirkung.« Im Gegensatz zu anderen Jahren kam es zu keinem einzigen Falle von Trunkenheit, Streiten oder Tätlichkeiten. »Manche Leute waren vom Anblick Opos so hingerissen«, schrieb ein Bewohner von Opononi, »daß sie voll angezogen ins Wasser liefen, um ihn zu berühren«, fast als ob das Berühren dieses Besuchers von einer anderen, fernen Wirklichkeit ihnen eine Art Erlösung verlieh:

Abends, wenn Opo sich entfernt hatte und wenn es kühl geworden war, drehten sich alle Gespräche um den Delphin. In den Zelten, die wie blaßgrüne Lampen unter den Pinien standen, tauschten die Menschen mit gedämpften Stimmen Erfahrungen aus, und die Kinder träumten mit hochroten Wangen von ihrem Freund. Völlig fremde Menschen besuchten einander in den Zelten, und das gemeinsame Erlebnis überbrückte alle Gegensätze und brachte die Menschen einander näher. Im Speisesaal des Hotels unterhielt sich jeder mit jedem. So überraschend und ungewöhnlich war dieses Verhalten, daß man zuweilen den Eindruck hatte, alle diese Menschen fühlten sich schuldig, ohne es sich eingestehen zu wollen – vielleicht wegen der Gleichgültigkeit und Unfreundlichkeit, die sie so oft anderen Tieren, die ihren Weg kreuzten, entgegengebracht haben mochten. Von Opo, der nie nach der Hand schnappte, die ihn zu berühren versuchte, schien die Vergebung auszugehen, die sie suchten. [7])

Doch auch im Lichte nüchterner, wissenschaftlicher Tatsachen ist der Delphin bemerkenswert. Da ist vor allem sein riesiges Gehirn zu erwähnen, über das viel mehr zu sagen wäre, als es im Rahmen dieser Darlegungen möglich ist. Ich muß mich also auf einige wenige, grund-

sätzliche Angaben beschränken, die für das Verständnis des Nachfolgenden unerläßlich sind:
Die Hirngröße eines Organismus hat sowohl absolute wie relative Bedeutung. Je größer und daher komplexer ein Gehirn ist, desto komplexer und reichhaltiger sind natürlich auch seine Funktionsmöglichkeiten. Diese Zunahme an Komplexität ist aber nicht stetig und geradlinig; neue und höhere Funktionen treten vielmehr diskontinuierlich auf. So liegt zum Beispiel eine kritische Grenze bei einem Gewicht von ungefähr 1000 Gramm. Überhalb dieser Grenze ermöglicht der Reichtum der Gehirnorganisation (die Interkonnektivität) die spontane Verwendung von Symbolen und damit die Entwicklung von Sprachen im eigentlichen Sinne.*
Das Gehirn des erwachsenen Menschen wiegt durchschnittlich 1450 Gramm, das Gehirn der Großwale ist sechsmal, das der Elefanten viermal so schwer. Jedoch ist sowohl im Falle des Wals wie des Elefanten das *relative* Hirngewicht (das Verhältnis zwischen Hirn- und Körpergewicht) wesentlich unter dem des Menschen. Das Hirn des Delphins übertrifft mit seinen etwa 1700 Gramm nicht nur absolut, sondern auch relativ das des Menschen, da die Länge und das Gewicht des Delphinkörpers ungefähr dem unseren entspricht.
Selbst wenn wir in Betracht ziehen, daß der Delphin vor Jahrmillionen ins Meer zurückging, nachdem er sich an die Lebensbedingungen des Festlandes angepaßt hatte, erklärt dies noch nicht, weshalb er über ein so überragend ausgebildetes Gehirn verfügt. Wenngleich es reine Spekulation ist, scheint es doch nicht allzu absurd, anzunehmen, daß er sich auf dem Lande vielleicht zu einer uns überlegenen Gattung entwickelt hätte. Er kehrte aber zu seinem Ursprung, der See, zurück, und beraubte sich damit gewisser Entwicklungsmöglichkeiten, die für die Ausbildung höherer Zivilisationen unerläßlich sind. Seine Hände wurden zu Schwimmflossen (deren Skelett noch dem einer Hand entspricht); das Fehlen von Händen aber schließt für ihn die Erfindung und den Gebrauch von Werkzeugen aus, ohne sie kann es keine Schrift

---

* Wie die allgemeine Systemtheorie lehrt, ist diese stufenweise, diskontinuierliche Zunahme der Funktionen eine grundlegende Eigenschaft komplexer Systeme; sie läßt sich beim derzeitigen Stande unseres Wissens über das Verhalten großer Systeme weder quantitativ noch qualitativ vorausbestimmen. Wir werden dieser Eigenschaft bei der Besprechung der Komplexität des Wachstums außerirdischer Zivilisationen (Seite 202) nochmals kurz begegnen.

und daher auch keine objektive Speicherung und Überlieferung von Information geben. All dies ist für die Delphine in ihrem Lebenselement natürlich bedeutungslos; sie leben in einem Zustand der Schwerelosigkeit; es besteht für sie keine Notwendigkeit, sich zu kleiden oder ein Obdach zu bauen; Nahrung ist meist reichlich vorhanden, und dies macht ihren Anbau sowie das Anlegen von Vorräten unnötig. Wenn wir vom Menschen absehen, sind ihre natürlichen Feinde nur der Hai und der Schwertwal, und sie können sich des ersteren recht gut erwehren und letzterem meist entkommen. Es fragt sich also: Wozu haben sie diese Supergehirne? Wie gesagt, stellt das Überleben im Ozean keine großen Anforderungen an die Intelligenz eines Meeresbewohners. Der Walhai zum Beispiel, der in jeder Hinsicht die Lebensbedingungen des Delphins teilt, kommt seit Jahrmillionen mit einem relativ winzigen Hirn in einem Körper von bis zu vierzig Tonnen Gewicht aus.

Kein Wunder also, daß der Delphin der Gegenstand größten wissenschaftlichen Interesses ist. Ganz offensichtlich hat ihn die Natur mit seiner überragenden Intelligenz für bessere Zwecke ausgebildet als zum Springen über die Bugwellen von Schiffen, zur Ausführung würdeloser Kunststückchen in Vergnügungsparks oder zum Auffinden von Übungstorpedos auf dem Meeresgrund. Ein weiterer Grund für seine große wissenschaftliche Bedeutung besteht darin, daß er von allen Tieren mit hochentwickelten Gehirnen das einzige ist, mit dem sich praktische Forschung treiben läßt – wie man sich unschwer vorstellen kann, bringen Großwale und Elefanten als Versuchstiere praktisch unüberwindliche technische Probleme mit sich. Besehen wir uns einige der wichtigeren, aber vielleicht weniger bekannten Forschungsergebnisse mit Delphinen:

Da sie Lungenatmer sind, müssen sie zum Atmen an die Wasseroberfläche kommen und können, wenn daran gehindert, wie ein Mensch ertrinken. (Jährlich sterben etwa hunderttausend Delphine dadurch, daß sie sich in Fischernetzen verfangen, denen gegenüber ihr noch zu erwähnendes Echolotsystem versagt.) Diese stets drohende Gefahr führte zur Ausbildung ungewöhnlicher und rührender Formen von Hilfsbereitschaft sowohl untereinander als auch ertrinkenden Menschen gegenüber. Wie schon Aristoteles, Plutarch und Plinius erwähnten und wie auch moderne Augenzeugenberichte beweisen, tun sie dies, indem sie unter den Ertrinkenden schwimmen und ihn an die

Oberfläche heben. Sowohl auf offener See wie auch in Forschungsinstituten wurde festgestellt, daß sie bewußtlose oder aus anderen Gründen schwimmunfähige Artgenossen auf diese Weise stundenlang unterstützen, wobei sie sich fortwährend in ihren Bemühungen ablösen. Mit Unterwassermikrophonen (sogenannten Hydrophonen) konnte ermittelt werden, daß in Lebensgefahr schwebende Delphine einen spezifischen Hilferuf ausstoßen, sozusagen ihr Äquivalent eines internationalen Notsignals, das alle in der Nähe befindlichen Artgenossen zu sofortiger Hilfeleistung herbeischwimmen läßt. Dieses Signal* kann vom Menschen nachgeahmt werden, und ich kenne einen jungen Zoologiestudenten, der dies ausprobierte, indem er zum Boden des Laboratoriumstanks hinuntertauchte und den Notruf ausstieß. Die beiden im Tank befindlichen Delphine kamen sofort zu seiner Hilfe und hoben ihn an die Oberfläche. Was dann geschah, ist sowohl für den Kommunikationsforscher als auch für den Sozialwissenschaftler von großem Interesse: Sie bemerkten, daß ihm nichts fehlte und er daher das Notsignal mißbraucht hatte, worauf sie ihm mit ihren harten Schnauzen und heftigen Schwanzschlägen das Delphinäquivalent einer Tracht Prügel verabreichten. Wie sehr sich ihre Welt auch sonst von der unseren unterscheiden mag, hier ging es um eine Regel, die in beiden Wirklichkeiten gilt: Der Mißbrauch eines lebenswichtigen Signals ist eine Übertretung, die im Interesse aller auf keinen Fall geduldet werden kann. Der Vorfall ist um so interessanter, als die Freundlichkeit und Geduld des Delphins dem Menschen gegenüber in jeder anderen Situation, ja selbst unter schwerer Provokation, geradezu sprichwörtlich ist.

Nicht weniger erstaunlich sind die Schlüsse, die gefangene Delphine über das Verhalten des Menschen und seine Beschränkungen zu ziehen imstande sind und die weitere Beweise für ihre Intelligenz liefern. Sie scheinen zum Beispiel keine Schwierigkeit zu haben, gute von schlechten Schwimmern zu unterscheiden, obwohl die menschlichen Schwimmbewegungen von ihren natürlich grundverschieden sind. In mehreren Fällen wurde beobachtet, daß sie Menschen an den Rand ihres Bassins drängten und sie ganz aus dem Wasser zu heben versuchten. Sie schienen der Ansicht zu sein, daß es in Anbetracht

---

* Lilly beschreibt es als einen kurzen, scharfen Pfiff, dessen Tonhöhe rasch ansteigt und dann ebenso rasch abfällt. [88]

der Schwimmkünste des Betreffenden zu gefährlich war, ihn im tiefen Tank zu belassen. Selbstverständlich ist dies reine Spekulation, und es ist genauso möglich, daß sie ihn aus anderen Gründen nicht in ihrem Tank duldeten. (Mir selbst widerfuhr die Auszeichnung, von zwei für dieses Verhalten bekannten Delphinen nicht nur nicht gerettet, sondern als Gast im Tank akzeptiert zu werden. Möglicherweise überzeugten sie meine Tauchkünste; jedenfalls begannen sie sehr bald, mir eine Art Fangenspiel vorzuschlagen, und waren sichtlich befriedigt, als ich darauf einging.)

Die Vokalisierungen der Delphine gehen weit über die vom Menschen wahrnehmbaren Frequenzen. Erstaunlicherweise erkennen sie dies sehr rasch und bringen ihre an uns gerichteten Signale auf menschliche Frequenzen herunter. Auch scheinen sie zu wissen, daß wir sie unter Wasser nicht hören können, und heben daher ihre Blaslöcher aus dem Wasser heraus, wenn sie sich uns hörbar machen wollen. All dies mag auf den ersten Blick nicht sehr bemerkenswert erscheinen, setzt jedoch bei ihnen ein weitgehendes Verständnis einer für sie zunächst gänzlich fremden Wirklichkeit, nämlich der Welt in menschlicher Sicht, voraus.

Ich erwähnte bereits Spiele. Wie viele andere Lebewesen ist auch der Delphin, besonders in seiner Jugend, verspielt, und sehr komplexe Spielverhalten, mit Regeln und Regeln für die Änderung dieser Regeln, sind unter ihnen keine Seltenheit. Was aber ihre Spiele mit Menschen betrifft, scheinen sie entdeckt zu haben, daß sie *uns* Tricks lehren können. Laut Forrest Wood von den Marine Studios in Florida erfaßten die jüngeren Delphine im dortigen Versuchstank sehr rasch, daß Menschen, denen sie ihre Gummiringe zuwarfen, diese ihnen prompt zurückwarfen und bereit waren, das Spiel so lange fortzusetzen, als es dem Delphin Spaß machte [188]. Es handelt sich hier also um ein typisches Interpunktionsphänomen: In klassischem, menschlichem Chauvinismus dürften die Besucher des Instituts annehmen, dem Delphin ein Kunststück gelehrt zu haben, während die Delphine sich in derselben Interaktion offensichtlich – und wohl mit Recht – als die Initiatoren des Spiels und daher die Beeinflusser des menschlichen Verhaltens betrachten.

Dies leitet auf einen anderen Eindruck über, dessen man sich nur schwer erwehren kann. Es scheint, daß der Delphin aktiv Kommunikation mit uns wünscht und sucht und daß ihn jeder Erfolg dieser Bemühungen offensichtlich befriedigt. Vielleicht wäre es richtiger, zu sagen, daß ihn das Nichtgelingen sichtlich ungeduldig stimmt oder verärgert, doch läuft die eine wie die andere Formulierung Gefahr, ihm menschliche Absichten, Gefühle und Reaktionen zuzuschreiben; eine Gefahr, die in Anbetracht ihrer Schönheit und ihres Charmes besonders groß ist. Und es ist nicht nur die Versuchung, sich ihnen gegenüber in wildes Anthropomorphisieren* hineinzusteigern, sondern die beiden Welten – ihre und unsere – können noch zusätzlich dadurch verquickt werden, daß die Delphine ihrerseits denselben Fehler begehen, nämlich zu zoomorphisieren und unsere Wirklichkeit in Begriffen der ihren zu sehen.

Und dies bringt uns zurück zu unserem eigentlichen Thema – der Anbahnung von Kommunikation mit außermenschlichen Partnern. Der Delphin ist ein solcher Partner par excellence, denn – um das bisher Gesagte zusammenzufassen – seine Intelligenz ist der unseren quantitativ wahrscheinlich ebenbürtig (oder sogar überlegen), er lebt in einer völlig andersgearteten Umwelt und ist anscheinend ebenso an uns interessiert wie wir an ihm. Welche Aussichten bestehen, mit ihm in Kommunikation zu treten?

Die Antwort auf diese Frage ist leider enttäuschend. Trotz eingehender Bemühungen ist es noch nicht gelungen, den Kommunikationscode der Delphine zu entschlüsseln. Es bestehen sogar berechtigte Zweifel, ob es eine Delphinsprache und daher einen Code überhaupt gibt, obwohl es paradoxerweise feststeht, daß sie untereinander höchst komplexe Mitteilungen austauschen. Ob und wie sich dieser Widerspruch klären wird, läßt sich schwer voraussagen. Es wäre zum Beispiel durchaus möglich, daß sie vom menschlichen Standpunkt aus keine Sprache zu haben scheinen, weil ihre Kommunikation vielleicht auf uns vorläufig unerfaßbaren Modalitäten beruht, also buchstäblich einer anderen Wirklichkeit angehört. Dies würde allerdings die Entwicklung einer Kunstsprache nicht ausschließen, die Mensch und Delphin teilen könnten.

Theoretisch könnte dies eine menschliche Lautsprache sein, praktisch würde dies aber auf eine Wiederholung der gescheiterten Bemühungen hinauslaufen, den Schimpansen Englisch zu lehren. Nachahmung

---

* *anthropomorphisieren*: das Übertragen menschlicher Eigenschaften und Verhaltensweisen auf Außermenschliches.

menschlicher Laute durch Delphine werden nicht selten festgestellt. Ein auf Tonband aufgenommener Vortrag Dr. John Lillys, des ehemaligen Direktors des Kommunikationsforschungs-Laboratoriums in der Nazarethbucht auf der Jungferninsel St.Thomas [91], enthält die angebliche Imitation des Satzes »*All right, let's go!*« durch einen der im Tank befindlichen Delphine, nachdem ihn der Versuchsleiter geäußert hatte. Abgesehen davon, daß auch ein Papagei dies fertigbrächte, sind die vom Delphin hervorgebrachten, quietschenden Laute so undeutlich, daß der Zuhörer sie nur dann zu verstehen glaubt, wenn ihm ihr angeblicher Wortlaut zuerst mitgeteilt wird. Er wäre aber genauso bereit, sie zum Beispiel für den Satz »*I swear, it's cold*« zu halten, wenn ihm gesagt würde, daß *das* ihr Sinn sei.*

Eine andere Möglichkeit wäre eine auf den Vokalisierungen des Delphins beruhende Sprache. Wie erwähnt, sind seine akustischen Signale komplex und liegen hoch über den uns wahrnehmbaren Frequenzen.** Seine Signale müßten daher auf das menschliche Niveau heruntergebracht werden, was sich technisch nur zum Preise ihrer Verlangsamung auf ein Achtel ihrer natürlichen Geschwindigkeit erreichen läßt. Dies bedeutet, daß jede Direktbeobachtung, die den Zusammenhang zwischen Signalen und Verhalten untersucht, schon nach zwei Sekunden hoffnungslos im Hintertreffen ist. Es wäre notwendig, den gesamten Verhaltensablauf zu filmen und den Film dann ebenfalls auf ein Achtel zu verlangsamen, um Korrelationen zwischen den Signalen und den jeweiligen Reaktionen auf sie feststellen zu können.

Ferner muß in Betracht gezogen werden, daß ein großer Teil der akustischen Signale des Delphins nicht Kommunikationen in dem Sinne sind, wie wir diesen Begriff bisher verwendet haben, sondern vor allem die Grundlage seines hochdifferenzierten Echolotsystems. Fledermäuse verwenden bekanntlich ein ähnliches, auf Hochfrequenzpfiffen

---

* Lilly ist sich dieser Fehlerquelle bewußt. In einer früheren Veröffentlichung erwähnt er bereits, daß eines abends jemand im Laboratorium sehr laut sagte, »*It's six o'clock*«, worauf einer der Delpine Laute von sich gab, von denen mehrere Anwesende überzeugt waren, daß es sich um eine Imitation dieser Äußerung handelte. Lilly selbst neigt dazu, sie für den Satz »*This is a trick*« zu halten, und mehrere seiner Kollegen, die den Satz auf Tonband hörten, waren ebenfalls seiner Meinung. [88]

** Menschliche Lautäußerungen liegen zwischen 100 und 5000 Schwingungen pro Sekunde; der Delphin verwendet Frequenzen zwischen 3000 bis 20 000 Schwingungen, und gelegentlich wurden Frequenzen von bis zu 120 000 c/sec festgestellt.

beruhendes Echosystem, das ihnen die Wahrnehmung und Vermeidung von Hindernissen im Dunkeln ermöglicht. Die für Navigation und Radioastronomie verwendeten Sonar- beziehungsweise Radarsysteme beruhen auf demselben Prinzip. Abgesehen von seiner verhältnismäßig rudimentären Verwendung durch den Blinden, verlassen wir Menschen uns auf das passive Empfangen von Sinneseindrücken aus der Umwelt. Wie die Fledermaus ist der Delphin dagegen Sender und Empfänger der eigenen Signale – sie sind sozusagen gleichzeitig Frage und Antwort; das heißt, ihre Wirklichkeitswahrnehmung beruht auf ihren an die Umwelt gestellten Fragen, die als Antwort der Umwelt zu ihnen zurückkehren. Wasser, das Lebenselement des Delphins, ist bekanntlich ein ausgezeichneter Schalleiter, und die von ihm ausgesandten und von der Umwelt reflektierten Hochfrequenzsignale orientieren ihn über

1. die Position und daher auch über die Geschwindigkeit und Richtung etwaiger Bewegungen eines Objekts;
2. seine Entfernung;
3. seine Größe, Form und Beschaffenheit.

In anderen Worten, mit Hilfe dieser Hochfrequenzechos (den »Antworten«) auf die von ihm ausgesandten Signale (seine »Fragen«) verfügt der Delphin jederzeit über ein auf den letzten Stand gebrachtes akustisches Bild seiner Umwelt. Mit ungleich höherer Präzision als wir Menschen ortet er ein Objekt auf Grund des minimalen Unterschieds in der Ankunft des Echos in seinem rechten und linken Ohr; die Zeitspanne zwischen Senden und Empfangen eines Signals gibt ihm die Entfernung; und schließlich scheint er ein enormes Maß an Information über die Bedeutung der spezifischen Veränderungen des reflektierten Signals zu besitzen, die es ihm ermöglicht, Rückschlüsse über die Beschaffenheit (zum Beispiel die Härte, Oberfläche, Dicke und viele andere physische Eigenschaften) des Objekts zu ziehen und es so voll zu identifizieren. Dies ermöglicht es ihm nicht nur, im Dunkeln oder in trübem Wasser zu fischen, sondern auch Fischarten zu erkennen, da er offensichtlich weiß, wie ein bestimmter Fisch akustisch »aussieht«. Es scheint sogar, daß sein Echolotsystem ihm akustische Röntgenbilder*, das heißt Information über die Innenbe-

---

* Verschiedene Forschungsinstitute versuchen zur Zeit, und bereits mit Erfolg, das Echolotsystem des Delphins nachzubauen und damit die strahlungsgefährliche Röntgendiagnostik durch absolut sichere Hochfrequenzschallgeräte zu ersetzen.

schaffenheit von Objekten vermittelt. Delphinmütter können zum Beispiel kolikartige Zustände in ihren Jungen feststellen, vermutlich weil die Blähung das Sonarecho des Kindes in typischer, ihr bekannnter Weise verändert. Mütter wurden beobachtet, wie sie dann die Bäuche ihrer Jungen sanft mit ihren Schnauzen beklopften, ganz wie dies Menschenmütter mit ihren Händen tun.

Der Delphin lebt also in einer überwiegend akustischen Welt, während unser Bild der Wirklichkeit hauptsächlich auf visuellen Wahrnehmungen beruht. Unsere Welten sind daher grundverschieden, und dies erschwert die Herstellung von für beide Welten begreiflichen Wirklichkeitsauffassungen. Dazu kommt noch die bereits erwähnte Unklarheit darüber, ob und wie sie untereinander kommunizieren – für gesichert kann nur unser Wissen über ihre Echolotung gelten, nicht aber, ob und wie diese auch im Dienste der Kommunikation unter ihnen selbst steht.

Andererseits lassen sich die vielen, verläßlichen Beweise dafür kaum übersehen, daß ihre Mitteilungen weit über die bloßen Warn- und Notrufe sowie alle anderen reinen Affektäußerungen hinausgehen, über die fast alle höheren Tiere verfügen. Eines der eindrucksvollsten Beispiele ist meines Wissens ein von Robinson in seinem Buch »*On Whales and Men*« [144] erwähnter Vorfall, der zwar nicht den Delphin, sondern seinen Verwandten, den Wal, betrifft und der dem Leser vielleicht nach Seemannsgarn klingen wird. Demnach wurde eine Flottille von Fischerbooten in der Antarktis an ihrer Arbeit durch die Invasion von Tausenden von Schwertwalen behindert, die unter den Fischen im Bereich der Boote aufräumten. Die Fischer funkten um Hilfe durch eine in der Nähe operierende Walflotte. Beide Flotten bestanden aus demselben Bootstyp, nämlich umgebauten Kriegskorvetten, und aus der Perspektive der Wale waren die Boote daher weder ihrer Form noch dem Motorengeräusch nach unterscheidbar. Ein Walboot feuerte einen einzigen Schuß aus seiner Harpunenkanone ab und tötete einen Wal. In weniger als einer halben Stunde verschwanden die Wale aus einem Gebiet von etwa fünfzig Quadratmeilen um die Walflotte herum, während sie fortfuhren, die Fischerboote zu belästigen.

Die aus diesem Vorfall zu ziehenden Schlußfolgerungen sind weitreichend. Das einzige Unterscheidungsmerkmal zwischen den beiden Bootsarten war die am Bug der Walboote sichtbar vorstehende Harpunenkanone. Da die Wale sich aus der Nähe der Walboote zurückzogen, aber weiterhin die Fischerboote umschwärmten, drängt sich der Schluß auf, daß der sterbende Wal den anderen die entscheidende Information über die Kanone mitgeteilt haben muß. Dies aber setzt eine Kommunikation voraus, die weit über das Wesen der allgemein bekannten tierischen Warnsignale hinausgeht. Um seine Artgenossen in der beschriebenen Weise zu beeinflussen, muß die Mitteilung des Wals detaillierte, sich auf Tatsachen beziehende und daher denotative Information enthalten haben; und wie schon erwähnt, gilt dies für eine ausschließlich menschliche Kommunikationsform. Daß Tiere einen Gefühlszustand wie zum Beispiel Angst ausdrücken und damit die anderen Tiere einer Gruppe in allgemeiner und unspezifischer Weise alarmieren können, dürfte schon dem Steinzeitmenschen bekannt gewesen sein. Die Übermittlung einer so spezifischen Mitteilung wie die Beschreibung eines Objekts und seiner Wirkung, findet dagegen auf einem ganz anderen Kommunikationsniveau statt als irgendein gattungsspezifisches Lautgeben; es muß sich dabei um ein Kommunikationssystem handeln, das im Wesentlichen der menschlichen Sprache gleichkommt. Oder etwas einfacher ausgedrückt: Der Aufschrei »Autsch«! ist eine viel primitivere, unspezifischere Kommunikation als der Ausruf »Du trittst mir auf den Zehen herum!«

Wenn der von Robinson erwähnte Vorfall sich tatsächlich so abspielte, ließe sich die Annahme kaum von der Hand weisen, daß Wale und daher sicherlich auch Delphine tatsächlich eine überragende Intelligenz und außerdem denotative Sprachen besitzen. Damit aber stehen wir wieder vor der Frage, wozu sie diese außergewöhnlichen Fähigkeiten verwenden. Es ist durchaus möglich, daß die endgültige Antwort sich als Enttäuschung erweisen wird und daß sich das Verhalten des Delphins in Gefangenschaft bestenfalls mit den kryptischen, aber leeren Andeutungen und dem humorlosen Clownverhalten des menschlichen Hebephrenen vergleichen läßt. Wenn dies der Fall wäre, hätten wir freilich allen Grund, uns zu fragen, was wir im Namen der Wissenschaft dieser gütigen Kreatur aus der Weite des Ozeans angetan haben.

Was wir nämlich, von wenigen rühmlichen Ausnahmen abgesehen, bisher mit ihm getan haben, ist, ihm Kunststückchen beizubringen. Ob in einem Forschungsinstitut oder einem Vergnügungspark, hat sich der Delphin als williges Objekt und Schüler erwiesen. Wissenschaftler auf der ganzen Welt, so zum Beispiel an den Universitäten von Cambridge, Hawaii, Bern, Berlin, Adelaide und Moskau, sind mit seinem Studium beschäftigt – zum Teil leider auch für sehr unheilvolle Zwecke. Die erstaunliche Tatsache zum Beispiel, daß er Höchstgeschwindigkeiten von 25 Knoten entwickelt und dies fast zehnmal so viel ist, als er auf Grund der ihm zur Verfügung stehenden Muskelkraft zuwege bringen »sollte«, ist für den Physiker von durchaus legitimem Interesse.* Es verlautet aber – und aus begreiflichen Gründen sind Beweise für diese Gerüchte nicht erhältlich –, daß Marinekreise mit Delphinen und Walen weniger harmlose Experimente ausführen als die Bergung abgeschossener Übungstorpedos vom Meeresgrund. Es sind da hartnäckige Gerüchte im Umlauf, wonach sie zur Verfolgung von Unterseebooten und zur Anbringung von Haftladungen an Schiffen oder militärischen Unterwasserinstallationen abgerichtet werden. Ein bestimmter Hafen in Südvietnam soll erfolgreich gegen feindliche Froschmänner von Delphinen verteidigt worden sein, denen man das Töten beigebracht hatte. Wenn dies der Fall wäre, könnten wir Menschen den traurigen Ruhm in Anspruch nehmen, der seit 3000 Jahren beschriebenen Freundlichkeit, Hilfsbereitschaft und Geduld der Delphine ein Ende gesetzt und sie zu Mördern gemacht zu haben.

Erfreulicherweise wächst auf der ganzen Welt die Forderung nach dem Schutz der Wale und Delphine, besonders da verschiedene Wale bereits von Ausrottung bedroht sind. Lilly berichtet, daß im Falle der Delphine die Sowjetunion den Anfang gemacht hat: Im März 1966 erließ das sowjetische Fischereiministerium ein zehnjähriges Verbot des gewerblichen Fangs von Delphinen im Schwarzen und im Asow-

---

* An toten Delphinen vorgenommene Schleppversuche haben ergeben, daß zur Erreichung der für den lebenden Delphin durchaus nicht ungewöhnlichen Geschwindigkeit von 15 Stundenkilometern 1,25 Kilowatt notwendig sind, während ihm nur etwa ein Siebtel dieser Energie zur Verfügung steht. Es wird angenommen, daß die Glätte der Außenhaut des Delphins irgendwie den Oberflächenwiderstand, der für den Großteil der Reibung von Wasserfahrzeugen verantwortlich ist, auf ein Minimum senkt. Mit Hilfe von Unterwasserphotos konnte auch nachgewiesen werden, daß am Körper des Delphins beim Beschleunigen und bei sehr raschem Schwimmen an beiden Seiten gewisse Rillen entstehen, die wahrscheinlich zu seiner mühelosen Geschwindigkeit beitragen. Die Leistung seiner Schwanzbewegungen übertrifft jene der Schiffsschraube bei weitem, und dieses Prinzip wird vielleicht einmal auf den Antrieb von Schiffen Anwendung finden.

schen Meer. Mehrere Mitglieder der Sowjetischen Akademie der Wissenschaften haben an ihre Kollegen auf der ganzen Welt appelliert, ähnliche Verbote in ihren eigenen Ländern zu erwirken.[90]
Lilly selbst ist ein unermüdlicher Verfechter der Notwendigkeit des Schutzes der Cetacea (der Waltiere, denen die Delphine angehören). Seiner Ansicht nach legt uns der hohe Grad ihrer Entwicklung die ethische Verpflichtung auf, sie als uns ebenbürtig zu betrachten und dementsprechend zu behandeln. Er schlägt zum Beispiel vor, daß wir in bezug auf den Spermwal mit seinem enormen Gehirn äußerste Anstrengungen machen sollten, ihn mit unserer menschlichen Wirklichkeit und unseren Leistungen vertraut zu machen. Um eine Kostprobe von Lillys manchmal überbordenden Ideen zu geben, zitiere ich hier aus einem seiner Bücher:

Möglicherweise ist das, was bei einem Spermwal den meisten Respekt vor der menschlichen Spezies auslösen würde, ein ganzes Symphonieorchester, das eine Symphonie spielt. Zumindest würde das ein ausgezeichneter Anfang im Bestreben sein, einen Spermwal davon zu überzeugen, daß einige von uns möglicherweise besser sind als die zusammenspielenden Walmörder. Ein Symphonieorchester, das verschiedene Melodien und deren komplizierte Variationen spielt, könnte ihn mindestens zwei oder drei Stunden lang interessieren. Mit seinem Riesencomputer könnte der Spermwal vielleicht die ganze Symphonie speichern und sie in Mußestunden für sich selbst in seinem Geist wieder ablaufen lassen. [89]

Ob dieser Versuch möglich ist oder nicht – die Möglichkeit, daß es auf unserem Planeten Wesen gibt, deren Intelligenz der unseren entspricht oder sie vielleicht übertrifft, wirft immer wieder die faszinierende Frage auf, was sie wohl wissen mögen und in welcher Wirklichkeit sie leben.
Es überraschte Lilly vielleicht, als er im Jahre 1961 eine Einladung zu einem von der amerikanischen Akademie der Wissenschaften einberufenen Treffen einer Gruppe hervorragender Wissenschaftler erhielt, die vermutlich wenig über Delphine und Wale wußten. Es handelte sich um Astronomen und Astrophysiker, die an den Problemen der Herstellung von Kommunikation mit außerirdischen Zivilisationen interessiert waren. Doch fiel es ihnen nicht schwer, die Bedeutung von Lillys Arbeit für ihre eigene Forschungsrichtung zu erfassen. Und so tiefen Eindruck machte ihnen Lillys Referat, daß sie sich zum *Orden der Delphine* zusammenschlossen. Es handelte sich dabei ohne Zweifel um die vernünftigste wissenschaftliche Organisation, die es je gab,

denn sie hatte keine Verfassung und keine Satzungen, hob keine Mitgliedsbeiträge ein und hielt keine Sitzungen ab. Sie war der Ausdruck des esprit de corps einer kleinen Gruppe von Gelehrten, die sich demselben Ziel verschrieben hatten: der Herstellung von Kommunikation mit außermenschlicher Intelligenz. Lilly forschte nach ihr im Ozean, sie in der Weite des Alls. Und dies führt zu meinem nächsten Thema über.

Außerirdische Kommunikation

Gibt es intelligentes Leben auf anderen Planeten? Was unser Sonnensystems betrifft, stand bereits vor Beginn der Raumflüge fest, daß die Antwort ein entschiedenes Nein war. Selbst wenn im Laufe künftiger Explorationen auf einem unserer Planeten organisches Leben gefunden werden sollte, wird es sich sicherlich nur um niedrige Formen (Aminosäuren, Bakterien, vielleicht Flechten) handeln, aber nichts, das auch nur im entferntesten an jene grünen Männchen in ihren fliegenden Untertassen herankommen wird.
Wenn wir die Fragestellung über unser eigenes Sonnensystem hinaus ausdehnen, ist die Antwort ein fast sicheres Ja. Um dies zu verstehen, müssen wir die Frage in den rechten Bezugsrahmen setzen, und dieser ist wahrhaft kosmisch:
Vor allem müssen wir astrophysikalischen Laien uns mit der Tatsache vertraut machen, daß eventuell in unserem Milchstraßensystem existierende intelligente Lebewesen uns physisch vermutlich ähnlich sein würden. Es steht nämlich mit Sicherheit fest, daß sich unser gesamtes Sternsystem (die Milchstraße) auf denselben vier Grundelementen – Kohlenstoff, Wasserstoff, Stickstoff und Sauerstoff – aufbaut, die 99 % unserer irdischen Materie ausmachen. Dies macht die Entwicklung völlig andersgearteter Organismen auf anderen Planeten höchst unwahrscheinlich – etwa Lebewesen, die sich in brodelnder Lava wohlfühlen oder in der eisigen Luftleere irgendeines entfernten Verwandten unseres Mondes leben könnten. Lernen Sie Ihre Biochemie hier auf der Erde, pflegt Nobelpreisträger George Wald seinen Studenten zu sagen, und Sie können Ihre Prüfungen auf dem Stern Arkturus ablegen. Dieses Bonmot hat sehr wichtige Implikationen für unser Thema, wie wir bald sehen werden.

Unsere Frage läßt sich nun enger fassen, nämlich: Wie viele Planeten gibt es in der Milchstraße, deren Alter, Entfernung von ihrer eigenen Sonne und andere allgemeine physische Gegebenheiten (wie eine Atmosphäre, deren Zusammensetzung und Temperatur innerhalb der lebensermöglichenden Werte liegt) denen der Erde entsprechen und daher die physischen Voraussetzungen für die Ausbildung und Entwicklung organischen Lebens erfüllen? Obwohl die Schätzungen der Astronomen hier zum Teil weit auseinandergehen, scheint Sir Arthur Eddingtons Faustregel doch die Grundlage einer realistischen Schätzung darzustellen: 10^{11} Sterne bilden ein Sternsystem (eine Galaxie) und 10^{11} Sternsysteme bilden das gesamte Universum.* Auf Grund wissenschaftlicher Ableitungen, deren Stichhaltigkeit wir als erwiesen betrachten wollen, kann angenommen werden, daß ein bis fünf Prozent dieser Sterne (Sonnen) von einem oder mehreren Planeten umkreist werden, auf denen die Vorbedingungen für das Bestehen organischen Lebens gegeben sind. Und nun haben wir unsere Antwort: Eine Milliarde von Planeten in der Milchstraße können Leben beherbergen, das dem irdischen entspricht oder sich weit darüber hinaus entwickelt hat. Der Wunsch, mit diesen Lebewesen in Kommunikation zu treten, ist daher keine Bieridee, sondern wissenschaftlich durchaus gerechtfertigt und sinnvoll.

All dies soll natürlich nicht heißen, daß diese Planeten tatsächlich Leben oder sogar organisierte Zivilisationen beherbergen, sondern nur, daß auf ihnen die Voraussetzungen dafür gegeben sind. Die Biologen wissen viel zu wenig über die Entwicklung von Leben auf unserer Erde, um daraus verläßliche Schlüsse über das Auftreten und die Ausbildung von Lebensformen im Weltall ziehen zu können. Es ist ebensogut möglich, daß es sich dabei um eine selbstverständliche, sich millionenmal wiederholende Entwicklung handelt oder – ganz in Monods Sinne – um ein unwahrscheinliches Zufallsergebnis, aus dem aber dann die Manifestationen des Lebens und die Ausbildung von Zivilisationen ebenso notwendigerweise hervorgehen, wie dies auf der Erde der Fall gewesen zu sein scheint.

Wie aber der Kosmologe Professor Rees einmal in einem anderen Zusammenhange sagte, »die Abwesenheit eines Beweises ist nicht der

---

* Zehn zur elften Potenz ist bekanntlich die Zahl 1, gefolgt von elf Nullen – eine unvorstellbare Größe.

Beweis von Abwesenheit«, und die einzig richtige wissenschaftliche Haltung angesichts dieser Ungewißheit ist daher die Annahme, daß es innerhalb unseres Milchstraßensystems und auch darüber hinaus intelligentes Leben geben muß. Wenn wir dies akzeptieren können, erhebt sich als nächstes die Frage nach der Herstellung von Kommunikation mit diesen Lebewesen.

Genaugenommen handelt es sich um zwei Fragen. Die erste bezieht sich auf die rein technischen Schwierigkeiten der Anbahnung von Kontakten über diese astronomischen Entfernungen – also auf das *Wie* der Kommunikation. Eng damit verbunden ist die zweite Frage, die Frage nach dem *Was*; das heißt der komplexen Probleme, die die Form und den Inhalt der Kommunikation betreffen. Wie können wir jenen völlig unbekannten Lebewesen mit ihren uns höchstwahrscheinlich gänzlich unbekannten Denkprozessen, Ausdrucksweisen und Interpunktionen ihrer Wirklichkeit zweiter Ordnung Informationen über uns selbst anbieten, die ihnen verständlich wären?

Um den Unterschied zwischen dem *Wie* und dem *Was* noch schärfer herauszuarbeiten: Man stelle sich vor, daß zwei Personen, von denen jeder einen Radiosender und -empfänger hat, miteinander in Funkverkehr treten wollen. Dies ist nur möglich, wenn sie vorher bereits gewisse grundlegende technische Übereinkommen getroffen haben, wie Frequenz, Code, Rufsignale, Sendezeiten usw. Ohne diese Vereinbarungen (dem *Wie* ihres Funkverkehrs) wären ihre Chancen, miteinander in Kommunikation zu treten, praktisch Null. Das *Was* aber ist hier kein Problem und braucht nicht vorher vereinbart zu werden: Die Sprache, in denen die Funksprüche abgefaßt werden, ist beiden geläufig (notfalls mit Hilfe eines Übersetzers), und da sie beide Menschen sind, können sie eine Unmenge von Informationen über die von ihnen beiden geteilte Wirklichkeit beim anderen voraussetzen, ohne erst mühsam zum Begreifen der Wirklichkeit des anderen vorstoßen zu müssen. Im Falle außerirdischer Kommunikation muß sowohl das *Wie* als auch das *Was* gefunden und vereinbart werden, und damit ist ein ganz ungewöhnliches Kommunikationsproblem gegeben.

Wie kann außerirdische Kommunikation hergestellt werden?

Diese Frage fällt in die Kompetenz des Astrophysikers und des Technikers. In Zukunftsromanen wird sie meist elegant durch die Verwendung mächtiger Raumschiffe gelöst, die bis in die entferntesten Winkel des Weltalls vordringen. Im Gegensatz dazu steht eines fest: Wenn wir je Kontakt mit Zivilisationen auf anderen Planeten aufnehmen, so wird es nicht mittels Raumschiffen sein. Wenn unser Sonnensystem in einem einzigen Zimmer eines Hauses in München untergebracht wäre, befände sich der nächste Stern in Peking. Natürlich bestünde keine Garantie, daß dieser Stern in seinem eigenen Planetensystem einen bewohnten Planeten aufwiese. Um eine statistisch auch nur halbwegs verläßliche Chance zu haben, auf einen jener vielleicht bewohnten Planeten zu stoßen, müßten wir etwa zweihundertmal tiefer ins All vordringen. Angenommen, wir wären technisch in der Lage, ein Raumschiff zu bauen, dessen Geschwindigkeit so nahe wie möglich an die absolute Höchstgeschwindigkeit, nämlich der des Lichts, herankäme, so könnte dennoch kein Mensch zeit seines Lebens zu diesem Planeten und wieder zurück reisen – obwohl Grund zur Annahme besteht, daß Lebewesen unter diesen ungewöhnlichen Umständen viel langsamer altern würden.* Und schließlich müßte, wie Professor Drake kürzlich in einem Vortrag feststellte, diese bemerkenswerte Rakete das Gewicht von tausend Schlachtschiffen haben und würde beim Start die Hälfte der Erdatmosphäre verbrennen.

---

* Das ist keineswegs Phantasie, sondern eine streng logische Schlußfolgerung aus den Postulaten der speziellen Relativitätslehre. Eine ihrer besonders unvorstellbaren Ableitungen ist nämlich, daß auch die Zeit keine absolute Größe ist, sondern daß in einem System, dessen Geschwindigkeit sich der des Lichtes nähert, eine Verlangsamung der Zeit eintreten muß. Dies bedeutet, daß mit einer solchen Geschwindigkeit reisende Astronauten schließlich als tatsächliche Rip van Winkles in die irdische Wirklichkeit zurückkehren würden, in der in ihrer Abwesenheit alle viel älter geworden wären als sie selbst. Von Hoerner berechnete den Unterschied zwischen der Zeit auf Erden und der von den Insassen eines hypothetischen Raumschiffes erlebten und fand, daß dieser Unterschied steil (das heißt exponentiell) zunehmen würde, je länger die Reise dauerte. Zwei Jahre für die Besatzung wären nur ein wenig mehr auf Erden, zehn Besatzungsjahre dagegen wären 24 Erdjahre, und 30 Jahre für die Astronauten entsprächen bereits 3100 Erdjahren. Eine Verdoppelung der Flugjahre auf 60 würde schließlich 50 Millionen Jahre auf unserem Planeten bedeuten. [71]

Radiokommunikation dagegen bietet ganz andere Möglichkeiten. Man kann – um wiederum Professor Drake zu zitieren – zum Preis von 25 Pfennig ein Telegramm von zehn Worten hundert Lichtjahre weit ins All senden. Dies stellt ganz offensichtlich die praktischste Kommunikationsmodalität dar, besonders da die moderne Technik einen Stand weit über dem bescheidenen Zehn-Worte-Telegramm erreicht hat. Die Astronomen verfügen heute über Radioteleskope, die speziell für die Tiefenerforschung des Alls gebaut sind und sich daher für eben jene Zwecke eignen, von denen hier die Rede ist. Eines der mächtigsten Instrumente dieser Art ist das der Cornell-Universität bei Arecibo auf der Insel Puerto Rico. Seine Reichweite ist so enorm, daß es die Signale eines identischen Instruments überall in unserem Milchstraßensystem entdecken könnte. In anderen Worten, wenn irgendwo auch im entferntesten Bereich unserer Milchstraße eine Zivilisation den von uns erreichten Grad des technischen Fortschritts besäße, wäre die Kommunikation mit ihr mittels der heute bereits vorhandenen Geräte möglich.*

Damit aber ist der derzeitige Stand der Dinge auch nicht annähernd umrissen. Es besteht zum Beispiel eine andere, ungeplante und unbeabsichtigte Möglichkeit, wie andere Zivilisationen auf unsere Existenz aufmerksam werden könnten. Seit ungefähr dreißig Jahren ist unser Planet Erde die Quelle immer größerer, von uns durch Radio- und Fernsehwellen verursachter elektromagnetischer Verseuchung des Weltalls. Zu diesem elektronischen »Müll« gesellt sich in letzter Zeit auch noch der zunehmende Telefonfunkverkehr über Nachrichtensatelliten. Wir müssen uns die Erde als das Zentrum einer mit Lichtgeschwindigkeit wachsenden Kugel von Radioemissionen vorstellen, die nun bereits über dreißig Lichtjahre weit in allen Richtungen ins All vorgedrungen ist. Viele dieser Signale sind freilich sehr

---

* Die amerikanische National Science Foundation baut zur Zeit ein noch größeres Radioteleskop im Bette eines ausgetrockneten Sees in Neu-Mexiko. Es soll 1981 betriebsfertig sein und wird aus 27 Parabolantennen von je 30 Meter Durchmesser bestehen.
Doch selbst dieses Gerät wäre winzig, falls Projekt Zyklop je verwirklicht würde [137]. Es handelt sich dabei um ein Projekt, das 1400 riesige, synchron gesteuerte Parabolantennen vorsieht, die ein kreisförmiges Gebiet mit einem Durchmesser von 16 Kilometern bedecken würden. Der Preis dieser Installation würde sich auf etwa 5 Milliarden Dollar belaufen, ihre Reichweite wäre intergalaktisch, das heißt weit über die Milchstraße hinaus in andere Sternsysteme.

schwach, aber sie könnten aufgefangen und amplifiziert werden. Wesentlich ist, daß außerirdische Wesen, deren Stand der Technik ihnen den Empfang dieser Signale ermöglichte, keine Schwierigkeit hätten, diese Sendungen von den natürlichen Strahlungsemissionen im Weltall zu unterscheiden und als künstliche zu erkennen.* Dreißig Lichtjahre sind selbst für unsere Milchstraße eine recht bescheidene Entfernung; wenn wir aber in den nächsten hundert Jahren Fernsehsendungen wie bisher ausstrahlen (statt zum Beispiel zur Kabelübermittlung überzugehen), wird unsere Existenz über hundert Lichtjahre weit feststellbar sein, und in dieser Entfernung liegen nicht weniger als ungefähr tausend Sternsysteme, von denen jedes einzelne einen oder mehrere bewohnte Planeten haben könnte.

Ob sich der Kontakt mit außerirdischen Zivilisationen eines Tages aktiv ergeben wird (das heißt durch Aussenden oder Empfangen von diesem Zwecke dienenden Signalen) oder rein zufällig (durch das Auffangen unserer Radio- oder Fernsehsendungen irgendwo im All), der springende Punkt wird in beiden Fällen die sogenannte *Acquisition* sein, das heißt das Entdecken ihrer Signale durch uns oder umgekehrt. Rein mathematisch läßt sich das Problem ohne weiteres erfassen, praktisch aber wäre die Acquisition dennoch ein unglaublicher Zufall. Wie die beiden obenerwähnten Funker besäßen wir zwar die zur Herstellung der Funkverbindung nötigen Geräte (die Radioteleskope); im Gegensatz zu ihnen aber fehlte uns die wesentlichste Voraussetzung für einen erfolgreichen Funkverkehr, nämlich ein Einverständnis über Frequenz (Wellenlänge) und Sendezeiten. Wir wissen ja nicht einmal, ob dort draußen überhaupt jemand mithört, und wenn ja, wo. Zugegebenermaßen haben die Astronomen gute Gründe, bestimmte Bereiche der Milchstraße anderen für diesen Zweck vorzuziehen; trotzdem aber sind die Chancen, daß unsere Radioteleskope ausgerechnet in der richtigen Richtung, auf der richtigen Wellen-

---

* Professor Schklowski, Mitglied der Sowjetischen Akademie der Wissenschaften, verweist darauf, daß die Erde seit der Erfindung des Fernsehens in unserem Sonnensystem nur von der Sonne selbst an elektromagnetischen Emissionen übertroffen wird.
Dies ist peinlich, denn in Anbetracht der Qualität unserer Fernsehprogramme könnten außerirdische Zivilisationen ein nur zu realistisches Bild menschlicher Kultur gewinnen, lange bevor wir in der Lage wären, ihnen das weiszumachen, was wir über uns selbst für intergalaktischen Konsum geeignet erachten.

länge und zur richtigen Zeit auf Empfang stehen oder senden, überaus gering. Die Frage der richtigen Zeit ist dabei die unwichtigste. Sowohl die Empfangs- wie die Sendeperioden könnten sich über lange Zeiträume erstrecken und auf diese Weise die Wahrscheinlichkeit der Acquisition erhöhen. Die Wahl der Frequenz dagegen ist ein viel komplizierteres und kommunikationstheoretisch viel interessanteres Problem.

Die Situation ist paradox. Ein Einverständnis über die zu wählende Frequenz würde Kommunikation mit unseren außerirdischen Partnern voraussetzen, doch ist Kommunikation gerade das, was wir mit Hilfe der richtigen Frequenz erreichen wollen. Der Hund jagt also seinen Schwanz, und wir hängen an einer Art Catch-22 gefangen: Die Festlegung einer gemeinsam zu verwendenden Frequenz ist kein Problem, wenn wir kommunizieren können; um aber kommunizieren zu können, brauchen wir eine den anderen bekannte Frequenz. Und da wir mit den anderen (noch) nicht kommunizieren können, auf welcher Frequenz sollen wir senden oder horchen? An diesem Punkte betreten wir wiederum das Gebiet der interdependenten Entscheidungen und damit auch der Frage, *was* die Grundlage oder die Sprache unserer Verständigung mit diesen fremden Lebewesen sein kann.

Antikryptographie – oder: Das »Was« von Weltraumkommunikation

Die Fachleute sind sich darüber einig, daß die Idee einer Verständigung mit außerplanetarischen Lebewesen von einer zukunftsromantischen Phantasie zu einer wissenschaftlichen Möglichkeit wurde, als im Jahre 1959 Cocconi und Morrison, zwei Astrophysiker an der Cornell-Universität, ein kurzes Referat mit dem Titel »Searching for Interstellar Communications« (Auf der Suche nach interstellarer Kommunikation) [33] veröffentlichten. Welche Frequenz sollen wir dafür verwenden? fragten sie und beantworteten ihre Frage wie folgt:

Das Absuchen des gesamten Spektrums nach einem schwachen Signal von unbekannter Frequenz ist schwierig. Aber gerade im vorteilhaftesten Radiogebiet gibt es einen eindeutigen, objektiven Frequenzstandard, *der jedem Beobachter im Universum bekannt sein muß*: die auffällige, bei 1240 mc/sek ($\lambda = 21$ cm) liegende Spektrallinie des neutralen Wasserstoffs.

Der von mir kursiv wiedergegebene Teil des Zitats ist von großer Bedeutung für unser Thema. Wie bereits auf Seite 109 ff. erwähnt, ist eine interdependente Entscheidung in Abwesenheit von Kommunikation nur dann möglich, wenn sie auf einer stillschweigenden Übereinkunft beruht oder aber auf einem Anhaltspunkt, der durch seine Offensichtlichkeit, Auffälligkeit, seine physische Prominenz oder eine andere Eigenschaft hoch genug über alle anderen Möglichkeiten (im vorliegenden Falle alle anderen möglichen Frequenzen) hinausragt. Es mußte Cocconi und Morrison daher von Anfang an klar gewesen sein, daß die zu wählende Frequenz »jedem Beobachter im Universum bekannt sein muß«. Ihre Überlegungen sind ein Beispiel für die richtige Anwendung des »Was ich weiß, daß er weiß, daß ich weiß ...«-Prinzips und damit, wie wir gleich sehen werden, auch die Grundidee aller Versuche zur Anbahnung außerplanetarischer Kommunikation.

Damit soll freilich nicht gesagt sein, daß diese Überlegungen nicht schon lange vor Cocconi und Morrisons Referat angestellt worden waren. Wie im Vorwort erwähnt, hängen diese Ideen nicht vom Fortschritt der Wissenschaft oder Technik ab, sondern waren dem menschlichen Denken schon seit längster Zeit zugänglich. Ein berühmtes historisches Beispiel ist ein von Gauß im Jahre 1820 gemachter Vorschlag. Da damals für astronomische Beobachtungen lediglich optische Teleskope zur Verfügung standen, waren Versuche zur Anbahnung von Verständigung mit anderen Himmelskörpern nur auf der Grundlage visueller Signale denkbar. Um die Bewohner anderer Planeten auf die Existenz intelligenten Lebens auf der Erde aufmerksam zu machen, schlug Gauß vor, ein riesiges pythagoräisches Dreieck in den Wäldern Sibiriens anzulegen. Die Seiten des Dreiecks sollten durch zehn Meilen breite Foststreifen dargestellt werden, die Fläche des Dreiecks und die auf seinen Seiten errichteten Quadrate durch Weizenfelder. In den Sommermonaten würde das Gelb des Weizens sich klar vom Dunkelgrün des Forstes abheben; im Winter ergäbe sich der notwendige Kontrast zwischen dem Weiß des Schnees und dem Dunkel der Bäume. Gauß begründete seinen Vorschlag erstens mit der Tatsache, daß dieses Dreieck groß genug wäre, um Beobachtern auch auf den entferntesten Planeten unseres Sonnensystems sichtbar zu sein, sofern sie Fernrohre derselben Stärke besäßen, wie sie damals auf der Erde bereits existierten. Zweitens war Gauß überzeugt, daß die Bedeutung des pythagoräischen Dreiecks jenen fernen Astronomen und Mathematikern ebenso klar sein mußte wie uns selbst. Seine erste Annahme mag richtig gewesen sein, doch ist es keineswegs sicher, ob unsere Darstellung eines mathematischen Quadrats durch ein physisches den außerirdischen Gelehrten notwendigerweise verständlich sein würde. Diesem Einwand begegnet der Astronom Macvey mit dem recht überzeugenden Argument, daß »die Übersetzung des Quadrats einer Zahl in physische Dimensionseinheiten ein physisches Quadrat ergibt, sofern die Seiten zueinander im rechten Winkel stehen. Diese grundlegende Wahrheit muß zweifellos *überall* und auf *jedem* Planeten zutreffen« [95]. Ob dies der Fall ist oder nicht, die Frage verblaßt an Bedeutung gegenüber der phantastischen Riesenhaftigkeit des Projekts. Der Astronom Cade [28] nahm sich die Mühe, das dafür notwendige Gebiet zu berechnen, und fand, daß das Diagramm 17 612 Quadratkilometer Wälder und 51 800 Quadratkilometer Weizenfelder bedecken würde.*

Noch phantastischer und unmöglicher waren zwei andere Vorschläge. Der eine stammte von Charles Cros, dem berühmten französischen Dichter und Wissenschaftler.** Er war der Autor eines Buches mit dem Titel »*Etude sur les moyens de la communication avec les planètes*« (Studie der Kommunikationsmöglichkeiten mit den Planeten), in dem er einen rudimentären Code interplanetarer Verständigung ausarbeitete. Seine Theorien waren allerdings besser als seine praktischen Kenntnisse; zum Beispiel wollte er elektrische Scheinwerfer für die Übermittlung von Lichtsignalen zu anderen Planeten verwenden. Eine andere seiner Ideen, für die er wiederholt staatliche Finanzie-

---

* Es ist mir nicht gelungen, die Beschreibung dieses Projekts in Gauß' Werken zu finden; möglicherweise erwähnte er es nur in einem seiner Briefe. Die genaue Quellenangabe seines und des weiter unten erwähnten Plans des Astronomen von Littrow sind anscheinend in zwei sowjetischen Publikationen [123 und 148] enthalten, die mir nicht zugänglich sind. Ich erwähne sie daher hier in der Form, in der sie wiederholt, aber ohne genaue Quellenhinweise in der Literatur über außerirdische Kommunikation beschrieben werden.

** Cros lebte von 1842 bis 1888, und seine Genialität, im Verein mit seinen Talenten und Interessen verschiedenster Art, machten ihn zu einer Art Jean Cocteau des 19. Jahrhunderts. Abgesehen von seinen dichterischen Leistungen war er der Erfinder der Farbphotographie, beschrieb in einem Brief an die französische Akademie der Wissenschaften das Prinzip des Phonographen, noch bevor Edison ihn erfand, und schuf Kunstformen, die ihm zum Vorläufer des Surrealismus machten.

rung suchte, war der Bau eines riesigen Hohlspiegels, mit dem er gebündeltes Sonnenlicht auf den Planeten Mars projizieren, den Sand schmelzen und so gigantische Inschriften auf die Marsoberfläche tätowieren wollte. Es war ihm offensichtlich unmöglich, zu begreifen – und seinen Kollegen anscheinend ebenso unmöglich, ihm zu beweisen –, daß das auf diese Weise auf den Mars gespiegelte Licht unter allen Umständen schwächer als das dort unmittelbar einfallende Sonnenlicht wäre. Seine größte Hoffnung bestand darin, daß diese irdischen Signale schließlich von anderen Planeten beantwortet würden, und wenn er sich diesen Erfolg vorstellt, wird sein Stil fast lyrisch:

Die mit den stärksten Instrumenten ausgerüsteten Beobachter lassen den angepeilten Stern nicht aus den Augen. Und nun erscheint auf dem dunklen Teil seiner Scheibe ein kleiner Lichtpunkt. Das ist die Antwort! Durch sein intermittierendes Aufblitzen, das die irdischen Signale wiederholt, scheint dieser Lichtpunkt zu sagen: »Wir haben euch gesehen; wir haben euch verstanden.«
Es wird ein Augenblick der Freude und des Stolzes für die Menschheit sein. Die ewige Trennung der Sphären ist überwunden. Es gibt keine Grenze für den menschlichen Wissensdrang mehr, der bereits ruhelos die Erde durchschweifte wie ein Tiger seinen allzu engen Käfig. [35]

Der andere Vorschlag wurde ganz ernsthaft im Jahre 1840 vom damaligen Direktor der Wiener Sternwarte, Joseph Johann von Littrow, gemacht. Demnach sollte in der Sahara ein kreisförmiger Graben mit einem Durchmesser von etwa zwanzig Meilen ausgehoben und mit Wasser gefüllt werden. Auf das Wasser sollte Petroleum gegossen, nachts angezündet und mehrere Stunden lang brennen gelassen werden. Durch das Ändern des Kreises in Quadrate, Dreiecke usw. in den folgenden Nächten hätte man den Beobachtern auf anderen Planeten den unmißverständlichen Beweis vom Bestehen intelligenten Lebens auf der Erde geliefert. Es schien von Littrow nicht zu stören, daß das Ausheben dieser Gräben ungefähr dem Bau der Cheopspyramide gleichgekommen wäre, daß Wasser in der Sahara recht knapp ist und daß die erforderliche Menge von Petroleum, um Cade [28] nochmals zu zitieren, sich auf Hunderttausende von Tonnen pro Nacht belaufen hätte.

Sonderbar und unmöglich wie diese Vorschläge waren, beruhen sie doch alle auf der grundlegenden und daher heute genauso gültigen Überlegung, daß, was immer wir unseren Partnern im Weltall zur Anbahnung von Verständigung anbieten, genauso ein Teil ihrer Wirklichkeit wie auch der unseren sein muß. Wie aber können wir wissen, was sie für wirklich halten? Gauß hatte zweifellos recht, wenn er annahm, daß außerirdische Lebewesen, die des Baus von Fernrohren fähig waren, eben deshalb den pythagoräischen Lehrsatz entdeckt haben *mußten*. Wie hätten sie ein so kompliziertes Gerät wie ihr Fernrohr ohne weitreichende Kenntnisse der Physik, Optik, Mechanik und daher auch der Mathematik bauen können? Die Gaußsche Überlegung ist bis heute die Basis aller zusätzlichen Verfeinerungen und Modernisierungen jedes auf die Herstellung interplanetarischer Kommunikation abzielenden Plans geblieben. Die Frage ist und bleibt: Welchen Code müssen wir zur Herbeiführung des ersten Verständnisses zwischen ihnen und uns verwenden? Rein theoretisch scheint die Antwort nicht zu schwierig: Er muß das genaue Gegenteil dessen sein, was ein Code normalerweise ist, also ein Mittel zur bestmöglichen Verschleierung und Geheimhaltung der verschlüsselten Mitteilung. Die Kryptographie, die Wissenschaft des Chiffrierens und Entzifferns von Nachrichten, bemüht sich, eine Mitteilung so zu verschlüsseln, das heißt so zu interpunktieren, daß nur derjenige, dem das Interpunktionsschema (der Schlüssel oder Code) bekannt ist, den Sinn der Mitteilung rekonstruieren kann. In anderen Worten, die Kryptographie ist die Kunst, Desinformation zu schaffen, scheinbar zu randomisieren und so den Sinn einer Mitteilung zu verschleiern. Das Brechen eines Codes beruht daher auf der Suche nach Ordnung in scheinbarer Unordnung. (Eine ausführliche Behandlung dieser faszinierenden Materie findet der Leser in Kahns Buch »*The Codebreakers*« [77].)

Die Herstellung des für interstellare Kommunikation am besten geeigneten Codes wird daher zutreffend auch Antikryptographie genannt, womit offensichtlich die Kunst gemeint ist, eine Mitteilung so einfach und durchsichtig zu verschlüsseln, daß ihre Entschlüsselung möglichst einfach und irrtumsfrei ist. Wie bereits betont, muß die Mitteilung auf jenen Aspekten unserer irdischen Wirklichkeit erster Ordnung beruhen, die aller Wahrscheinlichkeit nach auch Teil der Wirklichkeit jener fremden Lebewesen sind, wie zum Beispiel die physikalischen und chemischen Grundlagen unseres Universums, astronomische Gegebenheiten, die Gesetze der Logik und der Mathematik (etwa die Eigenschaften der Primzahlen und zahllose andere mathematische Grundtatsachen), und besonders der Umstand, daß sowohl sie wie wir ein identisches (oder weitgehend ähnliches) Instrument, das Radioteleskop, entwickelt haben. Diese Tatsache führt zum zwingenden Schluß, daß auch sie versuchen werden, ihre Mitteilungen so verständlich und klar wie nur möglich zu machen. Fremd, wie uns diese Lebewesen und ihre Wirklichkeit zweiter Ordnung in jeder anderen Hinsicht sein dürften, teilen wir mit ihnen doch viele Aspekte dessen, worauf unsere Wirklichkeit erster Ordnung beruht, und diese Aspekte werden sich als erste Brücke zu gegenseitigem Verständnis verwenden lassen. Wir beginnen also mit Mitteilungen, die auf einem Mindestmaß an Zuschreibung von Sinn und Wert beruhen, und legen so die Basis für Kommunikation. Erst wenn wir zu diesem Grad des Kommunizierens vorgedrungen sind, können wir beginnen, die Art und Weise zu erforschen, wie sie ihre Wirklichkeit zweiter Ordnung interpunktieren, die für uns a priori unvorstellbar ist.

Besehen wir uns als nächstes, was in dieser Hinsicht bereits vorgeschlagen und zum Teil sogar versucht worden ist.

Projekt Ozma

»Am 8. April 1960, um ungefähr 4 Uhr morgens, trat unsere Welt, ohne es zu wissen, in ein neues Zeitalter ein.« Mit diesen Worten beschreibt Macvey [94] einen wahrhaft historischen Augenblick: unseren ersten Versuch, mit außerirdischen Lebewesen in Verbindung zu treten. Nach jenem fernen Zauberland von Oz und seiner wunderschönen Königin Ozma führte dieser Versuch die passende Bezeichnung Projekt Ozma.

Sein Leiter war der bereits erwähnte Astronom Frank Drake vom staatlichen Radioastronomie-Observatorium bei Green Banks im Staate West Virginia. Drake war von der Stichhaltigkeit der Gründe, die Cocconi und Morrison zugunsten der 21-cm-Frequenz der Wasserstoffemission angeführt hatten, voll überzeugt. Von den vielen für sein Experiment in Frage kommenden Sternen wählten er und seine Kollegen aus bestimmten technischen Gründen, deren Erklärung uns hier nicht zu beschäftigen braucht, zwei besonders geeignet erscheinende Kandidaten, nämlich Ypsilon Eridani und Tau Ceti (beide ungefähr elf Lichtjahre von der Erde entfernt) als ihre Ziele. Drei Mo-

nate lang, bis Juli 1960, wurden diese beiden Fixsterne abwechselnd radioteleskopisch angepeilt und abgehorcht, doch außer einigen sehr aufregenden, aber falschen Alarmen konnten keinerlei künstlich erzeugte Signale aufgenommen werden.
Der Leser dürfte die Geschichte des Projekts Ozma enttäuschend finden. Er sollte sich aber vor Augen halten, daß seine Einmaligkeit allein schon darin liegt, daß es überhaupt unternommen wurde und daß seine Erfolgsaussichten eben astronomisch waren. Ozma leitete ein neues Zeitalter der wissenschaftlichen Erforschung des Weltalls ein. Ähnliche Versuche mit stärkeren Radioteleskopen und anderen Sternen wurden später sowohl in Green Banks als auch in der Sowjetunion durchgeführt. Auch sie führten zu keinen Ergebnissen. Alle diese Versuche waren passiv, das heißt, es wurde dabei nur versucht, Signale aufzufangen, nicht aber auszusenden.

Vorschläge für einen kosmischen Code

Unabhängig von diesen Experimenten wurden bereits viele eingehende Überlegungen darüber angestellt, was zu tun sein wird, wenn einmal die Suche nach Signalen aus dem Weltall erfolgreich sein sollte. Durch die Fähigkeit, Mitteilungen ins All zu senden und sie von dort zu empfangen, also durch das *Wie* interstellarer Kommunikation, ist ja nur die erste Hälfte des Problems gelöst. Wie erwähnt, hat die andere Hälfte alle Eigenschaften eines interdependenten Entscheidungsverfahrens in Abwesenheit direkter Kommunikation und ist zusätzlich dadurch kompliziert, daß das gewünschte Resultat direkte Kommunikation selbst ist. Ferner haben wir uns bereits Rechenschaft darüber abgelegt, daß es eine sehr große Anzahl von Wirklichkeitsaspekten erster Ordnung gibt, die der menschlichen wie der außerirdischen Wirklichkeit zugrunde liegen. Die Frage ist nun, wie diese Wirklichkeitsaspekte ausgedrückt werden können, das heißt, welche Form der Verschlüsselung sich als die für ihre Übermittlung brauchbarste anbietet.
Seit undenklichen Zeiten ist das *Bild* die einfachste Mitteilung von Sinn und Bedeutung in Abwesenheit einer allen Partnern verständlichen Sprache. Das Bild steht stellvertretend für das auszudrückende Ding, es ist seine Analogie. Wir sind dieser Tatsache schon bei der

Besprechung der zwischen Mensch und Schimpansen möglichen Zeichensprachen begegnet.

Auf den ersten Blick scheint die Verwendung von Bildern unser Problem zu komplizieren, denn es ist offensichtlich einfacher, ein aus Punkten und Strichen bestehendes Telegramm ins All zu senden als ein Bild. Es gibt aber eine ausgezeichnete Lösung, die die Vorteile beider Methoden verbindet. Die einzige »Sprache«, in der ein Radioteleskop senden oder empfangen kann, ist die von elektrischen Impulsen. Die Signale müssen also aus Impulsen und Pausen von Impulsen bestehen; man nennt sie daher *binär*,* und sie bestehen aus langen Reihen von Einsen und Nullen. Und ähnlich wie ein Fernsehbild aus den vom Sender ausgesandten Impulsen auf dem Fernsehschirm rekonstruiert wird, kann ein Bild verschlüsselt und mittels Radiowellen ausgesandt werden. Im März 1962 legte Dr. Bernard Oliver [119] dem Institute of Radio Engineers die in Abbildung 10 (Seite 187) wiedergegebene Reihe von 1271 Einheiten (1005 Nullen und 266 Einsen) vor.** Dieses Weltalltelegramm ist ein konkreter Beweis für die Möglichkeiten außerirdischer Kommunikation; mit typischem Yankee-Enthusiasmus wurde es in die Zeitkapsel aufgenommen, die in die Fundamente der New Yorker Weltausstellung 1965 versenkt wurde und erst in 5000 Jahren wieder geöffnet werden soll.

Wie würde ein irdischer Kryptograph vorgehen, dem diese soeben aus dem Weltall empfangene Nachricht zur Entschlüsselung vorgelegt würde? Als erstes würde er, vermutlich mit Hilfe eines Computers, nach Regelmäßigkeiten im Auftreten der Einsen, der Nullen oder gewisser Kombinationen der beiden suchen. Diese oder irgendwelche anderen, zur Entschlüsselung von Nachrichten allgemein verwendeten Frequenzanalysen würden ihn im Falle der vorliegenden Nachricht aber zu keinem Resultat führen. Dies würde ihm nahelegen, daß

---

* Im Gegensatz zu unserem zehnstelligen (Dezimal-)System hat das Binärsystem nur die zwei Zahlen 0 und 1. Es ist das einfachste Zahlensystem und hat den großen Vorteil, sich für jede Form der Nachrichtenübermittlung zu eignen, die nur über zwei Alternativen, also die Abwesenheit (0) oder die Anwesenheit (1) eines elektrischen Impulses verfügt, wie dies beim Radioteleskop der Fall ist. Eine ausführliche Beschreibung des Binärsystems und seiner Arithmetik findet man in jedem modernen Lehrbuch der Mathematik.

** Drake hatte bereits im Jahre 1961 eine ähnliche, aber kürzere Mitteilung von 551 Einheiten an die Mitglieder des Ordens des Delphins verschickt.

```
100000000000000000000000000000000000000010000111000000000000100
000000001000100000000100010000000000000000000000000000000010
0010000100000100000000000100000000000100010000010001001001000
01000100010000000111000000000000000100000000000010000000000000000
0000000000000000000000000000000000000000000000000010000000000010
00100000110001000000000000000000000000000000000000000000011000
011000011000011000011000010000000001001001001001001001001001010
0101010010010000110000110000110000110000110000000010000000000001
1111010000000000000000000001000000000000100001000000000001011011
1001000000000000011111010000000000000000000000000001000000000000
00000010001001110000000000010100000000000000010100001000011001010
11100101000000000101001000010000000000010010000000000000000
0100100000100000000000111110000000000011111000000111010100000
1010100000000010101000000001000000000010001010000000010100010
00000000000000010001001001000100110110011101101101000001000010
00101010100010000000000000001000100010010010010001001000000
1000000000000011100000111110000011100000001111101010100001
0100001000100000010000000001000010000111000010000010000011000
000001000010000100010001000100000100000100001100001000010001000100
010000010000011000000001100000110110001101100000110011111
```

Abbildung 10 1271 Nullen und Einsen – was bedeuten sie?

die Meldung sich nicht aus Worten zusammensetzt. Es bestünde für ihn ja kaum Grund zur Annahme, daß sein Fehlschlag auf die vollkommen unbekannte Struktur der verwendeten Sprache zurückzuführen sei, denn wie wir uns bereits überlegt haben, würden die Verfasser einer solchen Nachricht jede nur erdenkliche Vorkehrung getroffen haben, sie möglichst leicht entschlüsselbar und allgemeinverständlich abzufassen.

Früher oder später würde unser Kryptograph dann mit Sicherheit feststellen, daß die Meldung sich aus 1271 Binärzeichen (in der Sprache der Informatik *bits*, nach dem englischen Ausdruck *binary digits* genannt) zusammensetzt, und er würde sich weiter fragen, ob ihn diese Tatsache irgendwie weiterbringt. Da er in Zahlentheorie ausgebildet ist, kennt er natürlich einen grundlegenden arithmetischen Lehrsatz, den der Mathematiker Ernst Zermelo 1912 nachwies, wonach jede positive ganze Zahl sich eindeutig als das Produkt zweier oder mehrerer Primzahlen definieren läßt.* Und wie Gauß guten Grund zur Annah-

---

* Zum Beispiel: 105 ist das Produkt (das Multiplikationsergebnis) der Primzahlen 3, 5 und 7 und keiner anderen; 105 ist daher *eindeutig* durch diese drei Primzahlen definiert.

me hatte, daß jene Wesen auf anderen Planeten den pythagoräischen Lehrsatz kennen mußten, kann unser Kryptograph sicher sein, daß die Sender der Nachricht Arithmetik entwickelt (wie hätten sie sonst ihr Radioteleskop bauen können?) und von sich aus jene universale Wahrheit entdeckt hatten, die wir das Zermelotheorem nennen. Er wendet es auf 1271 an und findet diese Zahl eindeutig durch die Primzahlen 31 und 41 definiert. Dies wird ihm sicherlich die Idee nahelegen, die 1271 Einheiten in ein Rechteck von 31 mal 41 Elementen zu arrangieren. Er versucht es zuerst mit 41 waagrechten Zeilen von je 31 Elementen, indem er die Einsen als Punkte und die Nullen als Leerstellen darstellt, und erhält ein offensichtlich sinnloses Zufallsmuster. Er versucht dann die zweite Möglichkeit, nämlich ein Rechteck von 31 horizontalen Zeilen von je 41 Einheiten, und kaum hat er die erste Zeile ausgezählt und eingezeichnet, hat er den Eindruck, diesmal auf der rechten Spur zu sein – denn wie der Leser durch Prüfung von Abbildung 11 auf Seite 189 selbst feststellen kann, hat diese Zeile einen Punkt (eine Eins) an ihrem Beginn und ihrem Ende und dazwischen aber nur Nullen (Leerstellen). Dies scheint fast eine Aufforderung zu sein, die ganze Nachricht in Zeilen von je 41 Zeichen aufzuteilen. Er tut dies und erhält dadurch das in Abbildung 11 wiedergegebene Bild. Damit ist seine Aufgabe beendet, und er wird diese sonderbare Nachricht, die mehr einer Kinderzeichnung ähnelt als einer Nachricht von kosmischer Bedeutung, dem Astrophysiker übergeben.*

In astrophysikalischer Sicht enthalten diese 1271 bits eine erstaunliche Fülle von Bedeutung. Die Nachricht kommt von einem Planeten, der von uns sehr ähnlichen, aufrechtgehenden Zweifüßlern bewohnt ist, die sich sexuell fortpflanzen. Links von der männlichen Figur finden wir eine Reihe von Symbolen, die jeder Mathematiker als die Darstellung der Binärzahlen 1 bis 8 erkennt und von denen er unschwer begreift, daß sie von rechts nach links zu lesen sind und alle mit einem »Schlußpunkt« enden. Der Grund hierfür ist für unsere kurze Beschreibung unwichtig; von Bedeutung ist dagegen, daß diese Reihe

---

* Die Beschreibung dieser Entschlüsselung klingt vielleicht sehr kompliziert, ist es aber für den Fachmann keineswegs. Dr. Oliver brauchte nur eine Stunde, um die ihm von Drake zur Entzifferung zugesandte (und in der Fußnote auf Seite 186 erwähnte) Nachricht von 551 bits zu entschlüsseln. [120]

Abbildung 11

von Binärzahlen sich anscheinend auf die Planeten in jenem Sonnensystem bezieht, wobei die Sonne selbst durch die Art Kreis oben links dargestellt ist. Der rechte Arm des Mannes deutet an den an vierter Stelle von ihrer Sonne stehenden Planeten und bezeichnet ihn damit vermutlich als seinen Heimatplaneten. Der dritte Planet, unmittelbar darüber, ist der Ausgangspunkt einer Wellenlinie, die horizontal über das ganze Bild hinwegläuft. Die Lebewesen scheinen also zu wissen, daß er von Wasser bedeckt und von Organismen belebt ist, die unseren irdischen Fischen ähnlich sehen. Die Symbole auf dem obersten Teil des Bilds (rechts von der Sonne) lassen sich unschwer als schematische Darstellungen von Wasserstoff-, Kohlenstoff- und Sauerstoffatomen erkennen und deuten darauf hin, daß das Leben auf jenem Planeten auf einem Kohlenhydratstoffwechsel beruht. Die linke Hand der weiblichen Figur zeigt auf die Binärzahl 6. Dies soll uns vermutlich informieren, daß sie sechs Finger haben und ihr Zahlensystem daher zwölfstellig (duodezimal) ist, im Gegensatz zum Zehnersystem, das wir mit unseren beiden fünffingrigen Händen entwickelt haben. Auf der rechten Bildseite finden wir eine Art vertikaler Klammer, mit der Binärzahl 11 ungefähr in ihrer Mitte. Wahrscheinlich soll uns das ihre Körpergröße anzeigen. Doch elfmal welche Einheit ist damit gemeint? Da die einzige vorläufig sowohl ihnen wie uns bekannte Einheit die 21-cm-Länge der Funkfrequenz ist, ist es sinnvoll, anzunehmen, daß sie durchschnittlich elfmal 21 Zentimeter, also 2,21 Meter groß sind. Dies wiederum legt den Schluß nahe, daß die Schwerkraft auf ihrem Planeten (und folglich seine Masse) etwas geringer als die irdische sein muß und daher einen größeren Körperbau ermöglicht. Der Umstand, daß sie die Oberflächenbeschaffenheit des ihnen nächsten Planeten (des dritten von ihrer Sonne) gut zu kennen scheinen, gestattet den Schluß, daß sie ihn besucht und daher Raumfahrt entwickelt haben. Der Stand ihrer Wissenschaft und Technik dürfte also dem unseren ungefähr entsprechen.

Diese verhältnismäßig einfache Nachricht von 1271 bits enthält somit eine erstaunliche Menge von Information, die so geschickt kombiniert ist, daß sie die eben erwähnten weitreichenden Schlußfolgerungen* über die Wirklichkeit ihrer Welt gestattet. Ferner gibt uns der Erhalt und die Entzifferung dieser *einen* Nachricht auch die Grundlage für weitere Kommunikationen, die sowohl wir wie auch sie von nun an verwenden und weiterentwickeln können. Wir haben einen kosmischen Rosettastein entziffert und besitzen nun einen gemeinsamen Code. In anderen Worten, die Nachricht kommunizierte nicht nur Information, sondern kommunizierte auch über Kommunikation selbst. Sie hat daher metakommunikative Bedeutung** und schuf eine Wirklichkeit zweiter Ordnung, in der wir nun weitere Kommunikation pflegen können. Das heißt, Kommunikationsregeln haben sich nun in ganz ähnlicher Weise ausgebildet, wie dies auf den Seiten 99 bis 102 beschrieben wurde. Doch während wir uns dort nur mit der Ein-

---

* Ihr Informationsgehalt ist aber trotzdem dürftig im Vergleich zur Masse von explizierter und implizierter Information, die sich durch natürliche Sprachen vermitteln läßt. Man denke an das bekannte Bonmot von acht Worten: »Herren ziehen Blondinen vor, aber sie heiraten Brünette.« Um seine Bedeutung einem mit unserer Kultur, Lebensweise, Moral, Humor, kurz: unserer Wirklichkeit zweiter Ordnung nicht Vertrautem schriftlich klarzumachen, wären viele Seiten ausführlicher Erklärungen nötig.

** Näheres über den wichtigen Begriff der Metakommunikation und seine Beziehung zur Kommunikation findet sich in Hinweisen [16] und [175].

schränkung der Kommunikationsmöglichkeiten durch jeden Informationsaustausch und ihrer negativen, einengenden Wirkung beschäftigten, sind hier diese Einschränkungen der zunächst unendlich vielen Möglichkeiten ein sehr wünschenswertes Resultat – eines, das es uns ermöglicht, in künftigen Informationsaustauschen mehr und besser zu kommunizieren.

Alles dies klingt nicht nur technisch möglich, sondern sogar recht einfach. Wir dürfen aber nicht übersehen, daß hier ein Faktor mitspielt, den wir zwar eingangs erwähnten, dann aber nicht weiter in Betracht zogen: die riesigen Entfernungen im All. Obwohl Radiowellen sich mit Lichtgeschwindigkeit fortpflanzen, sind die Möglichkeiten einer kosmischen Nachrichtenverbindung überaus beschränkt. Wenn es sich um interstellare Entfernungen handelt, schreibt Cade,

> ist jede Form persönlichen Kontakts ganz unmöglich. Wenn wir annehmen, daß die Durchschnittsdauer des Berufslebens eines Astronomen vierzig Jahre beträgt, kann er seinem Partner auf einem zwanzig Lichtjahre entfernten Planeten nur eine Frage stellen, und auch die Planeten von Tau Ceti und Ypsilon Centauri könnten nur zweimal befragt werden. Bei Planeten, die hundert oder mehr Lichtjahre entfernt sind, wird die Situation geradezu lächerlich; man kann sich vielleicht ausmalen, aber nie ernsthaft in Erwägung ziehen, mit ihnen folgende Korrespondenz zu pflegen: »Sehr geehrter Herr, in Beantwortung der Anfrage Ihres Urururgroßvaters...« [29]

Dies ist selbstverständlich nicht der einzige Einwand, der sich gegen außerplanetarische Radiokontakte erheben ließe. Vor allem ist zu bedenken, daß sie sich nur auf die konkretesten physikalischen Wirklichkeitsaspekte (erster Ordnung) beziehen. Darüber hinaus mögen ihre und unsere Wirklichkeiten so auseinanderklaffen, daß gegenseitiges Verständnis praktisch unmöglich ist.* Bevor wir uns aber auch nur ungefähr vorzustellen versuchen, wie diese außerirdischen Wirklichkeiten beschaffen sein mögen, wollen wir uns einigen anderen Methoden zuwenden, die zur Anbahnung interstellarer Kommunikation vorgeschlagen wurden.

---

* Hierzu eine irdische Analogie: Der Neandertaler konnte vermutlich genau wie wir an Lungenentzündung sterben, dennoch aber ist unser Entwicklungsstand dem seinen weit überlegen.

Radioglyphen und Lincos

Ein sehr differenziertes System für das Senden von Nachrichten ins Weltall wurde bereits 1952 vom britischen Gelehrten Lancelot Hogben in einem Artikel vorgeschlagen, dessen Lektüre zwar nicht einfach ist, aber durch seine Klarheit und Folgerichtigkeit beeindruckt. Hogbens Überlegungen erstrecken sich von der Wahl der allerersten und einfachsten Kommunikation bis zur Übermittlung des philosophischen Begriffs des Selbst und damit weit in die Wirklichkeit zweiter Ordnung. Grundlage und Ausgangspunkt seiner auf »Radioglyphen« beruhenden kosmischen Syntax ist der Zahlbegriff:

Der Umstand, daß Menschen, die die verschiedensten Schriften und Sprachen verwenden, alle dasselbe hindu-arabische Zahlsystem gebrauchen, beweist uns, daß die *Zahl* der universalste Begriff ist. [72]

Auf den Zahlen baut sich dann in Hogbens System die Astronomie auf. Dies ist für ihn der entscheidende Schritt; um ihn zu tun, sind wir in einer schwierigeren Lage als der Schiffbrüchige auf einer exotischen Insel, dem es möglich ist, direkte Kommunikation mit den Inselbewohnern dadurch herzustellen, daß er auf Gegenstände weist und das Lautsymbol (Wort) lernt, das jene damit verbinden. Wir dagegen müssen erst eine Technik des Hinweisens auf Dinge erfinden, und diese »Dinge« werden vorzugsweise astronomische Tatsachen sein, die den außerirdischen Lebewesen ebenso bekannt sind wie uns.

Eine noch komplexere Sprache für interplanetarische Kommunikation wurde 1960 von Professor Freudenthal, einem Mathematiker an der Universität Utrecht, ausgearbeitet und Lincos (lingua cosmica) genannt [45]. Auch sie eignet sich zum Aussenden durch Radioimpulse und geht von der Übermittlung von Zahlen aus, denen »+«, »−«, »=« und andere algebraische Zeichen folgen, deren Bedeutung durch einfache Zahlenbeispiele ausgedrückt wird. Aus diesen Grundelementen entwickelt Freudenthal die Arithmetik und die symbolische Logik. Das zweite Kapitel seines Kurses in Lincos handelt vom irdischen Begriff der Zeit. In demselben klaren, logischen Vorgehen, das sein ganzes Buch auszeichnet (welches allerdings viele Seiten symbolischer Logik enthält, die nur dem Logiker oder dem mathematischen Linguisten verständlich sind), entwickelt er dann die Bedeutung von

Wörtern, die sich auf Verhalten beziehen, von Interrogativpronomina und besonders von abstrakten Verben wie »wissen«, »wahrnehmen«, »verstehen«, »denken« usw. Am Schluß dieses Kapitels ist Lincos bereits imstande, die Paradoxie des Lügners (des Mannes, der von sich selbst sagt: »Ich lüge«) auszudrücken. Das vierte Kapitel handelt von Raum, Bewegung und Masse.

Freudenthal ist davon überzeugt, daß unsere irdische Lebensweise und Wirklichkeitsauffassung außerirdischen Lebewesen ebenso mitgeteilt werden kann, wie wir sie unseren eigenen Kindern lehren.*

Eine Nachricht aus dem Jahre 11000 v. Chr.?

Seit Jahren ist das Entsenden von unbemannten Nachrichten- und Spionagesatelliten in Erdumlauf zur Routineangelegenheit geworden. Vom rein technischen Standpunkt ist es daher ohne weiteres denkbar, daß höherentwickelte Zivilisationen auf fernen Planeten ähnliche Weltraumsonden in unser Sonnensystem schicken könnten. Nach Ansicht von Professor Bracewell vom Radiowissenschaftlichen Institut der Stanford-Universität hätte diese Möglichkeit der Kommunika-

---

* Auf der im September 1971 von der Armenischen Akademie der Wissenschaften im astrophysikalischen Observatorium von Byurakan abgehaltenen Konferenz über Kommunikation mit außerirdischer Intelligenz wurden Zweifel an dieser Annahme vorgebracht. Da sie für den in mathematischer Logik bewanderten Leser von Interesse sein dürften, möchte ich sie hier kurz erwähnen:
Es bestehen gute Gründe für die Annahme, daß jede Kommunikation, die, um verstanden zu werden, ihre eigene Erklärung kommunizieren muß, sich in den sattsam bekannten Problemen der Selbstrückbezüglichkeit verfangen und Paradoxien der Russellschen Art erzeugen durfte. Wir begegneten diesem Problem bereits im Zusammenhang mit der für interstellare Radiokommunikation zu verwendenden Wellenlänge, und zwar in dem Sinne, daß die Mitteilung der zu verwendenden Frequenz eben das voraussetzt (nämlich Kommunikation), was durch den Gebrauch der richtigen Frequenz hergestellt werden soll (nämlich Kommunikation). Damit aber ist ein paradoxer Zirkelschluß gegeben. Dieser muß auch dann eintreten, wenn eine Mitteilung von sich selbst auszusagen versucht, wie sie zu verstehen ist. Denn seit Gödel sein Unentscheidbarkeitstheorem [58] veröffentlichte, wissen wir, daß sich kein System selbst voll erklären oder beweisen kann, ohne dazu Begriffe heranziehen zu müssen, die es nicht aus sich selbst abzuleiten imstande ist, sondern für die es sozusagen Anleihen bei einem umfassenderen Erklärungs- und Beweissystem machen und damit auf seine eigene Geschlossenheit und Beweisbarkeit

tionsanbahnung beträchtliche Vorteile gegenüber den bisher erwähnten Methoden. Die Sonden würden nach Sonnensystemen entsandt, von denen angenommen werden kann, daß auf einem oder mehreren ihrer Planeten die Voraussetzungen für die Entwicklung intelligenten Lebens bestehen. Sie wären vermutlich so programmiert, daß sie in dem betreffenden System in der für organisches Leben optimalen Entfernung von der Sonne auf Umlauf gingen und etwaige, von den Planeten in dieser Zone kommenden künstlichen Radioemissionen auffangen und an ihren Heimatplaneten weiterleiten würden. Eine andere Möglichkeit wäre, sie diese Sendungen passiv speichern zu lassen und sie schließlich zur Auswertung wieder nach Hause zu beordern. Da es jenen fernen Zivilisationen klar sein dürfte, daß unser Sonnensystem zu jenen zählt, auf denen die Bedingungen für die Existenz höheren Lebens vorliegen, hält Bracewell es für keineswegs absurd, daß sich eine solche Sonde vielleicht schon seit längerer Zeit in der Nähe unserer Erde aufhält und in mehr als einer Hinsicht dieselben Funktionen wie unsere irdischen elektronischen Spionageschiffe und -flugzeuge ausübt. Sehr zum Unterschied zu diesen wäre ihr Zweck aber nicht, uns heimlich zu bespitzeln, sondern sich uns bemerkbar zu machen. Nach Bracewell könnte dies in einfachster und auffälligster Art dadurch erreicht werden, daß die Sonde aufgefangene Funksprüche automa-

---

verzichten muß. Dem umfassenderen System ergeht es aber genauso mit *seiner* Konsistenz und Beweisbarkeit; es ist selbst in seiner eigenen Domäne unentscheidbar, und so setzt sich die Reihe über Erklärung, Erklärung der Erklärung usw. ad infinitum fort. Für unsere Zwecke brauchen wir aber eine Form der Mitteilung, die *in sich* vollständig ist – eine Notwendigkeit, die auf der Byurakan-Konferenz besonders die sowjetischen Akademiker Idlis und Panovkin betonten [151].
Um zu dieser heillosen Unvollständigkeit noch weiter beizutragen, sei eine zusätzliche Komplikation auf diesem Spezialgebiet der Logik erwähnt. In seinem Buch »*Laws of Form*« [26] behauptet G. Spencer Brown den Nachweis erbracht zu haben, daß Gödels Beweis keineswegs so endgültig und unerschütterlich ist, wie allgemein angenommen wird. Seine These läuft darauf hinaus, daß sich ein System tatsächlich selbst transzendieren, das heißt sich selbst sozusagen von außen her beweisen und mit diesem Beweis dann in seine eigene Domäne wiedereintreten kann. »*Laws of Form*« ist sicher das Werk eines Genies; ich habe jedoch bis heute wenige Leute gefunden, die seine Lektüre nicht schon auf Seite 2 entmutigt aufgaben – und dies trotz Browns bescheidenem Hinweis im Vorwort, das Verständnis seines Buches erfordere »vom Leser nicht mehr als die Kenntnis der englischen Sprache, des Zählens und der Weise, in der Zahlen gewöhnlich dargestellt werden« [27].

tisch auf derselben Wellenlänge wiederholte. Wenn auf diese Weise ein erster Kontakt mit uns hergestellt wäre, könnten laut Bracewell folgende Schritte gemacht werden:

> Um der Sonde mitzuteilen, daß wir es [das von ihr wiederholte Signal] empfangen haben, würden wir es nochmals zurücksenden. Sie wüßte dann, daß sie mit uns in Kontakt steht. Nach einigen Routinevorkehrungen gegen Irrtümer und Prüfung unserer Sensibilität und Bandweite würde sie dann ihre Nachricht mit gelegentlichen Unterbrechungen zu senden beginnen, um sicher zu sein, daß sie nicht unter den Erdhorizont gesunken ist. Wäre es überraschend, wenn der Beginn der Nachricht in der Übermittlung des Fernsehbildes einer Konstellation bestünde?
> Diese Einzelheiten und die Notwendigkeit, die Sonde unsere Sprache zu lehren (durch Senden eines Bilderwörterbuchs?), sind faszinierend, bereiten aber keine Schwierigkeiten, sobald der Kontakt mit der Sonde einmal hergestellt ist. Dieser ist das Hauptproblem. [21]

Vor der Entdeckung der Sonde wäre für uns die Wiederholung unserer Radiosignale überaus rätselhaft, da es für dieses sonderbare Echo keine wissenschaftliche Erklärung gäbe.

Eben dies aber ereignete sich im Jahre 1927, als ein Funker in Oslo die Signale der holländischen Kurzwellenstation PCJJ in Eindhoven empfing, denen drei Sekunden später Signale folgten, die sich mit Sicherheit als ihre Wiederholung erwiesen. Man untersuchte diesen merkwürdigen Sachverhalt, und am 11. Oktober 1928 gelang die experimentelle Wiederholung des sonderbaren Phänomens: PCJJ sandte besonders starke Signale aus, und wiederum wurden nicht nur sie, sondern auch ihr Echo empfangen. Der Versuch wurde von Dr. van der Pol von der Philips-Radiogesellschaft in Eindhoven und von Beamten der norwegischen Telegraphenverwaltung in Oslo überwacht. Der Physiker Carl Störmer, der den Versuch leitete, berichtete darüber in einem Brief an die Zeitschrift *Nature* [170]. Ähnliche Echos wurden in den folgenden Jahren auch von anderen Stationen aufgefangen.

Wie wir schon sahen, löst das Eintreten von Ereignissen, die nicht in unsere Deutung der Wirklichkeit passen – also das Eintreten eines Zustands der Desinformation –, eine sofortige Suche nach Integrierung der in ihrer Widersprüchlichkeit störenden Tatsachen in das bisherige Weltbild aus. Das durch die unerklärlichen Radioechos verursachte Rätsel schuf eine derartige Situation. Was hatte man an jenem 11. Oktober 1928 in Eindhoven und Oslo festgestellt?

Van der Pol in Eindhoven sandte das verabredete, aus drei Punkten bestehende Signal, gefolgt jeweils von einer Pause von dreißig Sekunden. Sowohl er wie auch Störmer in Oslo empfingen darauf auf derselben Wellenlänge eine Reihe von Echos mit den folgenden Verzögerungen in Sekunden:

8, 11, 15, 8, 13, 3, 8, 8, 8, 12, 15, 13, 8, 8.

Diese Serie erinnert uns sofort an ein ähnliches, im Kapitel über Zufall und Ordnung (Seite 67 ff.) behandeltes Problem, nämlich einer Zahlenreihe und der Frage, ob sie zufällig ist oder eine innere Ordnung besitzt. Es sei mir gestattet, eine Reihe von Zwischenstadien zu überspringen und unmittelbar zur Deutung zu kommen, die Duncan A. Lunan [92] von der Universität Glasgow dem Eindhovener Experiment gab:

Die ersten in Oslo empfangenen Echos folgten dem eigentlichen Signal stets mit einer Verzögerung von drei Sekunden, und dieses Phänomen setzte sich über ein Jahr lang bis zu den Experimenten im Oktober 1928 fort, in denen die obenerwähnten Schwankungen in den Verzögerungen der Echos aufzutreten begannen. Damit ein Signal als Echo in drei Sekunden zur Erde zurückkehren kann, muß das echoerzeugende Objekt sich ungefähr in Mondentfernung von der Erde aufhalten. Wenn wir nun annehmen, daß Bracewells Voraussage eingetreten war und eine Raumsonde unsere Erde umkreiste, so hätte das von ihr gesandte Echo uns mitgeteilt, daß sie sich ungefähr auf derselben Umlaufbahn wie der Mond befand.* Wenn dies aber alles gewesen wäre, was ihr Echo uns mitteilen sollte, wozu dann die plötzlichen Unterschiede der Echos – besonders wenn sie alle denselben Ursprung hatten? Es liegt vielmehr nahe, daß die verzögerten Echos die zweite Phase der Kommunikationsanbahnung darstellten. Was aber ist ihr Sinn?

Lunan stellte folgende Vermutung an:

Es mag absurd scheinen, ein Signal aus Verzögerungen zusammenzusetzen – wie ein Telegramm, das nur das Wort »stop« in verschiedenen Zeitabständen enthält –, doch wenn man es sich näher überlegt, hat dieses System für indirekte, interstellare Kommunikation gewisse Vorteile. Es ist eine bessere Methode, Bilder zu senden als

---

* Daß diese Annahme plausibel ist, wird durch die Tatsache bestärkt, daß die Eindhovener Station in jenen Jahren eine der stärksten auf dem europäischen Festland war und daher eine sehr wahrscheinliche Wahl für eine eventuell nach Signalen forschende Sonde darstellte.

zum Beispiel Serien von Punkten und Strichen, in denen jeder Punkt oder jeder Strich ein Feld auf einem Raster darstellt; und die auf verschiedenen Verzögerungen beruhende Meldung läuft auch weniger leicht Gefahr, verstümmelt zu werden. [93]

Er wiederholte dann die schon 1928 angestellten, fruchtlosen Versuche, die Verzögerungszeiten auf der Y-Achse (der Vertikalen) eines Koordinatensystems aufzutragen. Schließlich trug er sie (in Sekunden) auf der horizontalen (der X-)Achse und die Echos selbst auf der Y-Achse ein und machte eine bemerkenswerte Entdeckung. Um ihre verblüffende Einfachheit voll zu würdigen, muß man Lunans Bericht lesen, doch auch ein Blick auf das Diagramm (Abbildung 12) läßt die Eleganz seiner Deutung erfassen.

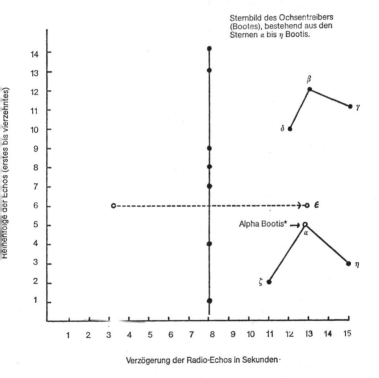

* Alpha Bootis (Arkturus) in seiner relativen Position vor 13000 Jahren

Abbildung 12

Lunan nahm die achtsekundigen Verzögerungen als den Mittelwert, trug sie daher direkt auf der Y-Achse ein und teilte damit das Diagramm senkrecht in zwei Hälften. In die rechte Hälfte fallen die Verzögerungen, die länger als acht Sekunden sind. Sie formen das Abbild der Konstellation Bootes, des Ochsentreibers, deren zentraler Stern, Ypsilon Bootis, aber fehlt. An seiner Stelle steht das sechste Echo der Serie, das einzige mit einer Verzögerungszeit von nur drei Sekunden, das daher in die linke Hälfte des Diagramms fällt. Um die Abbildung des Sternbilds Bootes zu vervollständigen, braucht man diesen Punkt nur um 180 Grad um die Vertikalachse auf die rechte Seite des Diagramms zu rotieren, und er fällt damit in die Position des fehlenden Sternes Ypsilon Bootis. Falls Lunans Überlegungen nicht auf einem noch nicht entdeckten Irrtum beruhen, führen sie zur zwingenden Schlußfolgerung: Die Nachricht der Sonde stellt die Abbildung von Bootes dar, fordert uns auf, die notwendige Korrektur der Position von Ypsilon Bootis vorzunehmen, die korrigierte Nachricht an die Sonde zurückzusenden und auf diese Weise mitzuteilen, daß wir unsere zweite Lektion in Weltraumkommunikation erlernt haben. Dies scheint Bracewells Annahme [21] voll zu bestätigen, daß eine solche Sonde die Kommunikation mit uns auf der Basis des Bildes einer Konstellation (selbstverständlich einer Konstellation in irdischer Perspektive, also so, wie sie von der Erde gesehen aussieht) aufnehmen würde.

Das Erstaunlichste an Lunans Deutung ist aber, daß Bootes größter Stern, Alpha Bootis (auch Arkturus genannt), im Diagramm nicht in seiner heutigen Position aufscheint, sondern dort, wo er auf Grund seiner relativ hohen Eigengeschwindigkeit (Fixsterne sind ja nicht wirklich »fix«) vor dreizehntausend Jahren stand! Für Lunan bedeutet dies, daß die Sonde elf Jahrtausende vor Christi Geburt in unserem Sonnensystem ankam und unseren Planeten bis zur Erfindung des Radios und dem Bau von Sendestationen schweigend umkreise. Als dann eben in den zwanziger Jahren genügend starke Radiosignale von der Erde auszugehen begannen, wurde sie aktiv und begann, die Aufgabe zu erfüllen, für die die Bewohner eines der Planeten von Ypsilon Bootis (dem Sonnensystem, auf das die Nachricht besonders zu verweisen scheint) sie gebaut und zu uns geschickt hatten.

Obwohl diese Deutung phantastisch scheinen mag, muß man doch zugeben, daß zu viele Einzelheiten sich hier zu einem sinnvollen Ganzen fügen, als daß sich Lunans Hypothese als reine Spekulation verwerfen ließe. Seine Deutung gilt vielmehr für so stichhaltig, daß zur Zeit Experimente im Gange sind, deren Zweck das Finden von Beweisen oder Gegenbeweisen für diese Hypothese ist, von deren Komplexität ich hier nur eine höchst skizzenhafte Schilderung geben kann.

Pionier 10

Am 3. März 1972 wurde mit dem Abschuß der interplanetarischen Sonde Pionier 10 ein weiterer Versuch zur Herstellung interstellarer Kommunikation verbunden. Pionier 10, der im Dezember 1973 an Jupiter vorbeiflog und nun dabei ist, unser Sonnensystem zu verlassen, trägt auf seiner Verschalung ein 15 $\times$ 23 cm großes, vergoldetes Aluminiumschild* (Abbildung 13 auf Seite 200). Da sein Kurs ihn in eine Gegend des Alls führt, die selbst nach astronomischen Begriffen als leer gilt, sind seine Chancen, jemals aufgefunden zu werden, sehr gering. Wenn er aber dennoch auf seinem schweigenden Flug durch die Leere des Alls in unermeßlich ferner Zukunft von einem Raumschiff einer hochentwickelten Zivilisation entdeckt und geborgen würde, hätte die Tafel den Zweck, jenen Lebewesen Aufschluß über unsere Erde zu geben – wenigstens über ihren Zustand vor Millionen oder sogar Milliarden von Erdjahren.

Der wichtigste Teil des Schilds ist das Strahlenmuster in der linken Bildhälfte und die schematische Darstellung unseres Sonnensystems auf dem unteren Bildrand. Wie Professor Sagan, der Autor dieser Bildnachricht, erklärt, stellen die Radiallinien mit ihren binären Unterteilungen die charakteristischen Strahlungsmuster der Pulsare dar:

Pulsare sind rasch kreisende Neutronensterne, wie sie von katastrophischen Sternexplosionen erzeugt werden [...]. Wir glauben, daß eine wissenschaftlich hochentwickelte Zivilisation keine Schwierigkeit hätte, das Strahlenmuster als Darstellung der Positionen und Perioden von vierzehn Pulsaren relativ zum Sonnensystem zu erkennen, aus dem die Sonde kam.

Pulsare sind aber kosmische Uhren, und das Maß ihrer Verlangsamung im Laufe der Zeit ist recht genau bekannt. Die Empfänger der Nachricht werden sich also

---

* Ein identisches Schild wurde mit Pionier 11 ein Jahr später in den Weltraum gesandt.

nicht nur fragen, *wo* es jemals möglich war, vierzehn Pulsare in dieser relativen Position zu sehen, sondern auch *wann*. Die Antwort lautet: nur von einem sehr kleinen Bereich der Milchstraße aus und einem einzigen Jahr im Bestehen der Galaxie. Innerhalb dieses kleinen Bereichs gibt es vielleicht tausend Sterne; nur von einem von ihnen kann angenommen werden, daß er ein Planetensystem mit den am unteren Bildrand dargestellten relativen Abständen hat. Die ungefähren Größen der Planeten und die Saturnringe sind dort ebenfalls schematisch angegeben. Auch schematisch eingezeichnet ist die anfängliche Bahn der von der Erde aus abgesandten Raumsonde und ihr Vorbeiflug an Jupiter. Das Schild identifiziert daher einen Stern unter ungefähr 250 Milliarden und ein Jahr (1970) in ungefähr zehn Milliarden. [149]

Die Stichhaltigkeit und Logik dieser Überlegungen ist unbestreitbar. Zu bedauern ist nur, daß die Wahrscheinlichkeit des Ankommens dieser Nachricht bei einer außerirdischen Zivilisation viel geringer ist als die Chancen eines schiffbrüchigen Matrosen, der eine Flaschenpost den Meeresströmungen anvertraut.

Die rechte Bildseite dagegen verursachte höchst komische und uner-

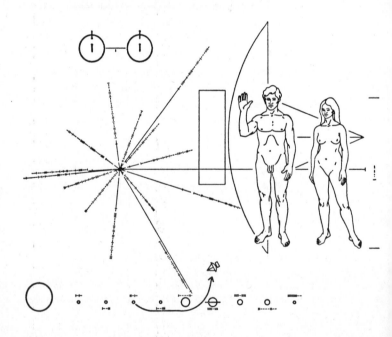

Abbildung 13

wartete Reaktionen hier auf Erden. Bekanntlich hatten Zeitungen und Zeitschriften die Abbildung des Schildes veröffentlicht, und Sagan (dessen Frau übrigens das Bild entwarf) erhielt zahllose Briefe aus der ganzen Welt. Einige der vernünftigeren Zuschriften bezweifelten die Verständlichkeit der beiden menschlichen Figuren, vor allem die des erhobenen Arms des Mannes. Hat diese Geste wirklich die universale Bedeutung eines Grußes, ist sie eine Drohung oder soll damit gesagt sein, daß der männliche Arm permanent rechtwinklig abgebogen ist? Es wäre ferner möglich, daß die perspektivische Verkürzung der Füße und anderer Körperteile der beiden Figuren, die für uns selbstverständlich ist, andere Lebewesen deswegen zu den sonderbarsten Annahmen über unseren Körperbau veranlassen könnte, weil ihre Art der räumlichen Darstellung von der unseren vollkommen verschieden sein dürfte. Dann nahmen sich die Frauenrechtlerinnen der Sache an und beschwerten sich darüber, daß die weibliche Figur viel zu passiv dargestellt ist, und schließlich wurde die Nacktheit beider Figuren zum Gegenstand moralischer Entrüstung. Dies ist um so komischer, als das Bild die weibliche Figur als geschlechtslos darstellt, offensichtlich um puritanischen Einwänden vorzubeugen und in der übervorsichtigen Absicht, das »Schlimmste« zu vermeiden. Daß es nicht vermieden wurde, beweist ein Leserbrief an die *Times* von Los Angeles:

Ich muß sagen, daß mich die schamlose Darstellung männlicher und weiblicher Geschlechtsorgane auf der Titelseite der *Times* schockierte. Diese Art sexueller Indiskretion ist unter dem Niveau, das die Allgemeinheit von der *Times* zu erwarten gewohnt ist.

Ist es nicht genug, daß wir ein Bombardement von Pornographie durch Filme und obszöne Magazine erdulden müssen? Ist es nicht traurig, daß die Beamten unserer Weltraumbehörde es notwendig fanden, diesen Schmutz über die Grenzen unseres Sonnensystems zu verbreiten? [150]

Unvorstellbare Wirklichkeiten

Im allgemeinen aber haben die Probleme der Kontaktaufnahme mit außerirdischer Intelligenz kaum viel Spaßiges an sich. Was die Auswirkungen solcher Kontakte auf die Menschheit sein werden, läßt sich auch nicht annähernd ermessen. Der Hauptgrund dafür ist, daß die Entwicklung intelligenten Lebens bestimmt kein linearer Vorgang ist. Schon bei den Schimpansen und Delphinen sahen wir, daß es in natürlichen Entwicklungsprozessen gewisse Grenzen der Komplexität, zum Beispiel der Gehirnorganisation, gibt, bei deren Erreichen sich plötzlich und sprunghaft neue Fähigkeiten und Möglichkeiten ausbilden. Diese Neubildungen können nicht direkt und geradlinig aus den ihnen unmittelbar vorausgehenden Entwicklungsstadien abgeleitet werden; sie sind vielmehr diskontinuierlich und unvorhersehbar. Dasselbe dürfte für die im fernen All bestehenden Wirklichkeiten zweiter Ordnung zutreffen. Wir besitzen ja nicht einmal jenes Mindestmaß an Einsicht in die psychologischen, kulturellen und sozialen Faktoren, das uns einigermaßen verläßliche Schlüsse über unsere eigene Entwicklung hier auf Erden gestatten würde. Die Menschheit besteht noch nicht lange genug, um uns die Ableitung allgemeiner Gesetze kultureller Evolution zu ermöglichen (sofern es solche überhaupt gibt)*, und andere Vergleichsmöglichkeiten bestehen für uns nicht.

Wenn die Entwicklungsgeschichte des Lebens auf unserem Planeten, von seiner Entstehung bis heute, als 24-Stunden-Tag dargestellt würde, fiele das Auftauchen intelligenten Lebens in die letzten Sekunden vor Mitternacht. In dem Maße, in dem es uns gelingt, immer tiefer in unsere Vergangenheit einzudringen, in jene langen Stunden vor den wenigen Sekunden bisheriger menschlicher Existenz, bereichert sich unser Wissen über die Gesetzmäßigkeiten der Entwicklung organischen Lebens unter den physikalischen Bedingungen, die allgemein für unser Milchstraßensystem zutreffen. Aus dieser Perspektive lassen sich wenigstens einige Schlüsse über die möglichen Erscheinungsformen höheren Lebens auf anderen Planeten ziehen. Die Planer des Projekts Zyklop äußern sich zu diesem Thema wie folgt:

---

* Dies erhellt unter anderem aus den Prognosen des *Clubs von Rom* (einer Gruppe internationaler Fachleute) über die sozio-ökonomische Entwicklung der Menschheit. Trotz überaus komplexer, mit Hilfe von komplizierten mathematischen Modellen erarbeiteter Voraussagen scheint es fast unmöglich, wesentlich über das Jahr 2000 hinauszugehen, und 2100 scheint die Grenze selbst ungefährster Voraussagen zu sein.
Es verdient jedoch Erwähnung, daß trotz dieser Schwierigkeiten sehr viel nüchterne und vorsichtige Grundlagenforschung von sowjetischen Wissenschaftlern betrieben wird. Ihre bisherigen Ergebnisse sind dem Leser in Kaplans *»Extraterrestrial Civilizations«* [78], besonders in Kapitel V und VI, zugänglich.

Ungeachtet der Morphologie anderer intelligenter Lebewesen müssen ihre Mikroskope, Teleskope, Kommunikationssysteme und Kraftwerke zu einem bestimmten Zeitpunkt ihrer Geschichte von den unseren fast ununterscheidbar gewesen sein. Sicherlich wird es Unterschiede in der Reihenfolge der Erfindungen und der Anwendung von Verfahren und Maschinen gegeben haben, doch werden technische Systeme mehr durch die physikalischen Gesetze der Optik, Thermodynamik, Elektrodynamik oder der Atomreaktionen geprägt als durch die Eigenart der sie entwerfenden Lebewesen. Die Folge davon ist, daß wir uns über die Probleme des Informationsaustausches zwischen biologischen Formen verschiedenen Ursprungs keine Sorgen zu machen brauchen. Mit welcher Form von Intelligenz wir auch Kontakt aufnehmen mögen, teilen wir mit ihr eine breite Grundlage von Technologie, wissenschaftlichen Erkenntnissen und Mathematik, die zum Aufbau einer Sprache für die Vermittlung subtilerer Begriffe verwendet werden kann. [137]

In dieser Sicht ist es durchaus sinnvoll, anzunehmen, daß dieser (vermutlich sehr einseitige) Informationsaustausch unserem eigenen Fortschritt überaus förderlich sein müßte, und es wird gelegentlich sogar die zukunftsselige Meinung vertreten, daß es uns dadurch möglich werden wird, außerirdische Lösungen dringender Probleme, wie kontrollierter Kernspaltung oder der Bevölkerungsexplosion, zu übernehmen. Die Folgen eines interplanetarischen Informationsaustausches könnten aber ebensogut gänzlich anderer Art sein.*

Und damit sind wir am Kern der Sache angelangt. Vor allem ist – wie Bracewell feststellt – die Sterblichkeitsziffer hochentwickelter Zivilisationen vielleicht so groß, daß es jeweils nur sehr wenige in einem Sternsystem gibt [21]. Das könnte bedeuten, daß die obenerwähn-

---

* In Fairneß zu den Autoren des Projekts Zyklop muß festgehalten werden, daß sie sich keine großen Illusionen über die Voraussagbarkeit dieses Informationsaustausches machen:
Was sich über diese Prophezeiungen mit einiger Sicherheit sagen läßt, ist, daß sie, wie interessant sie auch sein mögen, fast bestimmt alle falsch sind. Um dies zu verstehen, brauchen wir uns nur zu überlegen, wie unvorhersehbar unser eigener Fortschritt der letzten zweitausend Jahre war. Welcher antike Grieche oder Alexandriner hätte das dunkle Mittelalter, die Entdeckung der Neuen Welt oder das Atomzeitalter vorausgesehen? Wer von den Alten weise, wie sie in vieler Hinsicht waren – hätte das Automobil, das Fernsehen, die Antibiotika oder den modernen Computer vorausgesagt? Für Aristoteles war der Umstand, daß Menschen addieren können, der Beweis dafür, daß sie Seelen haben. Und hier sitzen wir und versuchen, Voraussagen über Welten nicht in zweitausend, sondern Hunderttausenden oder sogar Millionen von Jahren zu machen, und noch dazu über Welten, die ganz unabhängigen Ursprungs sind! [138]

ten metaphorischen Sekunden tatsächlich unsere letzten sind. Überbevölkerung, Umweltverseuchung, vielleicht eine nukleare Katastrophe, auf jeden Fall aber zunehmender moralischer Schwachsinn sind vielleicht die Todessymptome jeder (und nicht nur unserer) Zivilisation. Vielleicht sind wir tatsächlich auf dem Aussterbeetat stehende Dinosaurier.* Doch selbst wenn dies nicht der Fall wäre, fällt es doch schwer, die große Euphorie über die zu erwartenden wunderbaren Wirkungen von Kontakten mit außerirdischer Intelligenz zu teilen. Das Wunschdenken hinter diesem Optimismus übersieht einige nackte psychologische Tatsachen. Die utopische Idee der Invasion unseres Planeten durch feindliche Wesen aus dem Weltall läßt sich mit ziemlicher Sicherheit ignorieren, die Frage unserer psychologischen und gesellschaftlichen Beeinflussung durch das Wissen anderer, höherentwickelter Zivilisationen aber nicht. Die einzige, schwache Analogie, die uns auf Erden zur Verfügung steht, ist der katastrophale Effekt unserer Zivilisation auf »primitive« Kulturen, wie die Eskimos, die australischen Buschmänner und die südamerikanischen Indios. Unsere wissenschaftlichen und technischen Fortschritte haben unsere moralische Entwicklung weit hinter sich gelassen. Die plötzliche Verfügbarkeit noch viel weiter fortgeschrittenen Wissens, das unser eigenes Denken unvermittelt Tausende von Jahren und ohne die Möglichkeit einer zusammenhängenden, schrittweisen Integration nach vorne katapultieren würde, hätte wahrhaft unvorstellbare Konsequenzen. Klinische Erfahrung beweist, daß die plötzliche Konfrontierung mit Information überwältigenden Ausmaßes zwei Folgen haben kann: Entweder führt sie dazu, daß wir uns den neuen Tatsachen gegenüber verschließen und zu leben versuchen, als bestünden sie nicht, oder wir verlieren den Kontakt mit der Wirklichkeit. Beides aber liegt im Wesen des Wahnsinns.

---

* Im obenerwähnten Artikel spekuliert Bracewell, daß »solche Gemeinwesen [hochentwickelte Zivilisationen] vielleicht im Verhältnis von zwei pro Jahr (10^3 in 500 Jahren) zugrunde gehen ...«

Imaginäre Kommunikation

In diesem letzten Kapitel des Buchs möchte ich einige Beispiele von Kommunikationskontexten vorlegen, die völlig imaginär sind, dennoch – oder vielleicht gerade deswegen – aber zu höchst sonderbaren und unlösbaren praktischen Widersprüchen führen. Indem ich dies tue, nehme ich dasselbe Recht in Anspruch, das der Mathematiker besitzt, dessen Aufgabe, wie Nagel und Newman es einmal definierten, darin besteht, »Lehrsätze von postulierten Annahmen abzuleiten, wobei es als Mathematiker nicht seine Sorge zu sein braucht, zu prüfen, ob die von ihm angenommenen Axiome tatsächlich wahr sind« [116].

Diese Art von Gedankenexperiment, in dem zuerst ein Satz imaginärer Gegebenheiten postuliert und diese dann bis in ihre letzten logischen Konsequenzen verfolgt werden, beschränkt sich nicht auf die reine Mathematik. Condillac zum Beispiel verwendete es zur Ableitung seiner Assoziationspsychologie, indem er von der Idee einer Statue ausging, die nach und nach dadurch immer menschlichere Eigenschaften annahm, daß er sie sich in streng logischer Weise mit immer komplexeren Wahrnehmungsfähigkeiten begabt vorstellte. Ein besonders berühmtes und klassisches Beispiel der Verwendung eines imaginären Modells ist Maxwells Dämon. Es handelt sich dabei um eine winzige Kreatur, der das Öffnen und Schließen der Verbindungstür zwischen zwei Behältern obliegt, die mit demselben Gas gefüllt sind. Bekanntlich bewegen sich die Moleküle eines Gases regellos und mit verschiedenen Geschwindigkeiten im Raum. Der Dämon öffnet beziehungsweise schließt die Verbindungstür so, daß von Behälter B nur Moleküle mit hoher Geschwindigkeit (hoher Energie) in Behälter A überwechseln können, während er in umgekehrter Richtung nur langsame Moleküle (also solche mit niedriger Geschwindigkeit) durchläßt. Die zwingende Schlußfolgerung ist, daß sich dadurch die Temperatur in Behälter A erhöht, obwohl das Gas ursprünglich in beiden Behältern dieselbe Temperatur hatte. Dies aber steht in glattem Widerspruch zum zweiten Hauptsatz der Wärmelehre, und obwohl das Ganze »nichts als« eine intellektuelle Spielerei war, trieb der Dämon in der theoretischen Physik längere Zeit unter der Bezeichnung *Maxwells Paradoxie* sein störendes Unwesen. Erst Léon Brillouin führte die Lösung herbei, indem er – gestützt auf einen

Artikel von Szilard – nachwies, daß die Beobachtung der Moleküle durch den Dämon eine Zunahme von Information innerhalb des Systems darstellt und daß diese Informationszunahme genau der Temperaturerhöhung entspricht, die der Dämon anscheinend erzeugt hatte. Während uns Laien also die Idee eines solchen Lebewesens äußerst absurd und unwissenschaftlich scheint, führte sie die Physiker zu wichtigen Einsichten in die Interdependenz zwischen Energie und Information.

Newcombs Paradoxie

Gelegentlich wird die Liste der klassischen Paradoxien um eine weitere, besonders faszinierende bereichert. Beispiele dafür sind das Gefangenendilemma und die auf Seite 132 kurz erwähnten paradoxen Voraussagen; beide wurden rasch zum Thema vieler Veröffentlichungen.

Im Jahre 1960 stieß ein theoretischer Physiker am Strahlungslaboratorium der Universität von Kalifornien in Livermore, Dr. William Newcomb, auf eine neue Paradoxie – angeblich während er sich bemühte, das Gefangenendilemma zu lösen. Über verschiedene Zwischenpersonen kam sie schließlich zur Kenntnis des Philosophieprofessors Robert Nozick an der Harvard-Universität, der sie 1970 in einer philosophischen Festschrift veröffentlichte [118]. 1973 besprach der Mathematiker Martin Gardner dieses Referat im *Scientific American* [53] und löste damit eine solche Flut von Zuschriften aus, daß er sich im Einvernehmen mit Nozick in einem zweiten Artikel [54] nochmals mit diesem Problem und den von seinen Lesern vorgeschlagenen Lösungen befaßte.

Die prinzipielle Bedeutung dieser Paradoxie für meine Thematik liegt darin, daß sie auf einem Kommunikationsaustausch mit einem imaginären Wesen beruht; einem Wesen, das die Fähigkeit besitzt, menschliche Entscheidungen mit fast hundertprozentiger Genauigkeit vorauszusagen. Nozick definiert diese Fähigkeit (und der Leser ist ersucht, dieser Definition volle Aufmerksamkeit zu schenken, da ihr Verständnis für das Folgende unerläßlich ist) mit folgenden Worten:

»Sie wissen, daß dieses Wesen Ihre vergangenen Entscheidungen oft richtig vorausgesagt hat (und daß es, soweit Ihnen bekannt ist, niemals *falsche* Voraussagen über Ihre Entscheidungen gemacht hat), und Sie wissen ferner, daß dieses Wesen oft die Entscheidungen anderer Leute [...] in der nun zu beschreibenden Situation richtig vorausgesagt hat.« Es sei ausdrücklich betont, daß die Voraussagen fast, aber eben nur *fast* vollkommen verläßlich sind.

Das Wesen zeigt Ihnen zwei verschlossene Kästchen und erklärt, daß in Kästchen 1 auf jeden Fall tausend Dollar liegen, während Kästchen 2 entweder nichts oder eine Million Dollar enthält. Es stehen Ihnen nun folgende zwei Möglichkeiten zur Wahl offen: Sie können entweder *beide* Kästchen öffnen und das darin liegende Geld gewinnen; oder Sie wählen nur Kästchen 2 und nehmen das dort vorgefundene Geld. Ferner teilt Ihnen das Wesen mit, daß es folgende Maßnahmen getroffen hat: Wenn Sie die erste Alternative wählen und beide Kästchen öffnen, so hat das Wesen (das diese Entscheidung natürlich voraussah) das zweite Kästchen leer gelassen, und Sie gewinnen daher nur die tausend Dollar in Kästchen 1. Wenn Sie sich dagegen entschließen, nur Kästchen 2 zu öffnen, hat das Wesen (wiederum aufgrund seines Vorauswissens dieser Entscheidung) die Million dort hineingelegt. Der Ablauf der Ereignisse ist also folgender: Das Wesen macht zuerst stillschweigend seine Voraussage Ihrer Wahl; *dann* legt es, je nach seiner Voraussage, entweder die Million in Kästchen 2 oder läßt es leer; *dann* teilt es Ihnen die Bedingungen mit; und zu guter Letzt treffen Sie Ihre Entscheidung. Wir dürfen im folgenden also annehmen, daß Sie die Situation und die daran geknüpften Bedingungen voll verstehen; daß das Wesen weiß, daß Sie sie verstehen; daß Sie wissen, daß es das weiß, und so weiter – genau wie in allen anderen interdependenten Entscheidungen, die in Teil 2 behandelt wurden.

Das Unerwartete an dieser imaginären Situation ist, daß sie zwei gleichermaßen logische, aber völlig widersprüchliche Lösungen hat. Und die Folge dieses Widerspruchs ist, daß – wie Nozick sehr rasch entdeckte und wie die Lawine von Leserbriefen an Gardner bewies – wahrscheinlich auch Sie eine der beiden Lösungen sofort für die »richtige« und »selbstverständliche« halten werden und mit bestem Willen nicht einsehen können, wie jemand die andere auch nur für einen Augenblick ernsthaft in Betracht ziehen kann. Trotzdem aber lassen sich für die eine wie für die andere Entscheidung überzeugende Gründe finden, und dies wirft uns in die Welt Dostojewskis zurück, »in der alles wahr ist, auch das Gegenteil«.

Das erste Argument lautet: Das Vorauswissen des Wesens ist fast vollkommen zuverlässig. Wenn Sie sich also dafür entscheiden, beide Kästchen zu öffnen, so müssen Sie mit höchster Wahrscheinlichkeit damit rechnen, daß das Wesen diesen Entschluß richtig voraussagte und das zweite Kästchen daher leer ließ. Sie gewinnen also nur die tausend Dollar, die auf jeden Fall in Kästchen 1 liegen. Wenn Sie sich aber entschließen, nur Kästchen 2 zu öffnen, so hat das Wesen auch diese Wahl höchstwahrscheinlich richtig vorausgesehen und hat, in Übereinstimmung mit den von ihm selbst aufgestellten Regeln, die Million hineingelegt. Daraus folgt mit scheinbar eiserner Logik, daß Sie nur das zweite Kästchen öffnen sollen. Worin besteht das angebliche Problem?

Das Problem ergibt sich aus der Logik des anderen Entscheidungsverfahrens. Wie schon betont, macht das Wesen zuerst seine Voraussage, und Ihre Entscheidung *folgt* zeitlich seiner Voraussage. Dies bedeutet aber, daß zu dem Zeitpunkt, in dem Sie Ihre Entscheidung treffen, die Million *entweder bereits im zweiten Kästchen liegt oder nicht dort liegt*. Ergo, wenn die Million bereits im zweiten Kästchen liegt und Sie sich für das Öffnen beider Kästchen entscheiden, gewinnen Sie 1 001 000 Dollar. Wenn Kästchen 2 aber leer ist und Sie beide Kästchen öffnen, so gewinnen Sie wenigstens die tausend Dollar in Kästchen 1. In beiden Fällen haben Sie also tausend Dollar *mehr*, als Sie gewinnen würden, wenn Sie nur das zweite Kästchen wählten.

Keineswegs, erwidern die Vertreter des ersten Arguments sofort: Gerade diese Überlegung hat das Wesen ja richtig vorausgesehen und hat daher das zweite Kästchen leergelassen.

Darin liegt euer Irrtum, ereifern sich die Verteidiger des zweiten Arguments: Das Wesen hat seine Voraussage gemacht, nach ihr gehandelt, und die Million liegt nun (oder liegt nicht) im zweiten Kästchen. Gleichgültig also, wofür ihr euch entscheidet, das Geld ist (oder ist nicht) bereits seit einer Stunde, einem Tag oder einer Woche *vor* eurer Entscheidung da (oder nicht da). Eure Wahl wird es daher weder in Kästchen 2 materialisieren lassen, wenn es nicht von vornherein schon dort lag, noch zu seinem plötzlichen Verschwinden aus dem Kästchen führen, wenn es zunächst dort war. Ihr Verteidiger des ersten Arguments macht den Fehler, anzunehmen, daß hier irgendeine Art rückwirkender Kausalität mitspielt – daß eure Wahl sozusagen die Million aus dem Nichts auftauchen oder in die leere Luft verschwinden läßt. Aber das Geld ist ja schon da oder nicht da, *bevor* ihr euch entscheidet. Im einen wie im anderen Falle wäre es unsinnig, nur das zweite Kästchen zu wählen – wenn es die Million enthält, warum wollt ihr auf die zusätzlichen tausend Dollar im ersten Kästchen verzichten? Aber besonders dann, wenn Nummer 2 leer ist, wollt ihr doch sicherlich wenigstens die tausend Dollar in Nummer 1 einkassieren!

Nozick fordert seine Leser auf, die Paradoxie mit Freunden, Bekannten oder Studenten auszuprobieren, und sagt voraus, daß sich ziemlich genau die Hälfte für das eine beziehungsweise das andere Argument entscheiden wird. Außerdem werden die meisten von ihnen überzeugt sein, daß die anderen einfach nicht logisch denken können. Nozick aber warnt, »daß es nicht genügt, sich mit dem Glauben zufriedenzugeben, man wisse schon, was zu tun sei. Und es genügt auch nicht, eines der beiden Argumente einfach laut und langsam zu wiederholen.« Sehr zu Recht fordert er, daß man das andere Argument logisch ad absurdum führen müßte. Dies aber ist bisher niemandem gelungen.

Es ist möglich – ist aber meines Wissens bisher nicht vorgeschlagen worden –, daß dieses Dilemma (und einige der Widersprüche und Paradoxien, die uns im Abschnitt über Reisen in die Zeit beschäftigen werden) auf der Konfusion zweier grundverschiedener Bedeutungen der scheinbar eindeutigen logischen Subjunktion *wenn-dann* beruht. Im Satze »*Wenn* Karl der Vater von Hans ist, *dann* ist Hans der Sohn von Karl« drückt das *Wenn-dann* eine zeitlose, zeitunabhängige Beziehung zwischen diesen beiden Personen aus. Aber im Satz »*Wenn* ich diesen Knopf drücke, *dann* läutet die Glocke« handelt es sich um eine rein kausale Beziehung von Ursache und Wirkung, und alle Kausalbeziehungen schließen ein Zeitelement ein, und sei es auch nur die Mikrosekunde, die der elektrische Strom benötigt, um vom Knopf zur Klingel zu fließen.

Es ist also durchaus möglich, daß das erste Argument (nur Kästchen 2 zu öffnen) sich auf der logischen, zeitlosen Bedeutung des Wahrheitsbegriffs *wenn-dann* aufbaut: »*Wenn* ich mich entschließe, nur das zweite Kästchen zu öffnen, *dann* enthält es eine Million.« Die Verteidiger des zweiten Arguments (die sich dafür entschließen, beide Kästchen zu öffnen) scheinen sich dagegen auf die andere, nämlich die kausale, temporale Sinnbedeutung von *wenn-dann* zu stützen: »*Wenn* das Wesen seine Voraussage bereits gemacht hat, *dann* hat es die Million bereits ins zweite Kästchen gelegt beziehungsweise es leer gelassen, und im einen wie im anderen Falle erhöht sich mein Gewinn durch das Öffnen beider Kästchen um tausend Dollar.« Das zweite Argument beruht also auf dem zeitlichen Ablauf: Voraussage – (Nicht-)Hineinlegen des Geldes in das zweite Kästchen – meine Entscheidung. Ich treffe meine Entscheidung *nach* der Voraussage und nach dem (Nicht-)Hineinlegen der Million ins zweite Kästchen, so daß meine Wahl keinen rückwirkenden Einfluß darauf ausüben kann, was *vor* ihr stattfand.

Ganz offensichtlich bedarf diese Lösung der Newcomb-Paradoxie einer sorgfältigen Durchleuchtung von Grund auf, für die meine Kompetenz leider nicht ausreicht, die aber einem Studenten der Philosophie ein interessantes Dissertationsthema bieten könnte.*

An diesem Punkte beginnen sich die in diesem Buche gesponnenen, aber hängengelassenen Fäden zu einem erkennbaren Gewebe zu verknüpfen. Es ergab sich, daß die Frage, ob der Wirklichkeit eine erkennbare Ordnung zugrunde liegt, für uns von größter Wichtigkeit ist, und es zeichneten sich drei Möglichkeiten ab:

1. Die Welt hat keine Ordnung. Dann aber wäre die Wirklichkeit gleichbedeutend mit *Konfusion* und das Leben ein psychotischer Alptraum.

2. Die Wirklichkeit hat nur insofern eine Ordnung, als wir zur Milderung unseres Zustands existentieller *Desinformation* eine Ordnung in den Lauf der Dinge hineinlesen (interpunktieren), uns aber nicht dessen bewußt sind, daß wir selbst der Welt diese Ordnung zuschreiben, sondern vielmehr unsere eigenen Zuschreibungen als etwas »dort draußen« erleben, das wir die Wirklichkeit nennen.

3. Es besteht tatsächlich eine von uns unabhängige Ordnung. Sie ist die Schöpfung eines höheren Wesens, von dem wir abhängen, das aber selbst von uns ganz unabhängig ist. In diesem Falle wird *Kommunikation* mit diesem Wesen zu unserer vordringlichen Aufgabe.

Glücklicherweise bringen die meisten von uns es fertig, die erste Möglichkeit zu ignorieren. Für die daran Scheiternden hält sich die Psychiatrie für zuständig. Niemand aber kommt darum herum, sich –

---

* Es braucht wohl nicht betont zu werden, daß meine Darlegungen auch hier rein oberflächlich nur die wichtigsten Aspekte des Problems berühren. Nozicks Abhandlung [118] geht selbstverständlich viel tiefer und behandelt eine Reihe hochinteressanter zusätzlicher Überlegungen und Lösungsversuche.

gleichgültig wie undeutlich und unbewußt – für die zweite oder die dritte Möglichkeit zu entscheiden. Und dies ist meines Erachtens die Konsequenz, die uns die Newcomb-Paradoxie aufdrängt: Man nimmt entweder an, daß die Wirklichkeit (und mit ihr daher der Lauf des Lebens) starr und unausweichlich festgelegt ist – und in diesem Falle entscheidet man sich natürlich nur für das zweite Kästchen. Wer sich aber Weltanschauung Nr. 2 verschrieben hat, das heißt, wer annimmt, daß er unabhängiger, freier Entscheidungen fähig ist, daß seine Entscheidungen also nicht vorausbestimmt sind und daß es vor allem keine »rückläufige Kausalität« gibt (derzufolge Ereignisse in der Zukunft Wirkungen in der Gegenwart oder sogar der Vergangenheit zeitigen können), der wird sich natürlich für das Öffnen beider Kästchen entscheiden.

Wie aber Gardner [53] bereits betont, läuft all dies auf die uralte Kontroverse zwischen Determinismus und Willensfreiheit hinaus. Und wir sehen nun, daß dieses unschuldige Gedankenexperiment, diese scheinbar absurde und wirklichkeitsfremde Überlegung, was wohl geschehen würde, wenn es ein Wesen mit fast vollkommenem Vorauswissen gäbe, uns in eines der ältesten ungelösten Probleme der Philosophie führt.

Worum es dabei geht, ist ganz einfach Folgendes: Wenn ich vor der alltäglichen Notwendigkeit stehe, eine Wahl – irgendeine Wahl – zu treffen, wie entscheide ich mich? Wenn ich wirklich glaube, daß meine Entscheidung, genau wie jedes andere Ereignis, durch alle ihr vorangegangenen Ursachen determiniert ist, dann ist die Idee der Willensfreiheit (und mit ihr die der freien Entscheidung) absurd. Es ist dann ganz gleichgültig, wie ich mich entscheide, denn welche Wahl ich auch treffe, es ist die einzige Wahl, die ich treffen kann. Es gibt keine Alternativen, und selbst wenn ich glaube, es gäbe sie, ist dieser Glaube selbst lediglich die Folge irgendeiner Ursache in meiner Vergangenheit. Was immer mir also zustößt und was immer ich selbst tue, ist folglich dadurch vorausbestimmt, was ich, je nach meiner Vorliebe (pardon je nach den unausweichlichen Ursachen in meiner Vergangenheit), die Kausalität*, das Wesen, den metaphysischen Versuchsleiter, das Schicksal usw. nenne.

---

* Der wissenschaftliche Begriff, der dem imaginären Wesen in der Newcomb-Paradoxie am nächsten kommt, ist natürlich die Kausalität. Der Leser mag sich

Wenn ich aber glaube, daß mein Wille frei ist, so lebe ich in einer völlig anderen Wirklichkeit. Ich bin dann der Meister meines Geschicks, und was ich hier und jetzt tue, erschafft meine Wirklichkeit.

Das Malheur ist nur, daß beide Anschauungen unhaltbar sind. Niemand, gleichgültig wie »laut und langsam« er die eine oder die andere verficht, kann nach ihr leben. Wenn alles streng determiniert, also vorbestimmt ist, was hat es dann für einen Sinn, sich anzustrengen, Risiken auf sich zu nehmen; wie kann ich für mein Tun verantwortlich gehalten werden, was hat es dann mit Moral und Ethik auf sich? Das Resultat ist Fatalismus; doch abgesehen von seiner allgemeinen Absurdität leidet der Fatalismus an einer fatalen Paradoxie: Um sich dieser Wirklichkeitsauffassung zu verschreiben, muß man eine nicht-fatalistische Entscheidung treffen – man muß sich *in einem Akt freier Wahl* zur Ansicht entscheiden, daß alles, was geschieht, voll vorausbestimmt ist und es daher keine freie Wahl gibt.

Wenn ich aber der Kapitän meines Lebensschiffes bin, wenn die Vergangenheit mich nicht determiniert, wenn ich mich also in jedem Augenblick frei entscheiden kann – worauf gründe ich dann meine Entscheidungen? Auf einen Randomisator in meinem Kopf? – wie Martin Gardner so treffend fragt. Aber wir hatten bereits eine Kostprobe der sonderbaren Dilemmata von Zufall und Wahllosigkeit. Sie erwiesen sich als ebenso verwirrend wie die Annahme eines metaphysischen Versuchsleiters, der die Regeln festgelegt hat, die wir entschlüsseln und befolgen müssen, wenn uns unser Leben lieb ist.

Niemand scheint die endgültige Antwort zu kennen, obwohl in den letzten zweitausend Jahren viele Antworten versucht wurden; von Heraklit und Parmenides bis zu Einstein. Um nur einige der moder-

---

gefragt haben, warum Newcomb und Nozick betonen, daß das Wesen *fast* vollkommenes Vorauswissen besitzt. Obwohl sie dies meines Wissens nicht ausdrücklich erwähnen, ist die Analogie mit der Kausalität doch unverkennbar. Der moderne Kausalitätsbegriff ist bekanntlich nicht absolut, sondern bezieht sich nur auf relative, statistische Wahrscheinlichkeiten. Wenn ich meine Schreibfeder in der Luft loslasse, so fällt sie zu Boden. Ich erwarte das von ihr, da sie (oder jeder andere Gegenstand, der schwerer als Luft ist) dies bisher unter diesen Umständen immer tat und niemals (weder bei mir noch bei irgendjemand anderem, soweit mir bekannt ist) auf die Zimmerdecke hinaufschoß. Im Sinne der modernen Wissenschaftstheorie besteht aber kein Grund, weshalb sie dies das nächste Mal nicht tun könnte.

neren zu erwähnen: Für Leibniz ist die Welt ein riesiges Uhrwerk, das Gott ein für allemal aufgezogen hat, und das nun in Ewigkeit dahintickt, ohne daß der göttliche Uhrmacher selbst seinen Lauf ändern kann. Weshalb also einen Gott verehren, der seiner eigenen Schöpfung – vor allem ihrer Kausalität – gegenüber machtlos ist? Auf dieser Sicht beruht auch das Wesen der auf Seite 25 erwähnten scholastischen Paradoxie: Gott ist der Gefangene seiner eigenen Interpunktion; entweder Er kann den Felsen nicht so groß erschaffen, daß nicht einmal Er ihn aufheben kann; oder Er kann ihn so groß machen, aber dann kann Er ihn gerade deswegen nicht aufheben – und im einen wie im anderen Falle ist Er nicht allmächtig. – Der berühmteste Vertreter einer extrem deterministischen Auffassung ist Pierre Simon de Laplace:

> Wir müssen also den gegenwärtigen Zustand des Weltalls als die Wirkung seines früheren und als die Ursache des folgenden Zustands betrachten. Eine Intelligenz, welche für einen gegebenen Augenblick alle in der Natur wirkenden Kräfte sowie die gegenseitige Lage der sie zusammensetzenden Elemente kennte und überdies umfassend genug wäre, um diese gegebenen Größen der Analyse zu unterwerfen, würde in derselben Formel die Bewegungen der größten Weltkörper wie des leichtesten Atoms umschließen; nichts würde ihr ungewiß sein, und Zukunft wie Vergangenheit würden ihr offen vor Augen liegen. [85]

Meines Wissens bestehen aber keine biographischen Beweise dafür, daß Laplace sein eigenes Leben auf dieser Weltanschauung aufbaute und die einzig mögliche Schlußfolgerung daraus zog, nämlich den Fatalismus. In Tat und Wahrheit war er ein überaus aktiver, genialer Wissenschaftler und Philosoph, der tief an sozialem Fortschritt interessiert war. Monod [102] dagegen versucht, wie schon erwähnt, die Lösung auf der Grundlage der Komplementarität von Zufall und Notwendigkeit. Und in einem Vortrag im Physikalischen Institut der Universität Göttingen im Juli 1946 skizzierte der berühmte Physiker Max Planck einen Ausweg aus dem Dilemma, indem er eine Dualität zwischen dem äußeren, wissenschaftlichen, und dem inneren, gesinnungsmäßigen Standpunkt postulierte. Dadurch wird für ihn die Streitfrage zwischen Determinismus und Willensfreiheit zu einem Scheinproblem der Wissenschaft:

> Von außen betrachtet ist der Wille kausal determiniert, von innen betrachtet ist der Wille frei. Mit der Feststellung dieses Sachverhaltes erledigt sich das Problem der Willensfreiheit. Es ist nur dadurch entstanden, daß man nicht darauf geachtet hat, den Standpunkt der Betrachtung ausdrücklich festzulegen und einzuhalten. Wir

haben hier ein Musterbeispiel für ein Scheinproblem. Wenn diese Wahrheit auch gegenwärtig noch mehrfach bestritten wird, so besteht doch für mich kein Zweifel darüber, daß es nur eine Frage der Zeit ist, wann sie sich zur allgemeinen Anerkennung durchringen wird. [129]

Über dreißig Jahre sind seither vergangen, doch hat es nicht den Anschein, daß diese Lösung des Problems der Willensfreiheit allgemeine Anerkennung gefunden hat. Wenn es sich um ein Scheinproblem handelt, scheint Planck ihm eine Scheinlösung gegeben zu haben.
Dostojewski dagegen versucht keine Lösung. Er, den Nietzsche einmal den einzigen Menschen nannte, der ihm etwas in Psychologie lehren konnte, stellt das Problem in aller wünschenswerten Klarheit vor uns hin: Jesus und der Großinquisitor verkörpern den freien Willen beziehungsweise den Determinismus, und beide haben sowohl recht wie unrecht. Ich glaube, daß der moderne, weitgehend auf sich selbst zurückgeworfene Mensch dort steht, wo Iwan Karamasoffs Poem endet: Unfähig, sowohl Jesus' »Sei spontan!«-Paradoxie freier Unterwerfung zu folgen, noch jener vom Großinquisitor vorgegaukelten Illusion des glückseligen Ameisenhaufens, obwohl letztere heute in weiten Kreisen der Jugend fröhliche Urständ feiert. Was wir vielmehr immer schon tun und auch weiterhin jeden Tag und jede Minute tun werden, ist, beide Seiten des Dilemmas zu ignorieren, indem wir uns dem ewigen Widerspruch gegenüber verschließen und leben, als bestünde er nicht. *Das Ergebnis ist jener sonderbare Zustand, der »geistige Gesundheit« oder - mit noch unfreiwilligerem Humor – »Wirklichkeitsanpassung« genannt wird.*

Flachland

Es gibt ein kleines, fast hundert Jahre altes Buch, dessen Autor der damalige Direktor der City of London School, der Hochwürdige Edwin A. Abbott war. Obwohl er über vierzig andere Werke verfaßte, die alle von seinem Fach, der klassischen Literatur und Religion, handelten, ist »sein einziger Schutz gegen völlige Vergessenheit« – um Newmans [117] lapidare Bemerkung zu borgen – jenes unscheinbare Buch mit dem Titel »*Flachland - Eine phantastische Geschichte in vielen Dimensionen*« [1].
Obwohl es sich nicht bestreiten läßt, daß *Flachland* in einem – nun,

recht flachen Stil verfaßt ist, ist es doch ein sehr ungewöhnliches Buch; ungewöhnlich nicht nur deswegen, weil es gewisse Erkenntnisse der modernen theoretischen Physik vorwegnimmt, sondern besonders wegen seiner scharfsinnigen psychologischen Intuition, die auch sein langatmiger viktorianischer Stil nicht zu erdrücken vermag. Und es scheint nicht übertrieben, zu wünschen, daß es (oder eine modernisierte Version) zur Pflichtlektüre für Mittelschüler gemacht würde. Der Leser wird den Grund dafür bald erkennen.

Flachland ist die Erzählung eines Bewohners einer zweidimensionalen Welt; also einer Wirklichkeit, die nur Länge und Breite, aber keine Höhe kennt; einer Welt, die flach wie ein Bogen Papier und von Linien, Dreiecken, Quadraten, Kreisen usw. bevölkert ist. Diese können sich frei auf, oder besser gesagt, in dieser Oberfläche bewegen, doch sind sie wie Schatten unfähig, sich über sie zu erheben oder unter sie abzusinken. Es braucht nicht betont zu werden, daß sie sich dieser Beschränkung unbewußt sind, denn die Idee einer dritten Dimension, der Höhe, ist für sie unvorstellbar.

Der Erzähler dieser Geschichte hat ein ihn völlig überwältigendes Erlebnis, dem ein sonderbarer Traum vorausgeht. In seinem Traume findet er sich plötzlich in einer eindimensionalen Welt, deren Bewohner entweder Striche oder Punkte sind, die sich alle auf ein und derselben Linie vor- oder rückwärts bewegen. Diesen Strich nennen sie ihre Welt, und für die Bewohner von Strichland ist die Idee, sich auch nach rechts oder links, statt nur nach vorne oder rückwärts zu bewegen, vollkommen unvorstellbar. Vergeblich versucht unser Träumer also, dem längsten Strich in Strichland (ihrem Monarchen) die Wirklichkeit von Flachland verständlich zu machen. Der König hält ihn für geistesgestört, und angesichts solch hartnäckiger Borniertheit verliert der Träumer schließlich die Geduld:

Wozu noch mehr Worte verschwenden? Wisse, daß ich die Vollendung deines unvollständigen Selbsts bin. Du bist eine Linie, aber ich bin eine Linie von Linien, in meinem Lande ein Quadrat genannt: Und selbst ich, obwohl dir unendlich überlegen, gelte wenig im Vergleich zu den großen Edlen von Flachland, von wo ich, in der Hoffnung, deine Unwissenheit zu erleuchten, gekommen bin. [2]

Auf diese wahnwitzigen Behauptungen hin stürzen sich der König und alle seine strich- und punktförmigen Untertanen auf das Quadrat, das aber durch das Läuten der Frühstücksglocke in die flachländische Wirklichkeit zurückgeholt wird.

Im Laufe des Tages tritt ein weiteres ärgerliches Ereignis ein. Das Quadrat gibt seinem kleinen Enkel, einem Sechseck*, Unterricht in den Grundbegriffen der Arithmetik und ihrer Anwendung auf die Geometrie. Es zeigt ihm, wie die Zahl der Quadratzoll eines Quadrats einfach dadurch berechnet werden kann, daß man die Seitenlänge in Zoll zu ihrer zweiten Potenz erhebt:

Das kleine Sechseck überlegte sich dies eine Weile und sagte dann: »Du hast mich aber auch gelehrt, Zahlen zur dritten Potenz zu erheben: Ich nehme an, 3^3 muß eine geometrische Bedeutung haben; was bedeutet es?« »Nichts, gar nichts«, antwortete ich, »wenigstens nicht in der Geometrie; denn die Geometrie hat nur zwei Dimensionen.« Und dann zeigte ich dem Jungen, wie ein Punkt, der sich um drei Zoll verschiebt, eine Linie von drei Zoll erzeugt, die sich durch die Zahl 3 ausdrücken läßt; und wie eine Linie von drei Zoll, die sich drei Zoll weit parallel zu sich selbst verschiebt, ein Quadrat von drei Zoll Seitenlänge ergibt, das durch 3^2 ausgedrückt werden kann.

Worauf mein Enkel wiederum auf seinen früheren Einwand zurückkam, indem er mich unterbrach und ausrief: »Nun denn, wenn ein Punkt durch die Bewegung von drei Zoll eine Linie von drei Zoll erzeugt, die durch 3 dargestellt wird; und wenn eine grade Linie von drei Zoll, die sich parallel zu sich selbst verschiebt, ein Quadrat von drei Zoll Seitenlänge ergibt, dargestellt durch 3^2; so muß ein Quadrat von drei Zoll Seitenlänge, das sich irgendwie parallel zu sich selbst bewegt (obwohl ich mir nicht vorstellen kann, wie), etwas ergeben (obwohl ich mir nicht vorstellen kann, was), das in jeder Richtung drei Zoll mißt – und das muß durch 3^3 dargestellt sein.«

»Geh zu Bett«, sagte ich, etwas über seine Unterbrechung verärgert, »wenn du weniger Unsinn sprächest, hättest du mehr Vernunft.« [3]

Und so wiederholt das Quadrat, ohne sich von seinem eigenen Traume eines Besseren belehren zu lassen, denselben Irrtum, von dem er den König von Strichland zu befreien versucht hatte. Im Laufe des Abends aber will ihm das Geschwätz seines Enkelkindes nicht aus dem Kopf gehen, und schließlich ruft es laut aus: »Der Junge ist ein Dummkopf, sage ich; 3^3 kann keine Entsprechung in der Geometrie haben.« Plötzlich aber hört er eine Stimme: »Der Junge ist kein Dummkopf; und 3^3 hat eine offensichtliche geometrische Bedeutung.« Es ist die Stimme eines sonderbaren Besuchers, der aus Raumland gekommen

---

* Wie der Erzähler erklärt, ist es ein Naturgesetz in Flachland, daß ein männliches Kind immer um eine Seite mehr als sein Vater hat, sofern der Vater wenigstens ein Quadrat und nicht bloß ein gesellschaftlich tief stehendes Dreieck ist. Wenn schließlich die Seitenzahl so groß ist, daß die Figur sich nicht mehr von einem Kreis unterscheiden läßt, gehört diese Person der Kreis- oder Priesterkaste an.

zu sein behauptet – einer unvorstellbaren Welt, in der die Dinge drei Dimensionen haben. Und ähnlich, wie das Quadrat selbst sich in seinem Traume bemüht hatte, versucht nun der Besucher, ihm die Augen dafür zu öffnen, wie eine dreidimensionale Wirklichkeit beschaffen und wie beschränkt Flachland im Vergleich zu ihr ist. Und genauso, wie das Quadrat selbst sich dem König von Strichland als Linie von Linien vorstellte, definiert sich der Besucher als Kreis von Kreisen, der in seinem Heimatland eine Kugel genannt wird. Dies aber kann das Quadrat natürlich nicht fassen, denn es sieht seinen Besucher als Kreis – allerdings als einen Kreis mit sehr befremdlichen, unerklärlichen Eigenschaften: Er wächst und nimmt wieder ab, schrumpft gelegentlich zu einem Punkt oder verschwindet völlig. Mit großer Geduld erklärt ihm die Kugel, daß an all dem nichts Merkwürdiges ist: Sie ist eine unendliche Zahl von Kreisen, deren Durchmesser von einem Punkt bis zu dreizehn Zoll steigt und die aufeinandergelegt sind. Wenn sie sich also durch die zweidimensionale Wirklichkeit von Flachland bewegt, ist sie für einen Flachländer zunächst unsichtbar, erscheint dann als Punkt, sobald sie die Fläche von Flachland berührt, wird dann zu einem Kreis mit stetig wachsendem Durchmesser, bis ihr Durchmesser wieder abzunehmen beginnt und sie schließlich ganz verschwindet (Abbildung 14). Dies erkläre auch die überraschende Tatsache,

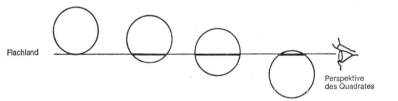

Abbildung 14

daß die Kugel das Haus des Quadrats trotz der verschlossenen Türen betreten konnte. Die Kugel betrat es natürlich von oben, doch die Idee »von oben« ist dem Denken des Quadrats so fremd, daß es sie nicht fassen kann und sich daher weigert, sie zu glauben. Schließlich sieht die Kugel keinen anderen Ausweg, als dem Quadrat, indem sie es nach Raumland mitnimmt, eine Erfahrung zu vermitteln, die wir heute ein transzendentales Erlebnis nennen würden:

> Ein unbeschreibliches Grauen packte mich. Da war Finsternis; dann eine schwindelerregende, schreckliche Sicht, die nichts mit Sehen zu tun hatte; ich sah eine Linie, die keine Linie war; Raum, der kein Raum war: ich war ich selbst und nicht ich selbst. Als ich meiner Stimme wieder mächtig war, schrie ich in Todesangst: »Dies ist entweder Wahnsinn, oder es ist die Hölle.« »Es ist weder das eine noch das andere«, antwortete die ruhige Stimme der Kugel, »es ist Wissen; es sind drei Dimensionen: Öffne deine Augen wieder und versuche, ruhig zu blicken.« [4]

Von diesem mystischen Augenblicke an nehmen die Ereignisse einen tragikomischen Verlauf. Trunken durch das überwältigende Erlebnis des Eintretens in eine völlig neue Wirklichkeit, möchte das Quadrat nun die Geheimnisse immer höherer Welten erforschen, der Reiche von vier, fünf und sechs Dimensionen. Doch die Kugel will nichts von diesem Unsinn wissen: »Ein solches Land gibt es nicht. Die bloße Idee ist völlig undenkbar.« Da das Quadrat aber nicht aufhören will, darauf zu bestehen, schleudert es die erzürnte Kugel schließlich in die Enge von Flachland zurück.

An diesem Punkte wird die Moral der Geschichte sehr realistisch. Das Quadrat sieht sich vor die glorreiche, dringende Aufgabe gestellt, ganz Flachland zum Evangelium der drei Dimensionen zu bekehren. Doch es fällt ihm nicht nur immer schwerer, die Erinnerung an jene dreidimensionale Wirklichkeit wachzurufen, die anfangs so klar und unvergeßlich schien, sondern es wird sehr rasch vom Flachland-Äquivalent der Inquisition verhaftet. Statt am Scheiterhaufen zu enden, wird es zu ewiger Verwahrung in einem Gefängnis verurteilt, das Abbotts erstaunliche Intuition als das Gegenstück gewisser Irrenanstalten in unseren heutigen Zeiten beschreibt. Einmal im Jahre kommt der Oberste Kreis, das heißt der Hohepriester, ihn in seiner Zelle besuchen und erkundigt sich, ob es ihm schon besser geht. Und jedes Jahr kann das arme Quadrat der Versuchung nicht widerstehen, den Obersten Kreis zu überzeugen versuchen, daß es eine dritte Dimension wirklich gibt – worauf jener den Kopf schüttelt und sich ein weiteres Jahr lang nicht sehen läßt.

Flachland stellt die Relativität der Wirklichkeit schlechthin dar, und aus diesem Grunde möchte man wünschen, daß das Buch von jungen Menschen gelesen werde. Die Geschichte der Menschheit zeigt, daß es kaum eine mörderischere, despotischere Idee gibt als den Wahn einer »wirklichen« Wirklichkeit (womit natürlich die eigene Sicht gemeint ist), mit all den schrecklichen Folgen, die sich aus dieser wahnhaften Grundannahme dann streng logisch ableiten lassen. Die Fähigkeit, mit relativen Wahrheiten zu leben, mit Fragen, auf die es keine Antworten gibt, mit dem Wissen, nichts zu wissen, und mit den paradoxen Ungewißheiten der Existenz, dürfte dagegen das Wesen menschlicher Reife und der daraus folgenden Toleranz für andere sein. Wo diese Fähigkeit fehlt, werden wir, ohne es zu wissen, uns selbst wiederum der Welt des Großinquisitors ausliefern und das Leben von Schafen leben, dumpf und verantwortungslos und nur gelegentlich durch den beizenden Rauch eines prächtigen Autodafés oder der Schlote von Lagerkrematorien unseres Atems beraubt.

Reisen in die Zeit

Es ist nur eine andere Auffassung von Zeit. Es besteht kein Unterschied zwischen der Zeit und den drei Raumdimensionen, außer daß sich unser Bewußtsein in ihr fortbewegt.
H. G. Wells.*

Im Sommer kann man mit Alitalia-Flug Nr. 338 um 14.05 Uhr von Rom nach Nizza fliegen und dort zur gleichen Zeit, also um 14.05 Uhr, ankommen. Man ist räumlich vorwärts, zeitlich aber nach rückwärts gereist. Bei der Ankunft in Nizza ist man eine Stunde älter als die Freunde, die einen dort erwarten – man ist ein umgekehrter Rip van Winkle.
Das Beispiel ist trivial. Es ist nur deswegen möglich, weil Italien als einziges europäisches Land am ersten Sonntag im Juni von mitteleuropäischer Zeit auf Sommerzeit übergeht. Die eine Stunde, die jedermann in Italien auf diese Weise »gewinnt«, »verliert« er, wenn er das Land verläßt. Und der mit Flug 338 reisende Passagier verliert diese Stunde im Flugzeug, da die DC 9 der Alitalia die Entfernung von Rom nach Nizza in genau einer Stunde zurücklegt.
Die Leistung der beiden amerikanischen Luftwaffenoffiziere, die im

---

* Zitiert aus H. G. Wells: *Die Zeitmaschine*

September 1974 ihren SR-71 von der Flugschau in Farnborough bei London nach Kalifornien flogen, war noch bemerkenswerter. Sie kamen über Los Angeles mehr als vier Stunden *vor* ihrem Abflug aus England an. Selbstredend ist auch dies nur deswegen möglich, weil London und Los Angeles in verschiedenen Zeitzonen liegen; eine Tatsache, die jedem interkontinentalen Flugpassagier (und seiner Physiologie) bekannt ist.

Ich habe in diesem dritten Teil des Buchs freien Gebrauch der anscheinend so einfachen und selbstverständlichen Begriffe *vor*, *gleichzeitig* und *nach* gemacht, die eng mit unserem alltäglichen Erleben der Zeit und ihrer drei Aspekte, der Vergangenheit, Gegenwart und Zukunft, verknüpft sind. Und solange wir diese Begriffe im allgemeinen Sinne verwenden, den ihnen die Umgangssprache zuteilt, ist dagegen nichts einzuwenden. Aber sie entsprechen der komfortablen Fata morgana einer einfachen, konsistenten Alltagswirklichkeit nur, »solange Gottes Weise summt« – wie der Dichter Carossa es ausdrückt. Diese Alltagswirklichkeit läßt uns aber sehr rasch im Stich, wenn eine falsche Entscheidung uns jäh aus ihr herausreißt und uns der Qual von Selbstvorwürfen und Gewissensbissen überantwortet. Die Fähigkeit, die Zukunft vorauszusehen und daher immer die richtigen Entscheidungen treffen zu können, ist ein weiterer, uralter Menscheitstraum – und nicht nur der des Spielers oder des Spekulanten an der Börse.

In unserem Mitschwimmen im Strom der Zeit stehen wir immer an der Grenzlinie zwischen Zukunft und Vergangenheit. Unser unmittelbarstes Erlebnis der Wirklichkeit, die Gegenwart, ist lediglich jener unendlich kurze Zeitraum, in dem die Zukunft zur Vergangenheit wird, der selbst aber keine Dauer hat. Und als ob dies allein nicht absurd genug wäre, ist es auch der Moment, in dem die Eigenschaften der Wirklichkeit sozusagen auf den Kopf gestellt werden: Die Zukunft ist veränderbar, aber unbekannt; die Vergangenheit ist bekannt, aber nicht mehr zu ändern.*

Oder wie das französische Sprichwort denselben Gedanken ausdrückt:

---

* Natürlich gibt es viele Dinge, die sich genau voraussagen oder vorhersehen lassen, wie zum Beispiel die Bewegungen der Himmelskörper, die Gezeiten der Meere, physikalische und chemische Vorgänge und Reaktionen, die Tatsache, daß ich jenen Fußgänger überfahren würde, wenn ich nicht sofort bremse, usw. Doch das Wissen um diese Wirklichkeiten erster Ordnung trägt herzlich wenig zur Milderung der allgemeinen Ungewißheit des Lebens bei.

Si jeunesse savait, si vieillesse pouvait! (Wenn die Jugend wüßte, wenn das Alter könnte!) Kein Wunder, daß Philosophen und Dichter gelegentlich die Schöpfung als das Werk eines hämischen Demiurgen auffassen, der stets unsere rechte Entscheidung fordert, uns aber gleichzeitig im Dunkeln läßt und uns erst zeigt, was wir tun hätten sollen, wenn es dafür zu spät ist.

Pseudophilosophisch, wie diese Überlegungen sein mögen, beweisen sie doch, daß unser Zeiterlebnis eng mit der Idee der Kausalität verknüpft ist. Wenn wir sagen, daß ein Ereignis die Ursache eines anderen ist, so meinen wir natürlich, daß das zweite dem ersten *folgt*. Wir sprechen dann also von der zeitlichen Bedeutung der *Wenn-dann*-Relation, die wir sorgfältig vom logischen *Wenn-dann* unterscheiden müssen. Es wäre absurd, anzunehmen, daß der Ablauf der Dinge auch umgekehrt sein könnte; daß ein Ereignis in der Zukunft die Ursache eines anderen in der Vergangenheit wäre. Alles absichtliche Handeln ist ja nur deswegen sinnvoll, weil wir wissen, daß die Zeit in einer einzigen Richtung fließt und daß sich unser gesamtes Universum im selben Tempo mit und in ihr bewegt. Wäre dem nicht so, müßten Gegenstände mit verschiedenen »Zeitgeschwindigkeiten« in die Vergangenheit oder in die Zukunft verschwinden. Auf dieser Überlegung beruhen alle Zukunftsromane, die von Zeitreisen handeln; doch sind es, genaugenommen, nicht Reisen *in* die Zeit, sondern aus dem Strom der Zeit *heraus*.

Die Zeit ist nicht, wie manchmal angenommen wird, lediglich eine Dimension des menschlichen Geistes, eine notwendige oder unvermeidliche Illusion des Bewußtseins. Zeit existiert objektiv, das heißt unabhängig von menschlichen Wirklichkeitsauffassungen, und die Physiker haben Beweise dafür. Einsteins und Minkowskis Raum-Zeit-Kontinuum stellt die moderne Definition unserer physikalischen Wirklichkeit dar und läßt keinen Zweifel darüber, daß wir in einer vierdimensionalen Welt leben. Die vierte Dimension, Zeit, hat allerdings Eigenschaften, die sich von denen der drei Raumdimensionen subjektiv, das heißt in unserer Wahrnehmung, unterscheiden. Da wir und alles, was ist, vom Fluß der Zeit getragen werden, sozusagen in ihm eingesponnen sind, fehlt uns der objektive Abstand, den wir den Raumebenen gegenüber haben. Was die Zeit betrifft, geht es uns nicht viel besser als dem Quadrat in Flachland, das sich um das Verständnis der Dreidimensionalität von Raumland bemühte. Besehen wir uns nochmals Abbildung 14 auf Seite 217 und stellen wir uns vor, daß das Auge am rechten Bildrand unser eigenes ist. Stellen wir uns ferner vor, daß die von oben durch die zweidimensionale Wirklichkeit von Flachland sinkende Kugel irgendwie die Dimension der Zeit darstellt. Und so, wie das Quadrat die Eigenschaften der Kugel in ihrer dreidimensionalen Räumlichkeit nicht begreifen konnte, sondern nur einzelne kreisförmige, zweidimensionale Querschnitte der unendlich vielen derartigen Kreisscheiben, aus denen sich eine Kugel zusammensetzt, so können auch wir in unserer dreidimensionalen Welt die Zeit in ihrer Gesamtheit nicht begreifen, sondern nur die unendlich kurzen Momente der Gegenwart. Was vorher kam, nennen wir die Vergangenheit, was noch nicht eingetreten ist, die Zukunft. Die Totalität des Phänomens Zeit jedoch, das Neben- und Ineinanderbestehen dessen, was wir in Vergangenheit, Gegenwart und Zukunft zerteilt haben, ist uns ebenso unvorstellbar, wie es die Idee einer Kugel für das Quadrat war.

Das folgende Denkmodell dürfte diese Überlegungen etwas vereinfachen: Man stelle sich vor, daß das Leben eines Menschen, von seiner Geburt bis zu seinem Tode, in seiner Gesamtheit gefilmt wurde. Vor uns liegt nun dieser lange Film, auf einer riesigen Spule aufgerollt. Wir sehen unschwer, daß dieser Film insofern zeitlos ist, als alle Einzelheiten und Ereignisse dieses Lebens auf ihm ohne zeitliche Unterscheidung koexistieren. (Der Vergleich hinkt natürlich etwas, da die Geburt dieses Menschen und seine Kindheit am äußeren Rand und seine späteren Jahre immer näher am Mittelpunkt der Filmrolle sind.)

Wenn wir den Film nun durch den Projektor laufen lassen, wird der Zeitablauf wiederhergestellt, und die Einzelheiten jenes Lebens laufen so ab, wie sie sich tatsächlich ergaben. Für uns, die Zuschauer, kann aber kein Zweifel bestehen, daß ein ganzes Leben auf dem Film enthalten und daß jedes einzelne Filmbild entweder vergangen, gegenwärtig oder zukünftig ist, je nachdem, ob es bereits durch den Projektor lief, in diesem Augenblick vor der Linse steht oder sich noch auf der Ablaufrolle befindet. Der Film selbst, ohne den durch den Projektor erzeugten Ablauf, ist die Analogie des zeitlos Seienden, von dem Parmenides sagte, es sei »ganz, einzigartig, unbewegt und ohne Ende; auch war es nicht irgendeinmal und wird es irgendeinmal sein, da es jetzt, ganz in einem, zusammenhängend ist« [121].

In unserem alltäglichen Erleben der Wirklichkeit aber hilft uns diese olympische Perspektive wenig. Dort herrscht, was Reichenbach sehr treffend die *emotive* Bedeutung der Zeit nennt. Wer fühlte sich nicht schon von einem Buch oder einem Theaterstück beim zweiten Mal genauso gepackt wie ursprünglich, als wüßte er nicht bereits den gesamten Verlauf der Handlung und das schließliche Schicksal des Helden? Was wir für das Werden halten, schreibt Reichenbach,

ist lediglich der Erwerb von Wissen um die Zukunft, hat aber keine Bedeutung für die Ereignisse selbst. Die folgende, mir als wahr erzählte Geschichte mag diesen Gedanken veranschaulichen. In einer Filmfassung von *Romeo und Julia* lief gerade die dramatische Szene ab, in der Julia scheinbar tot auf dem Gruftdeckel liegt und Romeo, in der Annahme, sie sei tot, den Giftbecher an die Lippen hebt. In diesem Augenblick ließ sich im Zuschauerraum der Ausruf vernehmen: »Tu' es nicht!« Wir lachen über jemand, der, von der Emotion seines subjektiven Erlebnisses überwältigt, vergißt, daß der Zeitablauf eines Films unwirklich und bloß das Abrollen von auf den Film kopierten Bildern ist. Sind wir intelligenter als dieser Mann, wenn wir glauben, daß der zeitliche Ablauf unseres wirklichen Lebens anders ist? Ist die Gegenwart mehr als unsere Kenntnis eines vorausbestimmten Musters von Ereignissen, die sich wie ein abrollender Film entfalten? [141]

Diese Frage ist von großer Bedeutung und führt uns zurück in die Newcomb-Paradoxie. Wir brauchen uns nämlich nur vorzustellen, daß das Wesen die Zukunft kennt, weil es das Problem des Reisens in die Zeitdimension gelöst hat. Es reist also in die Zukunft, sieht dort, welche Entscheidung wir in bezug auf die beiden Kästchen treffen (oder wie die Münze fällt, die wir, wenn wir besonders schlau sein wollen, werfen), kommt dann in die Gegenwart zurück und weiß nun, ob es die Million ins zweite Kästchen legen soll oder nicht. Für ihn, den Zeitreisenden, ist die Zeit ja nur ein langer Filmstreifen, den er an jedem beliebigen Punkt untersuchen kann. Wenn aber die Zeit wirklich nur das Abrollen eines Films ist, dann sind wir wiederum beim vollkommenen Determinismus angelangt, und alle freie Wahl ist eine Illusion. Wenn die Zukunft sich dagegen frei und undeterminiert entfalten kann, so ist jeder Augenblick mit allen nur erdenklichen Möglichkeiten der Wahl schwanger; dann ist alles möglich und alles wahr, dann gibt es eine Unzahl von Wirklichkeiten – und eine solche Welt ist selbst eine unvorstellbare Wirklichkeit. Dann nämlich leben wir in einem Magischen Theater, wie Hermann Hesse es im *Steppenwolf* beschreibt; einem Theater, in dem eine unendliche Zahl von Türen uns zur Wahl offensteht. Wie aber wählen wir? Mit jenem »Randomisator in unserem Kopf«?

Wiederum haben wir uns im Kreis gedreht. Ja, wenn wir bloß selbst in die Zukunft reisen und nachsehen könnten! Doch nein – was würde uns das helfen? Wenn alle unsere Entscheidungen und Resultate ohnedies schon auf dem Film sind, würde unser Vorauswissen sie in keiner Weise ändern. Wir wären vielmehr in der schrecklichen Zwangslage, eben die Entscheidungen treffen zu *müssen*, von denen wir bereits wissen, daß sie falsch sind und uns oder anderen Menschen schaden werden. Ist unser alltäglicher Zustand barmherziger Ignoranz diesem unmenschlichen Wissen nicht bei weitem vorzuziehen? Wie könnten wir leben, wenn uns die Stunde unseres Todes bekannt wäre?

Doch angenommen, daß wir durch unsere Expedition in die Zukunft und durch das damit gewonnene Vorauswissen den Lauf der Dinge nun tatsächlich ändern können – würde diese Änderung des Laufs der Dinge nicht ihrerseits eine neue, wiederum unbekannte Zukunft verursachen? In anderen Worten: Würde nicht unser Vorauswissen selbst – ganz abgesehen davon, was wir mit ihm tun – eine Änderung der Gegenwart darstellen, die nun eine neue, unbekannte Zukunft schafft, so daß wir von neuem in diese neubewirkte Zukunft reisen müßten und uns so in einem endlosen Kreislauf verfingen?*

Und was tun wir, wenn die auf diese Weise erkannte Zukunft eine andere Person betrifft? Werden wir ihr unser Wissen mitteilen, und welche Folgen wird diese Kommunikation haben? Dies ist eine Frage, die Menschen mit vermeintlichen präkognitiven (vorauswissenden) Fähigkeiten beunruhigt – oder wenigstens beunruhigen sollte. Selbst wenn die Voraussagen bewußte Schwindeleien sind, können sie sehr leicht zu selbsterfüllenden Prophezeiungen werden; das heißt zu Pro-

---

* Eine schwache Analogie zu diesem Problem ist die in verschiedenen Ländern bestehende Verordnung, wonach Wahlergebnisse erst nach Schluß der Wahllokale im gesamten Staatsgebiet bekanntgegeben werden dürfen. Dies ist besonders in jenen Ländern wichtig, die sich, wie zum Beispiel die USA, über mehrere Zeitzonen erstrecken. Der Grund dafür ist, daß die Entscheidung des individuellen Wählers durch sein Wissen (das er über Radio und Fernsehen erhalten würde) über den Trend der bereits abgegebenen Stimmen beeinflußt werden könnte. In einem gewissen Sinne hätten die Wähler in den westlichen Landesteilen nämlich eine Art »Vorauswissen« über den Gang der Wahlen, den jene Wähler, die ihre Stimmen bereits abgegeben haben, zum Zeitpunkt ihrer Wahlentscheidung nicht hatten und nicht haben konnten, weil die Ausbildung von Trends für sie noch in der Zukunft lag; ja, durch ihre Stimmabgabe überhaupt erst Wirklichkeit wurde.

phezeiungen, die sich als richtig herausstellen, nicht weil sie die Zukunft richtig voraussagten, sondern weil die Tatsache, *daß sie gemacht und geglaubt wurden*, menschliches Verhalten und damit den Lauf der Dinge ändert.* In andern Worten, wenn die Voraussage geglaubt wird, ist es unwesentlich, ob sie in einem abstrakten Sinne richtig ist oder nicht, denn sie kann das Verhalten des anderen genauso nachhaltig und unwiderruflich beeinflussen wie eine »wirkliche« Voraussage, und dies kann zu Problemen menschlicher Interaktion führen, deren Ausmalung ich lieber der Phantasie des Lesers überlasse.

Aber würden »wirkliche« Voraussagen nicht den alle Nachteile aufwiegenden Vorteil haben, uns das Herbeiführen fast idealer Lebensbedingungen zu ermöglichen? Wir könnten zum Beispiel Tausende von Menschenleben dadurch retten, daß wir eine Wohngegend evakuierten, von der wir wüßten, daß sie an einem bestimmten Tage von einem Erdbeben verwüstet werden wird. Wir könnten jede Kausalkette brechen, die irgendwann in der Zukunft zu negativen Resultaten führen würde. Der Traum des Goldenen Zeitalters würde sich verwirklichen.

In seinem Zukunftsroman »*The End of Eternity*« behandelt Isaac Asimov den Trugschluß, auf dem sich diese scheinbar ideale Utopie aufbaut. Die Menschheit hat die Zeitmaschine erfunden, kann daher zukünftige Ereignisse voraussehen und ist somit in der Lage, unerwünschte Entwicklungen durch minimale Veränderungen der zu ihnen führenden Kausalketten lange vor ihrem Eintreten zu verhindern. Der Held des Romans, Andrew Harlan, promoviert zum Präventivspezialisten durch ein wohlgeplantes und wohlausgeführtes Meisterstück: Es beschädigt die Kupplung des Wagens eines jungen Studen-

---

* Dieser Mechanismus ist jedem Spekulanten an der Börse wohlbekannt. Wenn eine so weitverbreitete Zeitung wie das *Wall Street Journal* ein positives Urteil über die zu erwartenden Profite einer bestimmten Gesellschaft veröffentlicht, geht der Preis dieser Aktien meist noch am selben Tag hinauf – und zwar nicht vielleicht deswegen, weil die Profite bereits gemacht sind (sie sind ja bloß vorausgesagt), und nicht einmal deswegen, weil die Prognose in irgendeinem objektiven Sinne richtig ist, sondern nur, weil sie gemacht wurde und nun viele Leute glauben, daß viele Leute glauben, der Preis der Aktien werde steigen, und sie daher kaufen – worauf der Preis der Aktie natürlich steigt. Damit aber wird der Zeitungsartikel zu einer selbsterfüllenden Prophezeiung.

ten, dem es dadurch unmöglich wird, seine erste Vorlesung über Sonnenenergie zu besuchen. Als Folge dieses relativ nebensächlichen Ereignisses wird der Student auf eine andere Studienrichtung gebracht, und ein Krieg, der sonst im nächsten Jahrhundert ausgebrochen wäre, wird »aus der Wirklichkeit entfernt«. Was könnte wünschenswerter und humaner sein?

Doch gegen Ende des Romans faßt Asimov durch den Mund seiner Heldin die katastrophalen Folgen dieser Utopie, Eternity (Ewigkeit) genannt, zusammen:

Indem Eternity die Verhängnisse der Wirklichkeit ausschaltet, schaltet sie auch ihre Triumphe aus. Nur in der Auseinandersetzung mit schweren Prüfungen kann die Menschheit Hohes erreichen. Aus Gefahr und ruheloser Unsicherheit fließt die Kraft, die die Menschheit zu immer neuen und höheren Errungenschaften treibt. Kannst du das verstehen? Kannst du verstehen, daß Eternity durch die Verhinderung von Scheitern und Elend die Menschen daran hindert, ihre eigenen, bitteren und besseren Lösungen zu finden, die wirklichen Lösungen, die aus der Überwindung von Schwierigkeiten und nicht ihrer Vermeidung kommen? [12]

(Nein, ich befürchte, daß nicht zu viele Menschen ihren Standpunkt verstehen werden. Besonders in unseren Tagen gilt es für böse und reaktionär, vor den totalitären Folgen dieser Art von Seligkeit und vor den Pathologien des Utopiesyndroms [184] zu warnen.)

Doch wir brauchen uns über die Wahrscheinlichkeit von Reisen in die Zukunft keine großen Hoffnungen zu machen. Wie steht es mit Reisen in die Vergangenheit? Wie wir gleich sehen werden, liegen da die Dinge etwas anders und führen zu sogar noch seltsameren Widersprüchen mit unserer »normalen«, auf »gesundem Menschenverstand« beruhenden Auffassung der Wirklichkeit.

Angenommen, eine Gruppe von Detektiven begibt sich zum Tatort eines Verbrechens und beginnt ihre Erhebungen. Erheben heißt hier offensichtlich, die Kausalketten von der Gegenwart in die Vergangenheit zurückzuverfolgen. In diesem Sinne dürfte es nicht allzu absurd sein, von einer Zeitreise in die Vergangenheit zu sprechen; wenigstens dann nicht, wenn wir damit das Sammeln von Information in jenem Teil unseres Raum-Zeit-Kontinuums meinen, der bereits in die Vergangenheit verschwunden ist. Wenn die Detektive Erfolg haben, werden sie die Kausalketten entdecken, die sie zum Augenblick der Verübung der Tat zurückführen, und dort werden sie den Täter »treffen«, obwohl dies nur sein »früheres Selbst« sein wird, während sein »gegenwärtiges Selbst« zu dieser Zeit sich anderswo aufhält. (Die nächste Aufgabe der Detektive wird darin bestehen, die den Täter mit dem Verbrechen verbindenden Kausalketten in die Gegenwart herein zu verfolgen, daß heißt nach ihm zu fahnden und ihn schließlich zu fangen.)

Dies ist aber nicht, was Zeitreisende in Zukunftsromanen tun. Sie bringen es irgendwie fertig, den Filmprojektor umzuschalten und den Zeitfilm nach rückwärts laufen zu lassen. Es mag uns Laien aber überraschen, zu erfahren, daß eine derartige Zeitumkehr in der theoretischen Physik nicht ganz unmöglich erscheint. Die spezielle Relativitätstheorie lehrt, daß ein sich schneller als mit Lichtgeschwindigkeit bewegender Körper zeitlich rückläufig ist.* (In der Fußnote zu Seite 176 erwähnte ich bereits die sonderbaren Zeitverschiebungen, die sich schon dann ergeben würden, wenn sich die Geschwindigkeit eines Raumschiffs der des Lichtes nur *näherte*.) Zusätzlich zu den bereits entdeckten subatomaren Teilchen postulieren die Physiker unter anderen auch die Existenz sogenannter *Tachyone*, das heißt von Teilchen, die sich schneller als das Licht fortbewegen. Anscheinend sind bereits Riesensummen für verschiedene Versuche zu ihrer Entdeckung ausgegeben worden. Von Interesse für unser Thema sind die höchst merkwürdigen, beunruhigenden Folgen, die sich dann ergeben würden, wenn die Tachyone tatsächlich entdeckt und irgendwie der Übermittlung von Information dienstbar gemacht werden könnten. Abbildung 15 auf Seite 228 stellt die Übermittlung einer tachyonischen Nachricht zwischen zwei Kommunikanten (A und B) dar, von denen wir annehmen wollen, daß sie mehrere Millionen von Kilometern im Raume getrennt sind. Da sie beide, und mit ihnen natürlich das ganze Universum, sich auf der Zeitdimension dahinbewegen, ist ihre Bewegung durch die beiden parallelen, vertikal von unten nach oben verlaufenden Linien dargestellt. (Eine Linie ist bekanntlich eine unendliche Zahl von Punkten – im vorliegenden Falle also von Zeitpunkten). Wir nehmen nun an, daß um 12 Uhr mittag eine tachyonische Meldung von A nach B ausgestrahlt wird, die B über ein soeben bei A stattgefundenes Ereignis informiert. Da sich die Meldung zeitlich nach rückwärts bewegt, kommt sie bereits um 11 Uhr bei B an, was nicht mehr und nicht weniger bedeutet, als daß sie dort empfangen

---

* Martin Gardner hat einen amüsanten Artikel über dieses Thema geschrieben [51].

wird, bevor sie abgesandt wurde. Es bedeutet ferner, daß B durch dieses Signal von einem Ereignis informiert wird, das noch nicht eingetreten ist. Er besitzt daher wirkliche Voraussicht. B sendet dieselbe Mitteilung nun sofort an A zurück, bei dem sie um 10 Uhr ankommt. Mit ihrem Empfang ist A nun im Besitz von Information über ein Ereignis, das dort in zwei Stunden eintreten wird – eine etwas ungewöhnliche Angelegenheit, besonders wenn wir bedenken, daß A ja selbst der ursprüngliche Sender dieser Mitteilung ist.

Die Paradoxien, die sich durch den Gebrauch von Teilchen mit Überlichtgeschwindigkeit ergeben würden, wurden zum ersten Mal vom Physiker Tolman im Jahre 1917 beschrieben [171]. Seine Ideen sind die Grundlagen eines Referats, das Benford, Book und Newcomb (der Urheber der Newcomb-Paradoxie) 1970 veröffentlichten [19]. Darin verweisen sie auf die Möglichkeit, daß die Suche nach Tachyonen bisher deswegen ergebnislos verlaufen ist, weil – sehr laienhaft inter-

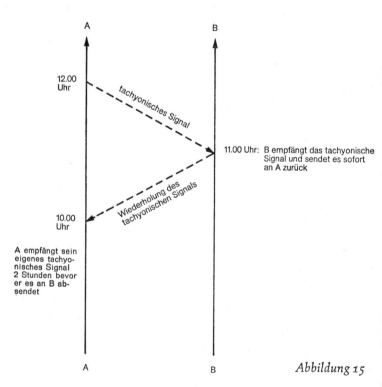

Abbildung 15

pretiert – die Überlichtgeschwindigkeit dieser Partikel die übliche *Wenn-dann*-Struktur jedes wissenschaftlichen Experiments sozusagen in eine *Dann-wenn*-Situation verkehrt. Oder anders ausgedrückt: Die Beobachtungen (die »Antwort« der Natur) würde zeitlich immer *vor* dem Experiment (der »Frage« der Forscher an die Natur) kommen, genau wie bei einem Gespräch über das *tachyonische Antitelephon* (wie Benford und seine Kollegen dieses futuristische Instrument bezeichnen) die Antworten immer vor den Fragen kämen. Wenn eine solche Konversation also stattfindet, dann kann sie nicht stattfinden*, und aus demselben Grunde müssen tachyonische Experimente, wenn sie erfolgreich durchgeführt werden können, erfolglos bleiben – und letzteres ist bisher der Fall! Das Scheitern des Versuchs wäre also der Beweis seines Erfolgs...

Doch die eleganteste Lösung futuristischer Zeitreisen ist natürlich die Verwendung einer eigentlichen Zeitmaschine, wie in H. G. Wells' klassischer Erzählung. Während der Bau einer solchen Maschine ein Ding der unvorstellbaren Zukunft ist, sind die logischen Probleme, die sich aus ihrer Verwendung ergeben würden, keineswegs unvorstellbar. Wie Maxwells Dämon neue Perspektiven eröffnete, führt uns ihre Untersuchung zu einem vertieften Verständnis der Relativität unserer Weltschau.

Das filmähnliche Diagramm auf der linken Seite von Abbildung 16 (Seite 230) stellt das Leben des Zeitreisenden von seinem Auftauchen in der Zeit (seiner Geburt) bis zum Alter von 30 Jahren dar. Zu diesem Zeitpunkt hat er seine Zeitmaschine gebaut und begibt sich nun auf eine Reise in die Vergangenheit (die von links oben nach rechts unten verlaufende Linie). Er geht fünfzehn Jahre in die Zeit zurück (wir wollen annehmen, daß er dafür nur wenige Minuten braucht), steigt aus und tritt damit wiederum in den Fluß der Zeit ein (dargestellt durch den Filmstreifen auf der rechten Bildseite); also zum Zeitpunkt, da er fünfzehn Jahre alt ist (war). Wenn er sich nur umsieht, ohne irgend etwas zu tun, das heißt, ohne sich in irgendeiner Weise in die Kausalketten einzuschalten, indem er zum Beispiel mit jemanden kommuniziert oder durch irgendeine andere Handlung die Kausalketten verändert, wird nichts Ungewöhnliches geschehen. Sobald

---

* Das Dilemma dieses Kommunikationskontextes hat offensichtliche Ähnlichkeit mit Poppers paradoxer Voraussage (Seite 26).

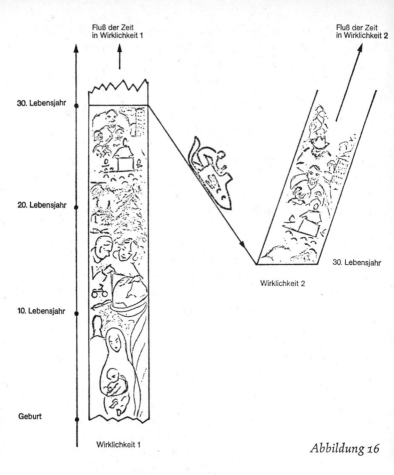

Abbildung 16

er aber mit der Wirklichkeit in Interaktion tritt, ergeben sich sonderbare Folgen. Man stelle sich nur mit Reichenbach [142, 143] vor, daß er seinem früheren Selbst begegnet und daß die beiden ein Gespräch beginnen. Er weiß, daß der Junge er selbst im Alter von fünfzehn Jahren ist; der andere aber findet sich vis-à-vis einem Mann, der verdächtig genau über seine Person und sein Leben Bescheid weiß und sogar konkrete Voraussagen über seine (des Jungen) Zukunft macht. Er prophezeit sogar, daß der Junge eines Tages seinem früherem Selbst begegnen wird. Der Junge wird all dies höchstwahrscheinlich für das Gefasel eines Geistesgestörten halten und ihn stehenlassen. Das wäre ungefähr das Beste, das er tun könnte, denn nähme er den älteren Mann ernst, so ließen sich die Folgen für den Jungen nicht absehen. Nehmen wir an, wir kennen den Jungen seit seiner Geburt. Dies läßt sich in Abbildung 16 dadurch simulieren, daß wir ein (wenn möglich durchsichtiges) Lineal am unteren Bildrand zur Zeitlinie anlegen und es langsam waagerecht nach oben verschieben. Zu einem gewissen Zeitpunkt (nämlich wenn die Kante des Lineals am Beginn des linken Filmstreifens ankommt) wird das Kind geboren. Wir und es reisen nun gemeinsam im Strom der Zeit dahin, bis ungefähr an seinem fünfzehnten Geburtstag sich etwas Sonderbares ereignet: Eine dreißig Jahre alte Version seiner selbst materialisiert sich plötzlich aus dem Nichts und gesellt sich zu ihm. Dies ist natürlich der Augenblick, in dem unser Lineal den Beginn des rechten Filmstreifens berührt. Wir verschieben es weiter nach oben, und beide Leben entfalten sich vor unseren Augen oder, wenn wir eine andere Definition vorziehen, zwei Wirklichkeiten koexistieren und rollen gleichzeitig vor unseren Augen ab. Der Umstand, daß sie sich ganz verschieden entwickeln, ist auf dem Diagramm durch den schrägen Verlauf des rechten Filmstreifens angedeutet. Auch der Zeitreisende auf seiner Maschine ist eingezeichnet, doch wäre er, da er gegen den Strom der Zeit reist, in »Wirklichkeit« unsichtbar. Im Alter von dreißig Jahren schließlich verschwindet unser Freund auf ebenso unerklärliche, spurlose Weise aus der Wirklichkeit, in der sein älteres Selbst vor fünfzehn Jahren aus dem Nichts plötzlich auftauchte.*

Wenn diese Überlegungen auch höchst sonderbar und unglaublich erscheinen, sind sie doch weder unlogisch noch theoretisch unmöglich. Sobald wir mit dem Begriff der Zeit zu experimentieren beginnen, und sei es auch nur als Gedankenexperiment oder zum rein intellektuellen Zeitvertreib, müssen wir feststellen, daß unsere Sprache und mit ihr unsere Denkprozesse uns sehr bald im Stich lassen. Dies ist nicht überraschend, denn jede Sprache beruht auf der Wirklichkeitsauffassung ihrer Benützer und determiniert und verewigt ihrer-

---

* Die Darstellungsweise, auf der Abbildung 16 beruht, geht auf Nobelpreisträger Richard Feynman [42] zurück und heißt daher Feynman-Diagramm. In ihm werden die drei Raumdimensionen in vereinfachter Form als horizontale Linie (X-Achse) zusammengelegt und die Zeit vertikal dazu (auf der Y-Achse) aufgetragen. Man vergleiche hierzu auch Gerald Feinbergs Referat über Partikel, die sich mit Überlichtgeschwindigkeit bewegen [41].

seits diese Auffassung. In einem seiner Artikel [55] hat Martin Gardner eine eindrucksvolle Anthologie aus Zukunftsromanen zusammengetragen, die alle in der einen oder anderen Weise von den merkwürdigen Widersprüchen handeln, die sich aus Reisen in die Zeit und vor allem dann ergeben, wenn der Zeitreisende in Interaktion (Kommunikation) mit der zukünftigen oder vergangenen Wirklichkeit tritt oder wenn er Gegenstände aus der Gegenwart in diese Wirklichkeiten mitnimmt. Hierzu ein Beispiel:

In Fredric Browns Kurzgeschichte »*Experiment*« hat Professor Johnson das Modell einer Zeitmaschine gebaut, durch die kleine Gegenstände in die Vergangenheit oder die Zukunft geschickt werden können. Er demonstriert seinen Kollegen zuerst eine Reise von fünf Minuten in die Zukunft, indem er den Zeiger der Zukunftsskala auf fünf Minuten stellt und einen kleinen Messingwürfel auf die Plattform der Maschine legt. Er verschwindet sofort und erscheint nach genau fünf Minuten wieder. Das nächste Experiment, fünf Minuten in die Vergangenheit, ist etwas komplizierter. Professor Johnson erklärt seinen Kollegen, daß er den Zeiger der Vergangenheitsskala um fünf Minuten zurückstellen und den Würfel um genau 3 Uhr auf die Plattform der Maschine legen wird. Da durch das Zurückstellen des Zeigers die Zeit nun aber rückwärts läuft, sollte der Würfel aus seiner Hand verschwinden und fünf Minuten vor 3 Uhr auf der Plattform erscheinen – also fünf Minuten *bevor* er ihn dort hinlegt. Einer seiner Kollegen stellt die naheliegende Frage, wie er den Würfel unter diesen Umständen dort hinlegen kann.

»Er wird beim Herannahen meiner Hand von der Plattform verschwinden und in meiner Hand auftauchen, damit ich ihn auf die Plattform legen kann.«
Der Würfel verschwand aus seiner Hand.
Er erschien auf der Plattform der Zeitmaschine wieder. »Haben Sie gesehen? Fünf Minuten bevor ich ihn dorthin lege, *ist* er bereits dort!«
Der andere Kollege runzelte die Stirn. »Aber«, meinte er, »was geschieht, wenn Sie es sich überlegen? Wenn Sie ihn – jetzt, da der Würfel bereits da ist, fünf Minuten bevor Sie ihn hinlegen – *nicht* um drei Uhr hinlegen? Würde das nicht eine Art von Paradox ergeben?

»Das ist ein interessanter Gedanke«, sagte Professor Johnson, »der mir noch nicht gekommen ist. Man müßte es versuchen. Also gut, ich werde ihn *nicht* ...«
Es gab ganz und gar kein Paradox. Der Würfel blieb an Ort und Stelle.
Aber das gesamte übrige Universum, Professoren und alles, verschwand.[22]

Eine andere Möglichkeit ist die bereits im Zusammenhang mit Abbildung 16 erwähnte. Jedesmal, wenn der Zeitreisende entweder die Vergangenheit betritt oder aus der Zukunft in die Gegenwart zurückkehrt, spaltet sich die Welt in zwei Zeitströme. Der eine ist die Fortsetzung des bisherigen Verlaufs der Dinge, der andere ist der Beginn einer ganz neuen Wirklichkeit, in der die Ereignisse einen völlig neuen Lauf nehmen können.* Abbildung 17 (Seite 234) karikiert eine dieser Möglichkeiten.

Zum Abschluß dieses Abschnitts möchte ich nochmals aus Gardners Artikel zitieren, der mit einem Hinweis auf James Joyces Roman »*Finnegans Wake*« beginnt und endet, in dem der durch Dublin fließende Strom Liffey als das große Symbol der Zeit dargestellt wird:

Die Physiker interessiert mehr denn je, was die Philosophen über die Zeit gesagt haben, und sie denken mehr denn je darüber nach, was es bedeutet, daß die Zeit eine »Richtung« hat, und wie dies, wenn überhaupt, mit menschlichem Bewußtsein und freiem Willen zusammenhängt. Ist die Geschichte wie ein mächtiger Strom, den Gott oder die Götter von seinem Ursprung bis zu seiner Mündung oder von der unendlichen Vergangenheit in die unendliche Zukunft mit einem zeitlosen und ewigen Blick übersehen können? Ist Willensfreiheit nicht mehr als eine Illusion, während der Strom des Daseins uns in eine Zukunft führt, die in einem unbekannten Sinne bereits besteht? Oder, um die Metapher etwas zu ändern, ist die Geschichte ein bereits aufgenommener Film, der zur Erheiterung oder zur Erbauung eines unvorstellbaren Publikums auf den vierdimensionalen Schirm unserer Raum-Zeit projiziert wird?
Oder ist die Zukunft, wie es William James und andere so leidenschaftlich betonten, offen und undeterminiert, in keiner Hinsicht existierend, bis sie nicht tatsächlich eintritt? Bringt die Zukunft wirklich Neues – Überraschungen, die selbst die Götter nicht erwarteten? Diese Fragen gehen weit über den Bereich der Physik hinaus und richten sich an Aspekte unserer Existenz, die wir ebensowenig begreifen können wie die Fische im Fluß Liffey die Stadt Dublin. [51]

---

* Etwas ganz Ähnliches müßte eintreten, wenn Newcombs Wesen aus der Zukunft zurückkommt, wo er unsere Wahl bezüglich der Kästchen beobachtete, und nun, je nachdem, die Million in Kästchen 2 legt oder nicht. Die Tatsache des Mitbringens »richtiger« Information aus der Zukunft ändert die Wirklichkeit der Gegenwart, und für diese neue Gegenwart mag die Information aus der Zukunft nicht mehr stimmen.

»Nicht – um Himmelswillen, nicht!«

Drawing by Whitney Darrow, Jr., © 1957
The New Yorker Magazine, Inc.

Abbildung 17

Die ewige Gegenwart

... quia tempus non erit amplius.
(... daß hinfort keine Zeit mehr sein soll.)
Offenbarung 10,6

Wenn Öl aus einem Behälter in einen anderen gegossen wird, fließt es in einem Strahl von vollkommener Glätte und Stille. Für den Beobachter liegt etwas Faszinierendes im gläsernen, regungslosen Wesen dieses raschen Flusses. Ist es vielleicht deswegen, weil er uns archetypisch an jenen Aspekt der Zeit gemahnt, dessen Geheimnisse noch größer sind als die der Vergangenheit und Zukunft? Zwischen diesen beiden unendlich langen Zeiträumen, die sich in entgegengesetzte Richtungen erstrecken, liegt der unendlich kurze Augenblick der Gegenwart. Er stellt sowohl unser unmittelbarstes wie auch unerfaßbarstes Erlebnis der Zeit dar. Die Gegenwart hat keine Länge und ist dennoch der einzige Zeitpunkt, an dem das, was geschieht, geschieht, und sich ändert, was sich ändert. Sie wird zur Vergangenheit, bevor wir uns ihrer gewahr sind, und doch, da jeder gegenwärtige Augenblick vom nächsten gegenwärtigen Augenblick gefolgt ist, ist das Jetzt unsere einzige direkte Erfahrung der Zeit – daher das Zen-buddhistische Gleichnis des Ölstrahls.

Wir sahen bereits, daß, so wie das Quadrat in *Flachland* das Wesen eines dreidimensionalen Körpers nur als eine Bewegung erfassen konnte, wir die Zeit als vierte Dimension nicht begreifen können, außer im Bilde des Fließens. Wir können das Wesen der Zeit nicht als »ganz, einzigartig, unbewegt, zusammenhängend« in Parmenides' Sinn erfassen, außer unter höchst ungewöhnlichen Umständen und für kurze, blitzartige Momente. Zu Recht oder Unrecht werden diese Momente als mystische bezeichnet. Es gibt in der Weltliteratur zahllose Beschreibungen dieses Erlebnisses, und wie verschieden diese Schilderungen in jeder anderen Hinsicht auch sein mögen, scheinen sich ihre Autoren darüber einig zu sein, daß sie irgendwie zeitlos und wirklicher als die Wirklichkeit sind.

Dostojewskis Fürst Myschkin, der *Idiot*, ist ein Epileptiker, und wie vielen seiner Leidensgefährten enthüllen auch ihm die letzten Sekunden vor dem *grand mal* (die sogenannte Aura) diese ungewöhnliche Wirklichkeit:

In jenem Augenblicke scheine ich irgendwie die Bedeutung jenes ungewöhnlichen Wortes zu verstehen, *daß hinfort keine Zeit mehr sein soll.* Dies ist wahrscheinlich jene Sekunde, die für das Wasser nicht ausreichte, um aus Mohammeds Krug zu fließen, obwohl der epileptische Prophet Zeit hatte, alle Wohnstätten Allahs zu schauen.*

Doch die ewige Gegenwart wird kaum je ohne die Verzerrungen und Überlagerungen durch frühere Erfahrung und durch Zukunftserwartungen erlebt. Wie dieses Buch zu zeigen versuchte, können Annahmen, Dogmen, Prämissen, Aberglauben, Hoffnungen und dergleichen wirklicher als die Wirklichkeit werden und jenes Gewebe von Illusionen erzeugen, das die indische Philosophie *maja* nennt. Ziel des Mystikers ist daher die Befreiung aus der Befangenheit in Vergangenheit und Zukunft. »Der Sufi«, schreibt der persische Dichter Dschelal ed-Din Rumi, »ist der Sohn der *gegenwärtigen Zeit.*« Und Omar Chajjam sehnt sich nach der Befreiung von Vergangenheit und Zukunft, wenngleich wiederum durch eine Illusion, wenn er singt: »Wein klärt den Tag / von Furcht und Gram, was kam und kommen mag!«

Doch das Erlebnis der ewigen Gegenwart beschränkt sich nicht auf die Aura oder den Rausch. Sowohl Zustände großer Gelöstheit und Erfüllung, als – paradoxerweise – auch Augenblicke großer Gefahr können dieses Erlebnis herbeiführen. Koestler erlebte es in der Todeszelle eines spanischen Gefängnisses, während er sich mit der Eleganz des Euklidschen Beweises beschäftigte, daß die Zahl der Primzahlen unendlich groß ist:

Die Bedeutung dieser Erkenntnis schlug über mir zusammen wie eine Welle. Die Welle war einer artikulierten verbalen Einsicht entsprungen, die sich aber sofort verflüchtigt hatte und nur einen wortlosen Niederschlag zurückließ, einen Hauch von Ewigkeit, ein Schwingen des Pfeils im Blauen. Ich muß so einige Minuten verzaubert dagestanden haben, in dem wortlosen Bewußtsein: »das ist vollkommen – vollkommen«. [...] Dann wurde mir, als glitte ich, auf dem Rücken liegend, in einem Fluß des Friedens unter Brücken des Schweigens. Ich kam von nirgendwo und trieb nirgendwo hin. Dann war weder der Fluß mehr da noch ich. Das Ich hatte aufgehört zu sein. [...] Wenn ich sage »das Ich hatte aufgehört zu sein«, so beziehe ich mich auf ein konkretes Erlebnis, das in Worten so wenig ausdrück-

---

* Dostojewski bezieht sich hier auf die Legende, wonach Mohammed sich beim Eintreten des Boten Gottes in sein Zelt erhob und dabei den bei seinem Lager stehenden Wasserkrug umstieß. Als er aus den sieben Himmeln zurückkehrte, war das Wasser noch nicht ganz ausgeflossen.

bar ist wie die Empfindungen, die durch ein Klavierkonzert ausgelöst werden, das aber genau so wirklich ist – nein, sehr viel wirklicher. Tatsächlich ist sein wichtigstes Kennzeichen der Eindruck, daß dieser Zustand viel wirklicher ist als irgendein je zuvor erlebter – [79].

Und hier liegt die endgültige Paradoxie. Wer immer versuchte, das Erlebnis der ewigen Gegenwart in Worte zu kleiden, fand, daß Worte dafür unzureichend sind. »Der Sinn, den man ersinnen kann, ist nicht der ewige Sinn; der Name, den man nennen kann, ist nicht der ewige Name«, schrieb Laotse vor 2500 Jahren. Als Meister Shin-t'ou gefragt wurde, was der letzte Inhalt des Buddhismus sei, antwortete er: »Ihr werdet ihn nicht verstehen, solange ihr ihn nicht habt.« Wenn man ihn aber einmal erfaßt hat, bedarf er offensichtlich keiner Erklärung mehr. Und Wittgenstein, der seine Erforschung der Wirklichkeit bis an die Grenzen menschlichen Verständnisses vortrieb, schloß seine »*Logisch-Philosophischen Abhandlungen*« mit dem berühmten Satz: »Wovon man nicht sprechen kann, darüber muß man schweigen.«
Hier also sei dieses Buch beendet.

Bibliographie

1 Abbott, Edwin A.: *Flatland. A Romance in Many Dimensions.* 6. Auflage. Dover Publications, New York, 1952. Dt. Ausgabe: *Flächenland*, Klett-Cotta, Stuttgart 1982.
2 op. cit., S. 64
3 op. cit., S. 66
4 op. cit., S. 80
5 Adams, Joe K.: »Laboratory Studies of Behavior Without Awareness«. *Psychological Bulletin* 4 : 383–408, 1957.
6 Alpers, Anthony.: *Delphine. Wunderkinder des Meeres.* Übertragen aus dem Englischen von Fritz Moeglich. Scherz Verlag, Bern, Stuttgart, Wien, 1962.
7 op. cit., S. 251.
8 Ardrey, Robert: *Der Gesellschaftsvertrag. Das Naturgesetz von der Ungleichheit des Menschen.* Verlag Fritz Molden, Wien, München, Zürich, 1971, S. 151.
9 Asch, Solomon E.: »Opinions and Social Pressure.« *Scientific American* 193 : 31–5, November 1955.
10 Asch, Solomon E.: *Social Psychology.* Prentice-Hall, New York, 1952, S. 450 bis 483 (passim)
11 Asch, Solomon E.: »Studies of Independence and Submission to Group Pressures.« *Psychological Monographs* 70, Nr. 416, 1956.
12 Asimov, Isaac.: *The End of Eternity.* Fawcett Publications, Greenwich (Conn.), 1955, S. 186–7.
13 Bateson, Gregory, Don D. Jackson, Jay Haley und John H. Weakland: »Toward a Theory of Schizophrenia.« *Behavioral Science* 1 : 251–64, 1956.
14 Bateson, Gregory, Don D. Jackson: »Some Varieties of Pathogenic Organization.« In: *Disorders of Communication*, Band 42, hrsg. von David McK. Rioch. Association for Research in Nervous and Mental Disease, 1964, S. 270 bis 283.
15 Bateson, Gregory: *Steps to an Ecology of Mind.* Ballantine Books, New York, 1972, S. 367.
16 op. cit., S. 159.
17 Bateson, Gregory, persönliche Mitteilung.
18 Bavelas, Alex, persönliche Mitteilung.
19 Benford, G. A., D. L. Book und William A. Newcomb: »The Tachyonic Anti-Telephone.« *Physical Review D*, 3. Serie, 2 : 263–5, 1970.
20 Bittman, Ladislav: *Geheimwaffe D.* Übersetzt von Elisabeth Dünner. Verlag SOI, Bern, 1973.

21 Bracewell, Ronald N.: »Communications from Superior Galactic Communities.« *Nature* 186 : 670–1, 1960.

22 Brown, Fredric: *Das Experiment*. In: *Der engelhafte Angelwurm*. Übertragen von Peter Neugebauer. Diogenes Verlag, Zürich 1966.

23 Brown, G. Spencer: *Probability and Scientific Inference*. Longmans, Green & Co., London und New York, 1957, S. 105.

24 op. cit., S. 111–2

25 op. cit., S. 113–5

26 Brown, G. Spencer: *Laws of Form*. Bantam Books, Toronto, New York und London, 1972.

27 op. cit., S. XIII

28 Cade, C. Maxwell: *Other Worlds than Ours*. Taplinger Publishing Company, New York, 1967, S. 166.

29 op. cit., S. 175.

30 Caen, Herb: *San Francisco Chronicle*, 2. 2. 1973, S. 25.

31 Cherry, Colin: *Kommunikationsforschung – eine neue Wissenschaft*. 2. erweiterte Auflage, aus dem Englischen übersetzt von Dr.-Ing. Peter Müller, herausgegeben von Pierre Bertaux und Ilse Grubrich. S. Fischer Verlag, Frankfurt a. M., 1960, S. 169.

32 Claparède, Ed.: »Die gelehrten Pferde von Elberfeld.« *Tierseele, Blätter für vgl. Seelenkunde*, 1914 (zitiert von Hediger [64]).

33 Cocconi, Giuseppe, und Philip Morrison: »Searching for Interstellar Communications.« *Nature* 184 : 844–6, 1959.

34 Cohn, Norman: *Die Protokolle der Weisen von Zion*. Kiepenheuer & Witsch, Köln, Berlin, 1969, S. 94.

35 Cros, Charles: *Etude sur les moyens de communication avec les planètes*. Zitiert in Louis Forestier: *Charles Cros, l'homme et l'œuvre*. Lettres Modernes, Paris, 1963, S. 64.

36 Dostojewski, Fedor M.: *Die Brüder Karamasoff*. R. Piper & Co. Verlag, München, 1923.

37 op. cit., S. 447–77 (passim)

38 Ekvall, Robert, B.: *Faithful Echo*. Twayne Publishers, New York, 1960, S. 109 bis 113 (passim).

39 Erickson, Milton H.: »The Confusion Technique in Hypnosis.« *American Journal of Clinical Hypnosis* 6 : 183–207, 1964. Auch in *Advanced Techniques of Hypnosis and Therapy: Selected Papers of Milton H. Erickson*, hrsg. von Jay Haley. Grune and Stratton, New York, 1967, S. 130–57.

40 Esterson, Aaron: *Die Blätter des Frühlings*. Focus Verlag, Wiesbaden, 1975.

41 Feinberg, Gerald: »Particles that Go Faster than Light.« *Scientific American* 222 : 69–77, Februar 1970.

42 Feynman, Richard P.: »The Theory of Positrons.« *Physical Review* 76: 749 bis 759, 1949.

43 Fouts, Roger, und Randall L. Rigby: »Man-Chimpanzee Communication.« In: *How Animals Communicate*. Indiana University Press, Bloomington, 1975.

44 Fouts, Roger, persönliche Mitteilung.

45 Freudenthal, Hans: *Lincos. Design of a Language for Cosmic Intercourse*.

Teil I. North-Holland Publishing Co., Amsterdam, 1960.
46 Frisch, Karl von: »Dialects in the Language of the Bees.« *Scientific American* 207 : 79–87, August 1962.
47 Gardner, Beatrice D., und R. Allen Gardner: »Two-way Communication with an Infant Chimpanzee.« In: *Behavior of Non-human Primates*, hrsg. von Allan M. Schrier und Fred Stollnitz, Academic Press, New York und London, 1971.
48 op. cit., S. 167
49 op. cit., S. 172
50 op. cit., S. 176
51 Gardner, Martin: »Can Time Go Backward?« *Scientific American* 216 : 98 bis 108, Januar 1967.
52 Gardner, Martin: »On the Meaning of Randomness and Some Ways to Achieve It.« *Scientific American* 219 : 116–21, Juli 1968.
53 Gardner, Martin: »Free Will Revisited, With a Mind-Bending Prediction Paradox by William Newcomb.« *Scientific American* 229 : 104–9, Juli 1973.
54 Gardner, Martin: »Reflections on Newcomb's Problem: A Prediction and Free-will Dilemma.« *Scientific American* 230 : 102–8, März 1974.
55 Gardner, Martin: »On the Contradictions of Time Travel.« *Scientific American* 230 : 120–3, Mai 1974.
56 Gardner, R. Allen, und Beatrice T. Gardner: »Teaching Sign Language to a Chimpanzee.« *Science* 165 : 664–72, 1969.
57 Gillespie, Thomas H.: *The Story of the Edinburgh Zoo.* M. Slains, Old Castle, 1964.
58 Gödel, Kurt: »Über formal unentscheidbare Sätze der Principia Mathematica und verwandter Systeme, I.« *Monatshefte für Mathematik und Physik* 38 : 173–98, 1931.
59 Hayes, Cathy: *The Ape in Our House.* Harper & Brothers, New York, 1951
60 op. cit., S. 83
61 op. cit., S. 101
62 Hayes, Keith, und Catherine Hayes: »The Intellectual Development of a Home-raised Chimpanzee.« *Proceedings of the American Philosophical Society* 95 : 105–9, 1951.
63 Hayes, Keith, und Catherine Hayes: »Imitation in a Home-raised Chimpanzee.« *Journal of Comparative and Physiological Psychology* 45 : 450–9, 1952.
64 Hediger, H.: »Verstehen und Verständigungsmöglichkeiten zwischen Mensch und Tier.« *Schweizerische Zeitschrift für Psychologie und ihre Anwendungen* 26 : 234–55, 1967, (S. 239–40).
65 op. cit., S. 240
66 Heller, Joseph: *Der IKS-Haken.* Deutsch von Irene und Günther Danehl. S. Fischer Verlag, Frankfurt/M., 1964, S. 51–2.
67 Herrigel, Eugen: *Zen in der Kunst des Bogenschießens.* Otto-Wilhelm-Barth-Verlag, Weilheim, 1948.
68 Hess, Eckard H.: »Attitude and Pupil Size.« *Scientific American* 212 : 46–54, April 1965, (S. 46).
69 op. cit., S. 50
70 Hesse, Hermann: »Gedanken zu Dostojewskis ›Idiot‹.« In: *Betrachtungen,*

S. Fischer Verlag, Berlin, 1928, S. 129.
71 Hoerner, Sebastian von: »The General Limits of Space Travel.« *Science* 137 : 18–23, 1962.
72 Hogben, Lancelot: »Astroglossa or First Steps in Celestial Syntax.« *British Interplanetary Society Journal* 11 : 258–74, November 1952, (S. 259).
73 Hora, Thomas: »Tao, Zen and Existential Psychotherapy.« *Psychologia* 2 : 236–42, 1959, (S. 237).
74 Howard, Nigel: »The Mathematics of Meta-Games.« *General Systems* 11 : 167–86 und 187–200, 1966.
75 Jackson, Don D.: »Play, Paradox and People: Identified Flying Objects.« *Medical Opinion and Review*, Februar 1967, S. 116–25.
76 Kafka, Franz: *Der Prozeß*.
77 Kahn, David: *The Codebreakers*. Macmillan, New York, 1967.
78 Kaplan, S. A. (Hrsg.): *Extraterrestrial Civilizations. Problems of Interstellar Communication*. Aus dem Russischen übersetzt von: Israel Program for Scientific Translations, Jerusalem, 1971. (Erhältlich vom US Department of Commerce, National Technical Information Service, Springfield, VA, 22151. NASA Publikation TT F-631.)
79 Koestler, Arthur: *Die Geheimschrift. Bericht eines Lebens, 1933 bis 1940*. Ins Deutsche übertragen von Franziska Becker. Verlag Kurt Desch, München, Wien, Basel, 1954, S. 374–5.
80 Laing, Ronald D.: *Das Selbst und die Anderen*. Aus dem Englischen übersetzt von Hans Hermann. Kiepenheuer & Witsch, Köln, 1973.
81 Laing, Ronald D., H. Phillipson und A. Russell Lee: *Interpersonelle Wahrnehmung*. Übersetzt von Hans-Dieter Teichmann. edition suhrkamp, Frankfurt 1971, S. 30–1.
82 Laing, Ronald D.: »Mystification, Confusion and Conflict.« In: *Intensive Family Therapy: Theoretical and Practical Aspects*, hrsg. von Ivan Boszormenyi-Nagy und James L. Framo. Harper & Row, New York, 1965, S. 343 bis 363.
83 Laing, Ronald D.: *Knoten*. Deutsch von Herbert Elbrecht. Rowohlt Verlag, Frankfurt, 1972, S. 61.
84 Laing, Ronald D., und Aaron Esterson: *Sanity, Madness and the Family*. Band I, *Families of Schizophrenics*. Tavistock Publications, London, 1964.
85 Laplace, Pierre Simon de: *Philosophischer Versuch über die Wahrscheinlichkeit*. Übersetzt von Dr. Heinrich Löwy. Akademische Verlagsgesellschaft, Leipzig, 1932, S. 1–2.
86 Lawick-Goodall, Jane van: *Wilde Schimpansen. Zehn Jahre Verhaltensforschung am Gombe-Strom*. Übersetzt von Mark W. Rien. Rowohlt Verlag, Reinbek bei Hamburg, 1971.
87 Leslie, Robert Franklin: »The Bear that Came for Supper.« *Reader's Digest* 85 : 75–9, 1964.
88 Lilly, John, C.: *Man and Dolphin*. Doubleday & Co., Garden City, 1961, S. 55 und S. 203.
89 Lilly, John C.: *Delphin – ein Geschöpf des 5. Tages? Möglichkeiten der Verständigung zwischen menschlicher und außermenschlicher Intelligenz*. Über-

setzt von Eberhard Trumler. Winkler-Verlag, München 1969, S. 126.
90 op. cit., S. 315.
91 Lilly, John C.: *The Dolphin Experience*. Tonbandaufnahme (Kassette), Big Sur Recordings, ohne Datum.
92 Lunan, Duncan A.: »Space Probe from Epsilon Boötis.« *Spaceflight* 15 : 122 bis 31, April 1973.
93 op. cit., S. 123.
94 Macvey, John W.: *Whispers from Space*. Macmillan, New York, 1973, S. 152.
95 op. cit., S. 226.
96 Masterman, John C.: *Unternehmen Doppelspiel. Der Kampf zwischen deutscher Spionage und britischer Abwehr im Zweiten Weltkrieg*. Aus dem Englischen von Willy Thaler. Molden Verlag, Wien, 1973.
97 op. cit., S. 20.
98 op. cit., S. 28.
99 op. cit., S. 50–1.
100 op. cit., S. 108.
101 Michalkov, Sergej. In: *Der Spiegel* 28 : 87. 4. Februar 1974.
102 Monod, Jacques: *Zufall und Notwendigkeit*. Aus dem Französischen von Friedrich Griese. R. Piper & Co. Verlag, München 1971.
103 op. cit., S. 149–50
104 Montagu, Ewen E. S.: *The Man Who Never Was*. Evans Brothers, London, 1953.
105 op. cit., S. 27
106 op. cit., S. 40
107 op. cit., S. 107
108 op. cit., S. 133–4.
109 Morin, Edgar, et al.: *La rumeur d'Orléans*. Éditions du Seuil, Paris, 1969.
110 op. cit., S. 17
111 op. cit., S. 27
112 op. cit., S. 103
113 op. cit., S. 141
114 op. cit., S. 215–6
115 Morse, W. H., und B. F. Skinner: »A Second Type of Superstition in the Pigeon.« *American Journal of Psychology* 70 : 308–11, 1957.
116 Nagel, Ernest, und James R. Newman: *Gödel's Proof*. New York University Press, New York, 1958.
117 Newman, James R.: *The World of Mathematics*. Simon and Schuster, New York, 1956, S. 2383.
118 Nozick, Robert. »Newcomb's Problem and the Two Principles of Choice.« In: *Essays in Honor of Carl G. Hempel*, hrsg. von Nicholas Rescher. D. Reidel Publishing Co., Dordrecht, 1970, S. 114–46.
119 Oliver, Bernard M.: »Radio Search for Distant Races.« *International Science and Technology*, No. 10, Oktober 1962, S. 55–61.
120 Oliver, Bernard M., persönliche Mitteilung.
121 Parmenides, 8. Fragment, Zeile 4–6.
122 Patterson, Penny, persönliche Mitteilung.

123 Perelman, Y. I.: *Myeschplanyetnye Puteschestvuiya* (Interplanetarische Reisen). Staatsdruckerei, Moskau und Leningrad, 6. Auflage, 1929.
124 Pfungst, Oskar: *Das Pferd des Herrn von Osten (Der Kluge Hans)*. Johann Ambrosius Bart, Leipzig, 1907.
125 Pfungst, Oskar: *Clever Hans. The Horse of Mr. von Osten.* Hrsg. von Robert Rosenthal. Rinehart & Winston, New York, 1965.
126 op. cit. [124], S. 15.
127 op. cit., S. 185
128 op. cit., S. 185–6
129 Planck, Max: »Scheinprobleme der Wissenschaft.« In: *Vorträge und Erinnerungen*. Wissenschaftliche Buchgesellschaft, Darmstadt, 1969, S. 360.
130 Plinius, Gaius Caecilius Secundus (der Jüngere): *Briefe*. Buch IX, 33. Brief. Lateinisch-deutsch ed. Helmut Kasten. Heimeran Verlag, München, 1968, S. 545.
131 Popov, Dusko: *Spy/Counterspy*. Mit einem Vorwort von Ewen Montagu. Grosset & Dunlap, New York, 1974, S. 162–219.
132 op. cit., S. 267
133 Popper, Sir Karl Raimund: *Conjectures and Refutations; The Growth of Scientific Knowledge*. Basic Books, New York, 1962.
134 Popper, Sir Karl Raimund: »A Comment on the New Prediction Paradox.« *British Journal for the Philosophy of Science* 13 : 51, 1963.
135 Popper, Sir Karl Raimund: *Die offene Gesellschaft und ihre Feinde*. Band I. Übersetzt von Dr. P. K. Feyerabend. A. Francke Verlag, Bern, 1957, S. 268.
136 Premack, David: »Language in Chimpanzee?« *Science* 172 : 808–22, 1971.
137 *Project Cyclops. A Design Study of a System for Detecting Extraterrestrial Life.* Publikation Nr. CR 114 445 (revidierte Ausgabe 7/73). NASA/Ames Research Center, Code LT. Moffett Field, California 94 035, S. 4.
138 op. cit., S. 179–80
139 Rapoport, Anatol, und Albert M. Chammah: *Prisoner's Dilemma; A Study in Conflict and Cooperation*. University of Michigan Press, Ann Arbor, 1965.
140 Rapoport, Anatol: »Escape from Paradox.« *Scientific American* 217 : 50–6, Juli 1967.
141 Reichenbach, Hans: *The Direction of Time*. Hrsg. von Maria Reichenbach. University of California Press, Berkeley und Los Angeles, 1956, S. 11.
142 op. cit., S. 37.
143 Reichenbach, Hans: *Philosophie der Raum-Zeit-Lehre*. Walter de Gruyter & Co., Leipzig, 1928, S. 167.
144 Robinson, R. B.: *On Whales and Men*. Alfred A. Knopf, New York, 1954. Zitiert von Lilly [88, S. 93–4].
145 Rosenthal, Robert: *Experimenter Effects in Behavioral Research*. Appleton-Century-Crofts, New York, 1966.
146 Ruesch, Jürgen, und Gregory Bateson: *Communication: The Social Matrix of Psychiatry*. W. W. Norton, New York, 1951, S. 212–27.
147 Rumbaugh, D., T. V. Gill und E. C. von Glasersfeld: »Reading and Sentence Completion by a Chimpanzee (Pan).« *Science* 182 : 731–3, 1973.
148 Rynin, Nikolai A.: »Myeschplanyetnye soobschtschenia, III: Lutschistaya ener-

giya v fantasiyach romanistov i v proyektach uchenyck.« (Interplanetarische Kommunikation, Band III: Strahlenenergie in der Phantasie von Schriftstellern und den Projekten von Wissenschaftlern.) Izdatel'stvo P. P. Soikin, Leningrad, 1930.

149 Sagan, Carl: *The Cosmic Connection.* Hrsg. von Jerome Agel. Anchor Press, Doubleday, Garden City, 1973, S. 19–20.

150 op. cit., S. 25

151 Sagan, Carl (Hrsg.): *Communication with Extraterrestrial Intelligence (CETI).* MIT Press, Cambridge (Mass.) und London, 1973, S. 183 und 318.

152 Salzman, L.: »Reply to Critics.« *International Journal of Psychiatry* 6 : 473 bis 476, 1968.

153 Schellenberg, Walter: *Memoiren.* Verlag für Politik und Wirtschaft, Köln, 1956.

154 Schelling, Thomas: *The Strategy of Conflict.* Harvard University Press, Cambridge (Mass.), 1960, S. 148.

155 op. cit., S. 54

156 op. cit., S. 56

157 op. cit., S. 187

158 Schelling, Thomas: »Reciprocal Measures for Arms Stabilization.« Abgedruckt in: *The Strategy of World Order;* Band IV, *Disarmament and Economic Development,* hrsg. von Richard A. Faulk und Saul H. Mendlovitz. World Law Fund, New York, 1966, S. 127–8.

159 Schmid, Peter: »Der japanische Hamlet.« *Der Monat* 18: 5–10, August 1966, S. 7.

160 Schopenhauer, Arthur: *Über den Willen in der Natur.* In: *Arthur Schopenhauers sämtliche Werke,* Band III. R. Piper & Co. Verlag, München 1912, S. 346.

161 Schreieder, Joseph: *Das war das Englandspiel.* Walter Stutz, München 1950.

162 op. cit., S. 402

163 op. cit., S. 403

164 Schklowski, I. S.: »The Lifetimes of Technical Civilizations.« In: Carl Sagan [151], S. 148.

165 Skinner, B. F.: »›Superstition‹ in the Pigeon.« *Journal of Experimental Psychology* 38 : 168–72, 1948.

166 Sluzki, Carlos E., Janet Beavin, Alejandro Tarnopolski und Eliseo Verón: »Transactional Disqualification.« *Archives of General Psychiatry* 16: 494 bis 504, 1967.

167 Sluzki, Carlos E., und Eliseo Verón: »The Double Bind as a Universal Pathogenic Situation.« *Family Process* 10 : 397–410, 1971.

168 Sluzki, Carlos E., und Donald C. Ransom (Hrsg.): *Double Bind. The Foundation of the Communicational Approach to the Family.* Grune and Stratton, New York, 1976.

169 Sommer, R.: *Tierpsychologie.* Quelle & Meyer, Leipzig, 1925.

170 Störmer, Carl: »Short Wave Echos and the Aurora Borealis.« *Nature* 122 : 681, 1928 (Nr. 3079).

171 Tolman, Richard C.: *The Theory of Relativity of Motion.* University of Cali-

fornia Press, Berkeley, 1917, S. 54–5.
172 Travers, Pamela L.: *Mary Poppins*. Übersetzt von Elisabeth Kessel. Cecilie Dressler Verlag, Berlin 1952, S. 107–8.
173 Varè, Daniele: *Der lachende Diplomat*. Übersetzt von Annie Polzer. Paul Zsolnay Verlag, Berlin, Wien, Leipzig, 1938, S. 468
174 Watzlawick, Paul, Janet H. Beavin und Don D. Jackson: *Menschliche Kommunikation. Formen, Störungen, Paradoxien*. Verlag Hans Huber, Bern, Stuttgart, Wien, 1969.
175 op. cit., S. 41–4 und 92–3
176 op. cit., S. 57–61 und 92–6.
177 op. cit., S. 92–6
178 op. cit., S. 126–7
179 op. cit., S. 203–12
180 Watzlawick, Paul: »Wesen und Formen menschlicher Beziehungen.« In: *Neue Anthropologie*, Band 7, hrsg. von Hans-Georg Gadamer und Paul Vogler, Georg Thieme Verlag, Stuttgart, und Deutscher Taschenbuch Verlag, München, 1975, S. 123–4.
181 Watzlawick, Paul, John H. Weakland und Richard Fisch: *Lösungen. Zur Theorie und Praxis menschlichen Wandels*. Verlag Hans Huber, Bern, Stuttgart, Wien, 1974.
182 op. cit., S. 54–5
183 op. cit., S. 55–6
184 op. cit., S. 69–83
185 op. cit., S. 84–96
186 op. cit., S. 116–34
187 Wittgenstein, Ludwig: *Logisch-Philosophische Abhandlungen*. Humanities Press, New York (zweisprachige Ausgabe), 1951, S. 150.
188 Wood, Forrest G.: »Porpoise Play.« *Mariner* (hektographiertes Nachrichtenblatt der Marine Studios), März 1954, S. 4; wie in [6], Seite 100, zitiert.
189 Wright, John C.: *Problem Solving and Search Behavior under Noncontingent Rewards*. Unveröffentlichte Dissertation, Stanford Universität, 1960.
190 Wright, John C.: »Consistency and Complexity of Response Sequences as a Function of Schedules of Noncontingent Reward.« *Journal of Experimental Psychology* 63 : 601–9, 1962.
191 Yerkes, Robert M., und Blanche W. Learned: *Chimpanzee Intelligence and Its Vocal Expression*. Williams & Wilkins, Baltimore, 1925, S. 53.

Personen- und Sachregister

(Kursivgedruckte Seitenzahlen verweisen auf die Definition des betreffenden Stichworts; Sternchen auf Fußnoten)

Abbott, Edwin A. 214, 218
Aberglaube 59, *111*
  in Tieren 60–61
Acquisition (von Radiosignalen) 178–179
Adams, Joe K. 50
Agent (Spionage) 101, 109–110
  imaginärer 125–126
  Überlaufen von 128
  »Umdrehen« von 123–129
Akutagawa, Ryunosuke 76
Alice im Wunderland 83
Allen, Woody 39*
Alpers, Anthony 160–161
Anthropomorphisieren *166*
Antikryptographie *179–183*, 186–188
Antisemitismus 86–90
Ape in Our House, The 149–150
Ardrey, Robert 45
Aristoteles 149, 151, 163
Asch, Solomon E. 92–96
Asimov, Isaac 225–226
ASL (American Sign Language) 152–157

Bateson, Gregory 66*, 155, 158
Bavelas, Alex 61, 90
Beeinflussungsoperation *139*
Benford, G. A., D. L. Book und *William A. Newcomb* 228
Berger, Peter L., und *Thomas Luckmann* 8*

Bienentänze, Bienen-»Dialekte« 15–16
Binärcode 186
binary digits (bits) 187
Binärzahlen *186*
Bittman, Ladislav 139–140
Blow-out Centers 35
Börse 225*
Bracewell, Ronald N. 193–195, 198, 204*
Brillouin, Léon 205
Brown, Fredric 232
Brown, George Spencer 69, 70*, 71, 194*
Brüder Karamasoff, Die 77–80

Cade, Maxwell 181, 182, 191
Caen, Herb 116
Candid Camera 98–99
Carpenter, Ray 45
Casanova '70 39*
Catch-22 37–38, 179
Cetacea 172
Cherry, Colin 76
Cicero (Elyesa Bazna) 134*
Club von Rom 202*
Cocconi, Giuseppe, und *Philip Morrison* 179, 180, 184
Code, Entschlüsselung 183, 186–188
  kosmischer 183, 185–193
Codebreakers, The 183
Cohn, Norman 89
Condillac, Étienne de 205

Cros, Charles 181–182

Delphin 160–172
　Echolotsystem 167–169
　Geschwindigkeit 171
　Haut 171*
　Kommunikation 166–170
　Notsignal 164
　Opo 161
　Orden der Delphine 172, 186*
　Schutz des 171
　Sozialverhalten 163–164
　Spiele 165
　»Sprache« 166
　Vokalisierungen, Frequenz der 165, 167
Desinformation 57–144, 183, 195, 210
　experimentell erzeugte 91–99
　geheimdienstliche 123–142
Depression 30, 114
Determinismus 211–214, 223
Dialogue aux enfers entre Montesquieu et Machiavel 88–89
Dolmetsch 20–24
Doppelagent 123–129
　Finanzierung 129
　-Saboteur 128–129
Doppelbindung 29–33, 48 (siehe auch Paradoxie)
Dostojewski, Fedor M. 77–80, 214, 235, 236*
Drake, Frank 176, 177, 184, 186*, 188*
Drei Mann in einem Boot 97–98
Drohung 111–123
　Glaubhaftigkeit 113–115
　Irreversibilität 113–114
　Unbefolgbarkeit 119–120
　Verhinderung des Erhalts 115–119
Dschelal ed-Din Rumi 236

Eddington, Sir Arthur 174
Eid, Guy 119
einschränkende Wirkung von Kommunikation 101–102, 191
Einstein, Albert 70*, 73, 212, 221
Ekvall, Robert B. 9–12

Elephant 162, 163
End of Eternity, The 225–226
Englandspiel (Unternehmen Nordpol) 123, 127–128
Entführung 122
　von Flugzeugen 117–118, 120
Erickson, Milton H. 39
Erpressung 114, 121, 122
Ethologie 44–45
Étude sur les moyens de communication avec les planètes 181
Experiment, Das 232
Experimente
　außersinnliche Wahrnehmung 50–53, 71–72
　gesunde/kranke Zellen 61–63
　nichtkontingente 59–67, 126
　Rosenthals, mit Fotos 47–48
　Unabhängigkeit und Unterwerfung (Asch) 92–96
　vielarmiger Bandit (Wright) 64–67
　mit Zufallstafeln 71–72
Extraterrestrial Civilizations 202*

Fatalismus 212
FBI 124*
Feinberg, Gerald 231*
Feynman, Richard 231*
Finnegans Wake 233
Flachland 214–219, 235
Flugzeugentführungen 117–118, 120
Fouts, Roger 156
Freudenthal, Hans 192–193
Frisch, Karl von 5–6
Funt, Allan 98–99

Gardner, Allen und Beatrice 152–155
Gardner, Martin 69*, 206, 207, 212, 227*, 232, 233
Gauss, Carl Friedrich 180–181, 183
Gedanken zu Dostojewskis »Idiot« 77
Gefangenendilemma 103–109, 206
Gegenspionage 118, 123
Gegenwart, ewige 235–237
Geheimdienst
　britischer 123–139

deutscher (Abwehr) 123–139
sowjetischer 139*
tschechoslowakischer 139–142
geheimdienstliche Information
　Glaubwürdigkeit 132–136, 138
　Wahrscheinlichkeit 132–136
Gerücht 84
　von Orléans 85–88, 89–90, 94, 140
gesellschaftliche Konstruktion der Wirklichkeit, Die 8*
gestohlene Brief, Der 133*
Gesundheit, geistige 34, 214
Gödel, Kurt 193*
Gourmont, Remy de 35
Grossinquisitor, Der 77–80, 95, 214, 219

Haltlosigkeit 30
Hayes, Catherine und Keith 149
Hearst, Patricia 118–119
Hediger, H. 44–46
Heller, Joseph 37
Herrigel, Eugen 40
Hess, Eckhard H. 49–50
Hesse, Hermann 77, 223
Hoerner, Sebastian von 176*
Hogben, Lancelot 192
Hora, Thomas 13
Howard, Nigel 108
Humboldt, Wilhelm von 20
Hypnose, Hypnotherapie 39, 48

Idiot, Der 77, 235
Inquisition 63
Interdependenz 103–111, 116, 122, 123, 133, 142, 180, 185, 207
Interpersonelle Wahrnehmung 18
Interpunktion 72–82, 84, 99–100, 165, 210
　semantische 76–82

Jackson, Don D. 84, 92, 136* 158
Jacobson, Roman 19
Jerome, Jerome K. 97–98
Joly, Maurice 88
Joyce, James 233

Kafka, Franz 77, 80–83, 114

Kahn, David 183
Kaplan, S. A. 202
Kausalität 211, 221, 226–227, 229
　kreisförmige 74
　rückläufige, rückwirkende 208, 210, 211
Kluger Hans 41–47, 148, 152, 153–154
Koestler, Arthur 236
Koko (Gorilla) 157
Kommunikation 8, 147–237
　außerirdische 173–205
　averbale 17, 47–50
　der Delphine 166–170
　digitale 151, 158
　einschränkende Wirkung der 101, 191
　-Forschung 7, 13, 41, 48, 62, 76
　ikonische 152
　imaginäre 148, 205–233
　kulturspezifische 17–18, 74–75
　und Metakommunikation 190
　paradoxe 25–38
　der Schimpansen 149–160
Konferenzen
　Abrüstungs- 106–107
　Byurakan (über außerirdische Kommunikation) 193*
　Genfer Korea- 21–23
　internationale 20
Konfusion 13–53, 119, 122, 210
　Vorteile der 38–53
Konfusionstechnik 39

Laing, Ronald D. 18, 75
Laotse 237
Laplace, Pierre Simon de 213
Lawick-Goodall, Jane van 151
Laws of Form 194*
Leibniz, Gottfried Wilhelm 213
Leopardi, Giacomo 19*
Leslie, Robert Franklin 46
Lilly, John C. 164*, 167, 171–172
Lincos (Lingua cosmica) 192–193
Littrow, Joseph Johann von 181*, 182
Logisch-Philosophische Abhandlungen 237

Lunan, Duncan A. 196–199

Macht, Paradoxien der 33–36
Macvey, John 181, 184
maja 236
Mann, der niemals war, Der 131
Maria-Theresien-Orden 36–37
Mary Poppins 26–28
Masterman, John C. 124–127, 128–129
Maxwells Dämon 205–206, 229
Metakommunikation 190
Michalkov, Sergej 63*
Mohammed 236
Monod, Jacques 91, 174, 213
Montagu, Ewen E. S. 132–139
Morde in der Rue Morgue, Die 51–52
Morin, Edgar 85–87
Mystik, mystisch 218, 235–237

Nagel, Ernest, und James R. Newman 205
Newcomb, William A. 206, 212*, 228
Newcomb's Paradoxie 206–214, 223
Nichtkontingenz 58–67, 59
Normalität, geistige 34, 214
Nozick, Robert 206, 207, 209, 210*, 212*

offene Gesellschaft und ihre Feinde, Die 33, 111
Oliver, Bernard M. 186, 188*
Ölstrahl, Zen-Analogie des 235
Omar Chajjam 236
Orden der Delphine 172, 186*
Ordnen, Ordnung 58, 72
Ordnung, Suche nach 58, 62, 67–72, 84,
Orléans, Gerücht von 85–88, 89–90, 94, 140
Osten, Wilhelm von 41–44

Paarungsverhalten 74–75
Paradoxie 25–38, 159, 179, 193*, 219
 der Allmacht Gottes 25
 des Fatalismus 212
 des Helfens 80
 des Lügners 193
 99, 183

der Macht 33–36
Maxwells 205
Newcombs 206–214, 223
»Sei spontan!« 30–31, 214
Voraussagen, paradoxe 132, 229*
der Zeit 228–229
Paranoia, paranoid 92, 130*
Paranomasie 19*
Parmenides 212, 222, 235
Patterson, Penny 157
Parsen 23*
Pfungst, Oskar 42–44
Philby, Kim 125*
Phobie 63*
Pionier 10 199–201
Planck, Max 213–214
Planeten, potentiell lebensermöglichende 174
Plinus der Jüngere 160, 163
Poe, Edgar Allan 51–52, 133*
Pol, B. van der 195
Popov, Dusko 124*, 125
Popper, Sir Karl Raimund 26, 33, 63, 111, 229*
Pragmatik der Kommunikation 8
Premack, David und Ann 154, 157–159
Prisoner's Dilemma 105
Projekt Ozma 184–185
Projekt Zyklop 177*, 202, 203*
Protokolle der Weisen von Zion, Die 88–89, 142
Prozeß, Der 80–82, 114
Psychiatrie 19*, 34, 58, 63*, 210
psychiatrische Diagnose 75, 96
Psychoanalyse 41*, 52, 63*
Psychotherapie 18, 24, 34, 40, 48, 63*, 92, 114, 135*
Pueblo (Spionageschiff) 102
Pupillengröße 49–50

Radioglyphen 192
Radioteleskop 177, 186
Randomisator 66, 69, 70, 212
Rapoport, Anatol 105, 108
Rapoport, Anatol, und Albert M. Chammah 105

Rashomon 76, 77*
Rees, Martin 174
Regeln 67–70, 164
 Ausbildung von 99–102, 190
Reichenbach, Hans 223, 230
Robinson, R. B. 169–170
Roda, Roda 24, 88
Rosenthal, Robert 47–49
Rousseau, Jean Jacques 33
Rumbough, D., T. V. Gill und E. C. von Glasersfeld 159

Sagan, Carl 199–201
Saint-Exupéry, Antoine de 91*
Salamitaktik 102
Schellenberg, Walter 123
Schelling, Thomas C. 102, 109–110, 113, 121
Schimpanse 149–160
 Lana 159
 Lernen von Lautsprachen 149
 logische Mengen, Verständnis der 154, 159
 Lucy 156, 157
 Sarah 157–159
 Verwendung von Fragen 159
  von metalinguistischen Begriffen 158
  von Verneinungen 157
  von Zeichensprache 152–157
 Viki 150
 Washoe 152–157
 »Zweisprachigkeit« 156
Schizophrenie 29, 66*, 92, 95
Schklowski, I. S. 178*
Schloß, Das 83, 114
Schmid, Peter 33
Schopenhauer, Arthur 90
Schweiz, geplante Invasion der 115
security check 126, 127
»Sei spontan!« 30–31, 214
selbsterfüllende Prophezeiung 224, 225*
Shin-t'ou 237
Sinn und Wert, Zuschreibung von 143, 156, 184

Sizilien, Invasion von 132–137
Spaak, Paul Henri 21–23
Spion, siehe Agent
Spionage 123–142
Steppenwolf 223
Störmer, Carl 195–196
Strategy of Conflict, The 113, 121
Stumpf, Carl 43
Szilard, Leo 206

Tachyon 227
tachyonisches Antitelephon 229
Teleologie 90
Theorie
 logische Typen- (Mengen-) 159
 Metaspiel- 108
 Relativitäts- 176*, 227
 Spiel- 105–108
 System-, allgemeine 162*
 Wahrscheinlichkeits- 69
Tolman, Richard C. 228
Travers, Pamela L. 26–28
Tschou En-lai 21–23
Tucker, Albert W. 103*
Türhüter, Parabel vom 77, 81–82

Übersetzung, Übersetzungsfehler 14–25, 75*
Umdeuten 116*
Universum, Größe des 174
 vierdimensionales 221
Unternehmen Doppelspiel 124–127, 128–129
Unternehmen Mincemeat 131–139
 Neptun 139–142
 Nordpol (Englandspiel) 123
Utopie 33, 226
Utopiesyndrom 226

Varò, Daniele 120
Versprechen 123
Versuchsleiter, Annahmen und Vorurteile des 47
Versuchsleiter, »metaphysischer« 82–84, 211, 212
Vertrauen 33, 104–108

vielarmiger Bandit 64–67
Vorauswissen 220, 224*

Wahlen, obligatorische Geheimhaltung 121, 224*
Wahllosigkeit 67–70, 212
Wahn, Wahnvorstellung 8, 92, 144, 218–219
Wahrnehmung, außersinnliche 50–53, 71–72
Wahrscheinlichkeit 67–70
Wal 162, 163
  Schwert- 163, 169
  Sperm- 172
Wald, George 173
Walhai 163
Wasserstoffemission (21-cm-Frequenz) 179, 190
Was Sie immer schon über Sex wissen wollten 39*
Wells, H. G. 219*, 229
Weltbild, -anschauung 8, 84
Weltraumsonden 193–201
wenn-dann, kausal-zeitliche Relation 158, 209, 221, 229
  logische Relation 209, 221
Whales and Men, On 169–170
What do you say to a naked lady? 98–99
Willensfreiheit 211–214
Windschutzscheiben, zerkratzte 84–85
Wirklichkeit
  -anpassung 13, 34, 40, 92, 214
  -auffassung 20, 44, 58, 74, 95, 109, 122, 127, 226
  Entstehen von Wirklichkeitsauffassungen 8, 58–67, 73, 90, 169
  erster Ordnung 143–144, 183, 185, 191, 220
  unvorstellbare 201–205, 223
  -verzerrung 57, 67, 84, 93–94, 96, 126
  zweiter Ordnung 143–144, 148, 156, 175, 190, 202
Wittgenstein, Ludwig 75, 237
Wood, Forrest 165
Wright, John C. 65
wu-wei (absichtliche Absichtslosigkeit) 40

Yerkes, Robert, und *Blanche W. Learned* 151

Zeichensprache 152–157
Zeit 221–223, 235
  -reisen 219–233
  -verlangsamung 176*
Zen 40, 235
Zermelo, Ernst 187–188
Zivilisation, außerirdische 172, 174, 178, 203
  Evolution von 162, 193, 202, 204
Zufall und Notwendigkeit 91, 213
Zufall und Ordnung 67–72, 196

Paul Watzlawick

Die erfundene Wirklichkeit

Wie wissen wir, was wir zu wissen glauben? Beiträge zum Konstruktivismus. Herausgegeben von Paul Watzlawick. 326 Seiten mit 31 Abbildungen. SP 373

Vom Unsinn des Sinns oder vom Sinn des Unsinns

Mit einem Vorwort von Hubert Christian Ehalt. 83 Seiten. SP 1824

»Wenn sich der brillante Philosoph und Psychoanalytiker Paul Watzlawick Gedanken über den Sinn und seine Täuschungen macht, ist Konzentration gefragt. Trotz aller Verwirrung und sprachmächtigen Wortspielereien behandelt er nämlich die zentrale Frage der menschlichen Existenz. Unbedingt ernstzunehmen.«
Forbes

Vom Schlechten des Guten

*oder Hekates Lösungen
251 Seiten. SP 1304*

Ferngelenkt von der finsteren Schicksalsgöttin Hekate sitzen wir unermüdlich den scheinbar hundertprozentigen Lösungen auf, weil ein ehrbares Prinzip, eine Ideologie oder das Streben nach Sicherheit und Glück uns übersehen lassen, daß die Lösung eines Problems oft nur ein Trugschluß ist.

Anleitung zum Unglücklichsein

132 Seiten. SP 2100

»Eine amüsante Lektüre für Leute, wie mich, die dazu neigen, sich das Leben schwer zu machen – ohne zu wissen, wie sie das eigentlich anstellen. Ein Lesevergnügen mit paradoxem Effekt. Das Nichtbefolgen der ›Anleitung zum Unglücklichsein‹ ist die Voraussetzung dafür, glücklich sein zu können.«
Brigitte

**Paul Watzlawick /
Franz Kreuzer**
Die Unsicherheit unserer Wirklichkeit
Ein Gespräch über den Konstruktivismus. Mit einem Beitrag von Paul Watzlawick. 76 Seiten. SP 742

**Paul Watzlawick /
John H. Weakland (Hrsg.)**
Interaktion
Menschliche Probleme und Familientherapie. Forschungen des Mental Research Institute 1965–1974. 526 Seiten mit 15 Abbildungen. SP 1222

SERIE PIPER

SERIE PIPER

Erving Goffman

Wir alle spielen Theater

Die Selbstdarstellung im Alltag. Aus dem Amerikanischen von Peter Weber-Schäfer. Vorwort von Ralf Dahrendorf. 256 Seiten.
SP 312

An verblüffenden Beispielen zeigt der Soziologe Goffman in diesem Klassiker das »Theater des Alltags«, die Selbstdarstellung, wie wir alle im sozialen Kontakt, oft nicht einmal bewußt, sie betreiben, vor Vorgesetzten oder Kunden, Untergebenen oder Patienten, in der Familie, vor Kollegen, vor Freunden.

Erving Goffman gibt in diesem Buch eine profunde Analyse der vielfältigen Praktiken, Listen und Tricks, mit denen sich der einzelne vor anderen Menschen möglichst vorteilhaft darzustellen sucht. Goffman wählt dazu die Perspektive des Theaters. Wie ein Schauspieler durch seine Handlungen und Worte, durch Kleidung und Gestik, angewiesen von einer unsichtbaren Regie, einen bestimmten Eindruck vermittelt, so inszenieren einzelne und Gruppen im Alltag »Vorstellungen«, um Geschäftspartner oder Arbeitskollegen von den eigenen echten oder vorgetäuschten Fähigkeiten zu überzeugen. Daß dies nichts mit Verstellung zu tun hat, sondern ein notwendiges Element des menschlichen Lebens ist, macht Goffman anschaulich und überzeugend klar.

»Die soziale Welt ist eine Bühne, eine komplizierte Bühne sogar, mit Publikum, Darstellern und Außenseitern, mit Zuschauerraum und Kulissen, und mit manchen Eigentümlichkeiten, die das Schauspiel dann doch nicht kennt... Goffman geht es... um den Nachweis, daß die Selbstdarstellung des einzelnen nach vorgegebenen Regeln und unter vorgegebenen Kontrollen ein notwendiges Element des menschlichen Lebens ist. Der Sozialwissenschaftler, der dieses Element in seine Begriffe hineinstilisiert – Rolle, Sanktion, Sozialisation usw. –, nimmt nur auf, was die Wirklichkeit ihm bietet... Soziologie macht das Selbstverständliche zum Gegenstand der Reflexion.«
Ralf Dahrendorf